わかりやすい 栄養学 ■改訂7版■

吉田　勉 編

伊藤順子
井上久美子
笠原賀子
小築康弘
小林実夏
小松　渡
志田万里子
篠田粧子
南　道子
村上　淳 共著

三共出版

改訂 7 版にあたって

　本書は 2001 年に初版を刊行し，2004 年，2005 年，2010 年，2015 年，2020 年に改訂を行ってきた。この間，多くの大学・短大などでご採用いただいてきたが，昨年「日本人の食事摂取基準（2025 年版）」の改訂が公表されたのを機に，データを更新し，用語の解説なども加筆して，さらに学生に理解しやすいテキストになるよう工夫した。
　本書が今後さらに広く利用されることを望むものである。
　2025 年 2 月

著　者

はじめに

　編者は学生時代から，生物が生存するために重要な栄養現象に興味を抱いて，この道に入ったのだが，それでも，予想をはるかに超える今日のような世界的な栄養への関心の高まりには，驚きを禁じ得ないものがある。

　当然のことながら，このような健康・栄養への人々の要求を踏まえて，企業もあの手この手と利益を目指して努力している。そして商品の販売戦略上，その利点をことさら誇張したり，また時には研究不足による非意図的な場合もあるものの，意識的にデメリットを隠蔽したりする可能性がある。

　もしそうならば，その商品を知らずに購入する生活者・消費者はたまったものではない。したがって現代は，自衛のためには，生活者・消費者自身による栄養に関する勉強を必要とする時代でもある。このように，科学的に正確な栄養学の知識を持つことは，いまや，健康を願う現代人にとっては基礎的教育ですらある。

　編者はすでに，総論的な栄養学の教科書を出版している。にもかかわらず，あえてこのたび，新たに『わかりやすい栄養学』を編集することにした理由の1つを記しておきたい。

　長年にわたり教育・研究に携わってきた編者であるが，編者の研究室を巣立った卒業生達の中に，同じ道を継いで栄養学に関する教育・研究を目指す者が，少しずつ現われるに至った。そこで，第一線で活躍中の方々で構成される本書の主要執筆者メンバーに，教育・研究者としては若手に属するこれら卒業生達を加えて，マンネリ化しつつある編者自身に要求される活性化をも図りつつ，執筆陣の新鮮な頭脳とバイタリティを利用した斬新な教科書・参考書を出版することを計画した次第である。

　簡潔に要点を踏まえて記されたこの『わかりやすい栄養学』が，第一義的には管理栄養士・栄養士養成課程を含めた大学・短大・専門学校の教科書として役立つことを願っている。そしてもちろん，栄養学の理解とそれの基づく実践を目指す人々に対する座右の書・参考書として，本書が大いに活用されることを期待するものでもある。

　なお執筆にあたり，多くの著書・論文類を参考にさせていただいた。巻末に一覧表示したが深謝の意を表したい。また今回も，三共出版の秀島功氏に諸事ご努力願ったことに対し感謝したい。

　2001年3月

編者記す

目　次

序　論

1　栄養学とは ……………………………………………………1
　（1）栄養学の重要性 …………………………………………1
　（2）栄養学の歴史 ……………………………………………2
2　現代人の栄養上の問題点は何か ……………………………6
　（1）近年の栄養問題 …………………………………………6
　（2）現代の栄養問題 …………………………………………7
　（3）現代の健康障害と各種栄養素の関係 …………………9

1　消化と吸収

1-1　摂食行動 …………………………………………………11
　（1）摂食の調節機構 …………………………………………11
　（2）時間栄養学 ………………………………………………14
1-2　食物はどのような順序で消化器官を通過するのか ……15
　（1）口　腔 ……………………………………………………16
　（2）食道から胃 ………………………………………………16
　（3）小　腸 ……………………………………………………16
　（4）大　腸 ……………………………………………………16
1-3　消化液にはどのような種類があるか ……………………16
　（1）唾　液 ……………………………………………………17
　（2）胃　液 ……………………………………………………17
　（3）膵　液 ……………………………………………………18
　（4）胆　汁 ……………………………………………………19
　（5）その他 ……………………………………………………19
1-4　吸収はどのような仕組みで行われているか ……………19
　（1）吸収の機構 ………………………………………………19
　（2）栄養素の吸収部位 ………………………………………21
1-5　消化・吸収された栄養素はどのようにして運ばれるか ……21
　（1）循環器系 …………………………………………………21
　（2）リンパ系 …………………………………………………22
　（3）栄養素の行方 ……………………………………………22

1-6　消化と吸収の調節 …………………………………………………22
　　（1）神経の刺激とホルモン …………………………………………22
　　（2）自律神経による調節 ……………………………………………23
1-7　その他の因子には何があるか ………………………………………23
　　（1）腸内細菌叢 ………………………………………………………23
1-8　摂取すべき食品の量はどのように決められているか ……………24
　　（1）消化吸収率 ………………………………………………………24

2　たんぱく質

2-1　たんぱく質を化学する ………………………………………………26
　　（1）たんぱく質の定義 ………………………………………………26
　　（2）アミノ酸 …………………………………………………………27
　　（3）必須アミノ酸 ……………………………………………………28
　　（4）たんぱく質の構造 ………………………………………………28
　　（5）たんぱく質の分類 ………………………………………………31
　　（6）たんぱく質の物理化学的性質 …………………………………32
2-2　たんぱく質の体内での働きとは ……………………………………33
　　（1）生体内のペプチド・たんぱく質の働き ………………………33
　　（2）ペプチドホルモン ………………………………………………35
　　（3）必須アミノ酸の必要量 …………………………………………35
　　（4）たんぱく質栄養価の判定 ………………………………………36
　　（5）たんぱく質の食事摂取基準 ……………………………………38
2-3　たんぱく質はどのように消化・吸収・代謝されるか ……………39
　　（1）たんぱく質の消化 ………………………………………………39
　　（2）たんぱく質の吸収 ………………………………………………41
　　（3）たんぱく質の代謝 ………………………………………………41
　　（4）食物アレルギー …………………………………………………41

3　脂　　　質

3-1　脂質を化学する ………………………………………………………44
　　（1）脂質の定義と分類 ………………………………………………44
　　（2）脂質の化学 ………………………………………………………44
3-2　脂質の体内での働きとは ……………………………………………47
　　（1）エネルギー源 ……………………………………………………47
　　（2）必須脂肪酸 ………………………………………………………47
　　（3）エイコサノイド …………………………………………………48
　　（4）生体膜構成成分 …………………………………………………48

（5）ステロイドホルモン ････････････････････････ 49
　　（6）その他の作用 ････････････････････････････ 49
　　（7）脂質の摂取量 ････････････････････････････ 50
3-3　脂質はどのように消化・吸収・代謝されるか ･･････････ 53
　　（1）食事脂質の消化・吸収 ････････････････････ 53
　　（2）脂質の体内運搬・貯蔵 ････････････････････ 54
　　（3）脂質の分解 ･･････････････････････････････ 55
　　（4）脂質の合成 ･･････････････････････････････ 57
　　（5）コレステロールの代謝 ････････････････････ 57
　　（6）脂質と疾病 ･･････････････････････････････ 60

4　炭水化物

4-1　炭水化物を化学する ････････････････････････････ 62
　　（1）炭水化物の定義と分類 ････････････････････ 62
　　（2）単　　糖 ････････････････････････････････ 63
　　（3）オリゴ糖（少糖） ････････････････････････ 64
　　（4）多　　糖 ････････････････････････････････ 65
4-2　炭水化物の体内での働きとは ････････････････････ 67
　　（1）エネルギー源としての炭水化物 ････････････ 67
　　（2）非エネルギー源としての炭水化物 ･･････････ 68
　　（3）炭水化物とほかの栄養素との関係 ･･････････ 68
　　（4）炭水化物摂取の現状 ･･････････････････････ 68
　　（5）炭水化物の食事摂取基準 ･･････････････････ 69
4-3　炭水化物はどのように消化・吸収・代謝されるか ････ 70
　　（1）炭水化物の消化 ･･････････････････････････ 70
　　（2）炭水化物の吸収 ･･････････････････････････ 71
　　（3）糖 質 代 謝 ･･････････････････････････････ 71
4-4　食物繊維の効用とは ････････････････････････････ 75
　　（1）食物繊維に対する考え方の変化 ････････････ 75
　　（2）食物繊維の定義 ･･････････････････････････ 76
　　（3）食物繊維の生理作用 ･･････････････････････ 77
　　（4）食物繊維の目標摂取量 ････････････････････ 78

5　エネルギー

5-1　食物からエネルギーへ ･･････････････････････････ 81
　　（1）エネルギーの定義 ････････････････････････ 81
　　（2）エネルギーの消費 ････････････････････････ 88

（3）アルコールの栄養 ･･････････････････････････････ 95
5-2　運動と栄養 ･･ 98
　　　（1）運動エネルギー ･･････････････････････････････････ 98
　　　（2）最大酸素摂取量 ･･････････････････････････････････ 99
　　　（3）健康を増進するための運動 ･･････････････････････ 99
　　　（4）運動と栄養素等摂取量 ････････････････････････ 101

6　ミネラル（無機質）

6-1　ミネラルの必要性を考える ････････････････････････ 104
6-2　ミネラルは体内のどこに分布しているか ････････ 105
　　　（1）生体組織の構成成分としてのミネラル ･･････ 106
　　　（2）生体機能の調節に関与するミネラル ････････ 106
6-3　ミネラルの働きと欠乏・過剰について ･･････････ 107
　　　（1）多量ミネラル ･････････････････････････････････ 107
　　　（2）微量ミネラル ･････････････････････････････････ 112
6-4　水を考える ･･ 117
　　　（1）水の機能 ･････････････････････････････････････ 117
　　　（2）水の出納 ･････････････････････････････････････ 118
　　　（3）脱水と浮腫 ･･････････････････････････････････ 118
6-5　電解質による調節 ････････････････････････････････ 119

7　ビタミン

7-1　ビタミンの必要性を考える ･･････････････････････ 121
　　　（1）ビタミンの概念 ･････････････････････････････ 121
　　　（2）栄養素としてのビタミン ･･････････････････ 122
　　　（3）ビタミン発見・研究の歴史 ･･････････････････ 123
7-2　各脂溶性ビタミンの働きと欠乏・過剰について ････ 125
　　　（1）ビタミンA ･････････････････････････････････ 125
　　　（2）ビタミンD ･････････････････････････････････ 127
　　　（3）ビタミンE ･････････････････････････････････ 129
　　　（4）ビタミンK ･････････････････････････････････ 130
7-3　各水溶性ビタミンの働きと欠乏・過剰について ････ 132
　　　（1）ビタミンB_1 ･･･････････････････････････････ 132
　　　（2）ビタミンB_2 ･･･････････････････････････････ 134
　　　（3）ビタミンB_6 ･･･････････････････････････････ 135
　　　（4）ナイアシン ･･････････････････････････････････ 137
　　　（5）パントテン酸 ････････････････････････････････ 139

（6）ビオチン･････････････････････････････････140
（7）葉酸またはフォラシン･････････････････････140
（8）ビタミン B_{12} ･････････････････････････････141
（9）ビタミン C ･････････････････････････････････143

8　栄養と遺伝子

8-1　はじめに ･･････････････････････････････････147
8-2　DNA の基礎 ･･･････････････････････････････148
8-3　ビタミンやミネラルと遺伝子 ･････････････････149
8-4　食生活と遺伝子（時計遺伝子）････････････････151

付　表

1　日本人の食事摂取基準（2025 年版）･･････････････155
2　栄養素等摂取量の年次推移 ････････････････････177
3　エネルギーの栄養素別摂取構成比 ･･･････････････177
4　栄養素等摂取量，食品群別摂取の状況 ･･･････････178
5　栄養バランスのとれた食事の状況 ･･･････････････180
6　身体活動・運動の状況 ････････････････････････180
7　食事バランスガイド ･･････････････････････････182

演習問題解答 ･････････････････････････････････････183
参考文献 ･･･184
索　引 ･･･187

コラム

期待される分子栄養学の展開	6
食物アレルギーと腸管免疫	11
食事量過剰も発がん危険因子	24
アミノ酸代謝異常症	34
アミノ酸樽	38
食事脂質を考える 1　～多価不飽和脂肪酸～	52
脂質に蓄積する危いもの　～農薬・ダイオキシン類～	58
食事脂質を考える 2　～コレステロール～	59
AGEs 終末糖化最終産物	69
食物繊維とルミナコイド	79
脂肪細胞は分泌臓器	94
イッキ飲みには要注意！	96
ミネラルの栄養状態と QOL	112
思春期女性の PMS と潜在性鉄欠乏状態	114
代謝調節に欠かすことができないミネラル	116
デートとビタミン A の関係	127
栄養と遺伝子の修飾	152
食生活とがん	153

序論

1 栄養学とは

(1) 栄養学の重要性

　世界保健機構[*1]は，これまでの年齢ごとの死亡率から計算した平均寿命と異なり，平均して何歳まで健康に生きられるかを示す"健康寿命"を発表した（2000年）。健康状態という寿命の質を考慮して，平均寿命から病気やけがなどで健康が損なわれている期間を差し引いたものである。私たちが，長寿と同時に，心身共に健康であることを願うのは当然であると思われるが，健康を維持するためには遺伝的素因や運動・休養，生活環境などが大きく関わっている。生活環境のなかでも食環境のはたす役割は，きわめて重要である。

　ヒトは，摂取した食物の成分を利用して，生命を維持し，成長，繁殖，運動，思考といった活動を営んでいる。このようなすべての営みをさして"栄養"[*2]（nutrition）という。また，生命現象を営むために取り入れる物質を"栄養素"（nutrient）とよんでいる。栄養学（nutritional science）とは，すなわち生命を維持する現象について学ぶ学問であるが，究極的な応用として，疾病を予防し，健康の維持増進を目的としている点が生化学とは異なっている。

　栄養素は，たんぱく質・脂質・炭水化物・無機質・ビタミンに大別され，五大栄養素[*3]とよばれている。これらは，その作用によってエネルギー供給源となる熱量素[*4]，生体の構成成分となる構成素[*5]，生体機能の調節に関与する調整素[*6]に分類することができる。水も栄養上重要な物質であるが，日本では摂取が容易であるため栄養素に含まないことが多い[*7]。

　牛乳1本（200 mL）には約6 gのたんぱく質，3～4 gの脂質，200

---

*1　World Health Organization : WHO

*2　あらゆる生物が生命を維持していくために必要な物質を外界から取り入れて利用し，不要なものを外部に排泄して生命を維持していく現象，ともいう。

*3　たんぱく質：Protein
　　脂　質：Lipid
　　炭水化物：Carbohydrate
　　無機質：Mineral
　　ビタミン：Vitamin
*4　熱量素：脂質，炭水化物，たんぱく質
*5　構成素：たんぱく質，無機質，脂質，水
*6　調整素：無機質，ビタミン
*7　水を含めて六大栄養素ということもある

mgのカルシウムなどが含まれている。これは食品の情報であるが、この食品を摂取すると生体内ではどのような現象が起こるのであろうか。摂取された栄養素の動態は，食品における存在形態，食品中や消化管内で共存する物質，また受け手（ホスト）の栄養状態などに大きく影響される場合が多い。したがって，等しい量の栄養素を摂取しても，食品の種類や加工・調理方法，ホストの栄養状態などによって，吸収される量が異なるということが観察される。栄養素の量のみならず，栄養素の質もまたヒトの栄養にとっては重要な問題なのである。

さて，野生動物は生きるために常に食物を探し続けているが，ヒトも例外ではなく，世界人口の8人に1人が食糧不足にあり，1つ以上の栄養素が欠乏しているヒトは20億人といわれている。1992年，国際栄養学会議[*1]で採択された「国際栄養宣言とその行動計画」[*2]では，20世紀中に自然および人為的災害による飢餓，食糧不足や栄養不良をなくす努力を宣言しているが，同時にヨウ素およびビタミンA欠乏の減少，鉄などの微量元素欠乏の減少，適正な母乳栄養の推進，飲料水などの環境衛生の改善を目標にあげている。食糧の流通が国際化しているにもかかわらず，エネルギーやたんぱく質，微量元素などの欠乏に苦しんでいる人々は多いのである。

一方，先進国とよばれる国々では，過食，栄養素の摂りかたのアンバランス，あるいは運動不足を原因とする生活習慣病（Life style related disease）[*3]，すなわち，過栄養の問題が大きくなっている。また，過度な"やせ願望"による飽食の中の低栄養も新たな問題となりつつある。このような低栄養の問題は，食糧不足が背景にあるものとは異なり，「生命を維持するために食べる」という食の本来の意味が忘れられ，社会科学的な問題をも含んでいる。

20世紀には，科学の進歩に伴い，食糧生産量の増大，栄養に関する知識の蓄積，食品加工技術や流通システムの整備など，食をめぐる環境は著しく改善されてきた。いま，栄養学はその研究の成果を，栄養調査，食事摂取基準の策定，栄養教育の実施などを通して，人々の健康へ，そして社会へ，大きく貢献する義務をおっているといえよう。

（2）栄養学の歴史

私たちの祖先は，自然の中にあって，生きていくために必要な量の食物を確保することに大変な労力を割いてきた。しかし，考古学による調査の結果では，人骨のデータから各種栄養素が十分に摂取されていた栄養状態が推察されている。食物と生命現象や健康状態の関連についての記述は，古代ギリシャのヒポクラテス[*4]に始まるとされる。紀元前400年のことである。しかし，食物が生命の維持よりも疾病予防や健康増進

[*1] International Conference on Nutrition, Rome, December 1992
[*2] World Declaration on Nutrition Plan of Action for Nutrition

[*3] 従来「成人病」といわれていたものが，生活習慣に起因する疾病として1996年「生活習慣病」という名称に変更された。

[*4] ヒポクラテス（Hippocrates, 約460〜370 B.C.）
西洋医学の祖とされるヒポクラテスは，自然力の働きを助けて病気を治療するために，食事療法に重点をおいていた。

という観点から注目されるようになったのは，比較的近年になってからである。

18世紀後半になって，ラボアジェ[*1]により燃焼が酸素との結合であること，動物における呼吸が燃焼と同じ現象であることが証明された。呼吸が熱や運動のエネルギー源であるという概念の確立が，近代栄養学の基礎を開いたといえる。

1) エネルギー代謝に関する研究

エネルギー代謝の研究は，19世紀になってから大きく進展した。酸素消費量と炭酸ガス（二酸化炭素）生成量，その比である呼吸商[*2]が，摂取する食物によって異なることをフランスのルニョー[*3]が明らかにした。さらに，ドイツのペッテンコーフェル[*4]，フォイト[*5]，ルブネル[*6]らが，ラボアジェ以降に発見された食物成分であるたんぱく質，脂質，炭水化物が，体内で燃焼して発生する熱量を求めて，エネルギー代謝の研究を大きく発展させた。これらの生理的燃焼値は，フォイトのもとで学んだアトウォーター[*7]によってアメリカの主要食品の成分および消化吸収率から，1gあたり，たんぱく質4.0 kcal，脂質8.9 kcal，炭水化物4.0 kcalと計算された。この値を簡略化したたんぱく質4 kcal，脂質9 kcal，炭水化物4 kcalが，アトウォーターの熱量換算係数として現在も使われている。国際連合食糧農業機関（FAO）[*8]は，1947年に個々の食品ごとに異なるエネルギー換算係数を提唱し，『日本食品標準成分表』では2015年版（七訂）まで，主要な食品については日本独自のエネルギー換算係数などを適用していたが，2020年版（八訂）からは，FAOの技術レポート（2003年）およびFAO/INFOODSのガイドライン（2012年）を受け，原則として食品に共通するエネルギー換算係数（1g当たり，アミノ酸組成によるたんぱく質4 kcal，脂肪酸のトリアシルグリセロール当量で表した脂質9 kcal，利用可能炭水化物（単糖当量）3.75 kcal，食物繊維総量2 kcal，アルコール7 kcal，糖アルコール1.6～3.0 kcal，有機酸2.4～3.6 kcal）を適用している。

2) 三大栄養素の発見

エネルギー代謝が明らかにされる一方で，有機化学や生理学の研究成果から，多くの栄養素が化学的に解明された。1827年，プラウト[*9]は食品の構成成分についての講演の中で，糖，油状，卵白様物質が重要なことを指摘し，三大栄養素の概念が確立された。これが後に炭水化物，脂質，たんぱく質と命名される。1810から1820年にかけて，でんぷんの加水分解物からぶどう糖が生成されること，脂肪（トリグリセリド＝トリアシルグリセロール）がグリセロールと脂肪酸からなること，ゼラチンの加水分解物からたんぱく質構成成分として初めてのアミノ酸（グリ

[*1] ラボアジェ（A. L. Lavoisier, 1743～94）
フランスの化学者。33種の元素を分類。炭素が酸素と結合して二酸化炭素になるというエネルギー発生の基礎となる現象を解明。

[*2] 呼吸商＝炭酸ガス生成量／酸素消費量 ボン大学のプフリューゲル（E. F. W. Pfluger, 1829～1910）によって定義された。

[*3] ルニョー（H. V. Regnault, 1810～78）
呼吸中に吸収された酸素と排出された炭酸ガスとの関係を測定した。レニオルともいう。

[*4] ペッテンコーフェル（M. von Pettenkofer, 1818～1901）
有機化学者。リービッヒ（後述）の門下生。共同研究者のフォイトとともに三大栄養素代謝時の呼吸商と体外への放出熱量を測定した。

[*5] フォイト（C. von Voit, 1831～1908）
ミュンヘン大学でペッテンコーフェルの助手を務め，後に教授となる。窒素平衡，エネルギー代謝の研究，栄養摂取量測定（1881年），栄養必要量を初めて示したことで有名である。

[*6] ルブネル（M. Rubner, 1854～1932）
フォイトの門下生。基礎代謝と体表面積が比例関係にあることを証明。特異動的作用の発見など，数々の基本的発見を行った。

[*7] アトウォーター（W. O. Atwater, 1844～1907）
ドイツでエネルギー代謝を学んだ後，アメリカに帰国して主要食品の栄養素の熱量，消化吸収率を測定。アメリカ人世帯の食事構成調査を実施し，米国最初の食品成分表を作成した。

[*8] Food and Agriculture Organization of the United Nations

[*9] プラウト（W. Prout, 1785～1850）
イギリスの医師で化学者。医学と生化学を結びつけた。

*1 リービッヒ（J. S. von Liebig, 1803〜1873）
　ドイツの化学者。有機化合物の分析法を確立し，有機化学の父とよばれる。多数の新しい化合物を発見した。

*2 フォリン（O. K. O. Folin, 1867〜1934）
　スウェーデンからアメリカに移住した化学者。尿や血液の分析法を開発し，体内の代謝の研究に貢献した。

*3 ブッサンゴー（J. B. Boussin-gault, 1802〜1887）
　家畜栄養学者。飼料の化学分析値から栄養価を判定する研究を行った。

*4 オズボーン（T. B. Osborne, 1859〜1929）
　農芸化学者で，たんぱく質化学の専門家。

*5 メンデル（L. B. Mendel, 1872〜1935）
　アメリカで現代栄養生化学の基礎を開いた。オズボーンと共同で，たんぱく質の栄養価やアミノ酸組成の研究を行った。

*6 ローズ（W. C. Rose, 1887〜1985）
　アメリカの栄養学者。ネズミおよびヒトの必須アミノ酸の種類と必要量を定めた。最後の必須アミノ酸スレオニンを発見。

*7 ブール夫妻（G. O. Burr and M. M. Burr）

*8 クレブス（Sir H. A. Krebs, 1900〜1981）
　ドイツに生まれ，イギリスに渡った生化学者。尿素の合成経路やTCAサイクルを発見。1953年にノーベル医学生理学賞受賞。

*9 フォルスター（J. Forster）

*10 シャーマン（H. C. Sherman, 1875〜1955）
　アメリカの栄養学者。無機質，特にカルシウムの栄養学的研究や，長期の動物飼育による栄養素の至適量の研究などで知られる。

シン）が単離されたことなど，三大栄養素を構成する成分の分析が進んだ。有機化合物を構成する元素の分析はラボアジェに始まるが，有機化合物の分析法はドイツのリービッヒ[*1]によってもたらされた。リービッヒは，脂肪とでんぷんは熱量素，たんぱく質は体形成物質であるとし，たんぱく質代謝の基礎を築いた。さらに，アメリカのフォリン[*2]が，尿の分析に基づいて，たんぱく質代謝物質を外因性（摂取たんぱく質由来）と内因性（体たんぱく質由来）に区分した。19世紀後半から，ブッサンゴー[*3]やルブネル（前出）によって窒素の含量やたんぱく質の種類によって栄養価に差がある可能性が指摘されていたが，20世紀に入ると，オズボーン[*5]とメンデル[*6]は，シロネズミの集団飼育によって各種たんぱく質の栄養価を評価し，動物性食品のたんぱく質の栄養価が植物性食品のものに勝ることを報告した。たんぱく質を構成するアミノ酸は次々と発見されたが，アミノ酸の構成比によってたんぱく質の栄養価が異なることが明らかとなり，ローズ[*4]による必須アミノ酸の証明へ，その後，たんぱく質を構成する必須アミノ酸組成によりたんぱく質の栄養価を判定するアミノ酸価へとつながった。

　また，脂質の栄養素としての役割はエネルギー源であると考えられていたが，たんぱく質と同様に，シロネズミの飼育によって脂質の生理的効果が確認された。1930から1932年にかけて，ブール夫妻[*7]は栄養障害の治癒・予防にリノール酸とリノレン酸が有効であることを認め，これらは後に必須脂肪酸とよばれるようになった。

　炭水化物（糖質）の代謝では，1937年，クレブス[*8]によってトリカルボン酸サイクル（TCAサイクル。クエン酸サイクル）が発見され，以後アセチルCoAやアデノシン三リン酸（ATP）の役割が明らかとなった。

3）無機質

　無機質のうち，カルシウムとリンについては18世紀からその必要性が報告されていた。しかし，無機質が生命の維持に不可欠であることが証明されたのは1873年であった。フォルスター[*9]は，無機質をほとんど含まない飼料でイヌを飼育し，短期間で死亡することを確認している。19世紀には，カルシウムとリンの出納試験がウシで実施され，鉄や食塩，カリウムの必須性が確認された。20世紀に入り，シャーマン[*10]は，ヒトでのカルシウム平衡維持量や食品中のカルシウム利用率などについて発表している。リン欠乏食による"くる病"や低マグネシウム食によるけいれんなどの欠乏症，その他の各種無機質の必須性についてはいずれも20世紀に確認されたものである。近年，科学技術の発展により，これまで除去することが不可能であったきわめて微量な元素の欠乏症を確認することが可能となり，いままで必須元素として取り扱われていな

かった超微量元素の必須性が検討されている。

4）ビタミン

ルーニン[*1]は，1881年，マウスが精製カゼイン，脂質，炭水化物，塩類混合（無機質）だけでは成長しないこと，そして，かわりに母親マウスの乳汁を添加すると健康に育つことを示唆した。その後，同様の実験結果を得たホプキンス[*2]は，乳汁中に未知の微量な（副）栄養素が含まれていると主張した。マッカラム[*3]は，バターなどに含まれる脂溶性成分（脂溶性A）と粗製乳糖中に含まれる水溶性成分（水溶性B）の存在を証明した。

イギリスのホルスト[*4]は，モルモットの壊血病が新鮮なキャベツの投与で治癒されることを発見しているが，これが後に水溶性Cとよばれるようになった。日本では江戸時代に脚気が大流行していたが，フィッシャー[*5]のもとに学び，帰国した鈴木梅太郎[*6]は，日本人の体位向上の目的で米ぬかを研究し，単離した有効成分をオリザニンと命名した。しかし，フンク[*7]も同様に米ぬかから抗脚気因子を精製し，Vitamine（生命力にあふれたアミン：Vital amine）と命名した。1920年，フンクのもとで研究していたドラモンド[*8]は，脂溶性A，水溶性B，水溶性CをビタミンA，B，Cとよび，AおよびCにはアミンが含まれていないことから，VitamineのeをとってVitaminとすることを提案した。

ビタミンの研究は，この後1920～40年代に盛んになり，ビタミンD，E，Kが次々と発見され，また水溶性のビタミンBは1種類でないことが明らかとなった。

5）近年（20世紀後半）の栄養学

1953年にワトソンとクリック[*9]によってDNAの構造が明らかにされると，急速に分子レベルでの遺伝やたんぱく質生合成のメカニズムが解明されるようになった（コラム参照）。一方，食物繊維とよばれる難消化性成分や，その他の生理機能を持った成分に関する研究の成果から，これまで栄養素として扱われてこなかった食品中成分の栄養における意義が明らかになりつつある。

また，1945年にはアメリカのレニエー[*10]が無菌マウスの飼育・繁殖に成功した。これにより腸内微生物に関する研究が大いに進展し，腸内微生物による発酵や腐敗あるいは代謝産物が生体におよぼす影響についても，多くのことが解明されてきている。科学技術のさらなる発展により，新たに生体にとって必須であることが明らかになる成分があるかもしれない。また，多くの先進国では社会の変化に対応して，栄養素の摂取のしかたや，ストレスや生活環境などと生体との相互作用に関する研究が始まっており，栄養学の知識が積極的に健康の維持増進へ応用されている。

---

*1　ルーニン（N. I. Lunin, 1853～1937）

*2　ホプキンス（Sir F. G. Hopkins, 1861～1947）
　イギリスの生化学者。ビタミン発見の基礎を築いた。1929年にノーベル医学生理学賞受賞。

*3　マッカラム（E. V. McCollum, 1879～1967）
　アメリカの生化学，栄養学者。メンデルの門下生。動物の成長実験でビタミン発見のきっかけを作った。マグネシウムおよびマンガンの栄養学的研究も行っている。

*4　ホルスト（A. Holst, 1861～1931）

*5　フィッシャー（E. Fischer, 1852～1919）
　ドイツの有機化学者。糖やアミノ酸の化学構造を解明。1902年，ノーベル化学賞受賞。

*6　鈴木梅太郎（1874～1943）
　日本における農芸化学の父とよばれる。ベルリンのフィッシャーのもとでたんぱく質の研究に従事。帰国後，米ぬかからオリザニン（現在のビタミンB_1）を単離した。

*7　フンク（C. Funk, 1884～1967）
　ポーランド生まれ。米ぬかの抗脚気因子をビタミンと命名。アメリカに渡り，ビタミンBの研究を続けた。

*8　ドラモンド（Sir J. C. Drummond, 1891～1952）
　イギリス人。フンクの門下生。

*9　ワトソン（J. D. Watson, 1928～）
　アメリカの分子生物学者。
クリック（F. H. C. Crick, 1916～）
　イギリスの分子生物学者。
1953年，共同でDNA二重らせん構造モデルを提唱し，分子遺伝学の基礎を確立した。1962年，ノーベル医学・生理学賞受賞。

*10　レニエー（J. A. Reyniers）

> **コラム　期待される分子栄養学の展開**
>
> 　1970年代後半にmRNAが定量できるようになると，動物の代謝の研究に分子生物学の手法を用いる栄養学者が多くなった。食物を摂取するということは私たちの体にとって化学物質との接触を意味するが，この接触は生体のさまざまな化学反応を誘導して，代謝の変動を起こし，遺伝子レベルでも影響する。最近の研究では，栄養状態の変化によってたんぱく質の転写や翻訳，すなわち生成されるたんぱく質の種類や量が影響を受けることが明らかになっている。また，消化管粘膜細胞における鉄輸送体の発見から，数種の無機質（二価陽イオン）が輸送体を共有している可能性が示され，消化管内での栄養素の相互作用が明らかになりつつある。これらの成果を生物個体や集団レベルにおいて検証していくことで，食品成分と生体との相互作用や遺伝的素因による個体差などを，より明確に把握することが可能となるであろう。さらにその結果として，栄養学が健康増進や疾病の予防・治療などの分野でさらに大きく貢献できるものと期待される。

2　現代人の栄養上の問題点は何か

（1）近年の栄養問題

　近年における栄養問題のターニングポイントは，1970（昭和45）年に大阪で世界万国博覧会が開催されたことである。各国文化の紹介と共に，世界各国の食事も紹介されて人々の食生活の中に入るきっかけとなった。また生活習慣病[*1]（成人病）の種類・罹患者数も増加の一途を示しはじめ，食生活を含む生活習慣が問題とされるようになってきた。この頃，特に注目されたのは塩分の過剰摂取で，摂取量の比較的高かった東北地方を筆頭に，全国的に減塩運動がさかんになった。もともと日本食は，米を主体として味噌や漬け物などの保存・加工食品を上手に活用していく食事であったが，はからずも，この減塩運動の推進と，前述の異文化交流による日々の食生活への新しい食事の紹介・導入という時代の流れが，相乗的に働いて，伝統的「日本型食生活[*2]」から人々を遠ざけ，現在の食生活が出現したと考えられる。

　加えて，生活水準が上昇したことによる食糧供給の変化と共に，栄養素などの過剰摂取がとりざたされるようになり，全世代に肥満が顕在化するにいたった。肥満発生のもととなる環境因子としては，大別して生活習慣[*3]と食習慣[*4]がある。生活習慣では，モータリゼーションを含めた交通機関の発達に伴う日常運動量の減少や，仕事などによる不規則な生活状況による余暇時間[*5]の減少から影響を受ける肉体的活動量の低下などが，その因子として考えられる。また食習慣では，豊富な食べ物が

[*1]　生活習慣病とは，成人期に多発する慢性疾患の総称で，食生活を含む生活習慣とのかかわりが深い。肥満をはじめ高血圧，糖尿病，高脂血症，高尿酸血症などがある。

[*2]　日本型食生活とは，米を主食として野菜，魚を配した伝統的食パターンに，現在は，肉，牛乳・乳製品，卵，油脂，果物が加わったもので，近年形成されてきているわが国独自の食パターンのことである。

[*3]　生活習慣とは，日常生活を行う上でとる行動パターンやライフスタイルのこと。運動や睡眠などをはじめ，喫煙やストレスなども含めることもある。時には食事に関する習慣も含める。

[*4]　食習慣とは，食事に関する習慣を言う。食事の時間をはじめ食事摂取の有無，好き嫌いなども含めることもある。時には生活習慣としてまとめられることもある。

[*5]　余暇時間とは，睡眠や食事などの生理的に必要な時間，労働や学業のための時間を除いた，個人が自由に利用できる時間をいう。

存在し，食物選択の多様化によって起こる食事パターンの変化，日常生活のストレス[*1]から来る食事量の変化，生活習慣に影響される食環境の変化などによるものが，その因子として考えられる。また，肥満[*2]から誘導される種々の生活習慣病（成人病）も見逃せない事実として取り扱われるようになった。

現在，日本では食糧は一見枯渇することなく溢れ，味覚や嗜好も十分に満たされているような状況にあり，世界的長寿国となり，人々の健康も維持増進されているように見えるが，食糧供給については食料自給率40％（カロリーベース）で，危機的な状況にあり，疾病状況も複雑になっていることに気づく。

（2）現代の栄養問題

現在のわが国の食生活の現状を，1975（昭和50）と2019（令和元）年の国民健康・栄養調査[*3]成績を対照させ解説したい。すなわち，栄養素等の摂取状況と身体状況調査から見た現状を述べる。

表1-1　栄養素等摂取量の年次推移（1人1日当たり）

		1975年(昭50)	1980年(昭55)	1985年(昭60)	1990年(平2)	1995年(平7)	2000年(平12)	2005年(平17)	2010年(平22)	2015年(平27)	2019年(令元)	2023年(令5)
エネルギー	(kcal)	2226	2119	2088	2026	2042	1948	1904	1849	1889	1903	1877
たんぱく質	(g)	81.0	78.7	79.0	78.7	81.5	77.7	71.1	67.3	69.1	71.4	70.44
うち動物性	(g)	38.9	39.2	40.1	41.4	44.4	41.7	38.3	36.0	37.3	40.1	39.9
脂質	(g)	55.2	55.6	56.9	56.9	59.9	57.4	53.9	53.7	57.0	61.3	60.9
うち動物性	(g)	26.2	26.9	27.6	27.5	29.8	28.8	27.3	27.1	28.7	32.4	31.6
炭水化物	(g)	335	309	298	287	280	266	267	257.6	257.8	248.3	244.9
カルシウム	(mg)	552	539	553	531	585	547	546	510	517	505	489
鉄	(mg)	10.8	10.4	10.7	11.1	11.8	11.3	8.1	7.6	7.6	7.6	7.4
食塩相当量[†1]	(g)	13.5	12.9	12.1	12.5	13.2	12.3	11.0	10.2	9.7	9.7	9.5
ビタミンA	(IU[†2])	1889	1986	2188	2567	2840	2654	604[†3]	529[†3]	534[†3]	534[†3]	483[†3]
ビタミンB_1	(mg)	1.39	1.37	1.34	1.23	1.22	1.17	1.44	1.50	0.86	0.95	1.0
ビタミンB_2	(mg)	1.23	1.21	1.25	1.33	1.47	1.40	1.42	1.48	1.17	1.18	1.2
ビタミンC	(mg)	138	123	128	120	135	128	124	109	98	94	87
穀類エネルギー比率	(％)	49.8	48.7	47.2	45.5	40.7	41.4	42.7	43.0	41.2	39.5	40.1
動物性たんぱく質比率	(％)	48.6	50.3	50.8	52.6	54.5	53.6	52.1	51.7	52.3	54.3	54.7

†1：食塩相当量（Na (mg)）×2.54/1,000　　†2：ビタミンA効力の国際単位（1 IUは0.3 μgのビタミンAに相当）
†3：レチノール活性当量（μg RAE）
（参考資料）1975〜1995年：国民栄養調査成績，2000〜2019年：国民健康・栄養調査報告，
　　　　　　2023年：令和5年国民健康・栄養調査結果の概要

調査結果を総合的にみた場合，以下の項目について問題が考えられる。

1）栄養素等摂取状況の要点

① 炭水化物量の摂取量は，継続的に減少傾向にある。穀類エネルギー比率[*4]は1990年代以降，ほぼ一定している。

② たんぱく質の摂取量は，微減傾向である。動物性たんぱく質比率[*5]は，1990年代以降，ほぼ一定している。

---

*1　生体は種々の内外環境の変化に反応して種々の非特異的変化を表す。この生体の反応状態を一般にストレスと言っている。その中には，栄養障害，生物学的な侵襲，化学的侵襲，物理的侵襲がある。

*2　肥満を判定する指数は数々あるが，最近では身長と体重を用いて計算するBMI（後記）で判定することが多い。日本肥満学会（2016年）では25以上を肥満とし，WHOでは25以上は肥満前段階，30以上が肥満となっている。

*3　国民健康・栄養調査（国民栄養調査）とは，厚生労働省が行う全国的な規模の調査である（2003年改称）。国民の食品摂取量，栄養素摂取状況，身体状況，食生活状況などの実態を把握して，国民の栄養改善および健康増進を図る目的で実施されている。

*4　穀類エネルギー比率とは，総摂取エネルギー量のうち，米，小麦およびその加工品などの穀類から摂取しているエネルギーの割合をいう。

*5　動物性たんぱく質比率とは，食事として摂取された全たんぱく質のうち，魚介類，獣鳥肉類，乳および乳製品，卵およびその製品などの動物性食品に由来するたんぱく質の割合のこと。

*1 栄養所要量（「栄養素等所要量」）とは，国民が健康を保持し，健康に毎日を営むために，どのような栄養素を毎日どれだけ摂取すればよいかという摂取目標を，生活活動強度別，性別，年齢階層別，身長別に示したものである。

*2 食品群別摂取量とは，国民健康・栄養調査における食品分類の仕方で，穀類，種実類，いも類など大別して17群に分けられ，集計される。

*3 国民健康・栄養調査においては，全国を以下のような12の地域に分類している。北海道，東北，関東I，関東II，北陸，東海，近畿I，近畿II，中国，四国，北九州，南九州。

③ 脂肪エネルギー比率は25％を超え，漸増傾向にある。その内容は，異なった種類の脂肪酸を含有する動物・植物・魚類由来の摂取割合が，おおよそ4：5：1となっており，この配分比は肯定的に捉えられている。

④ カルシウム摂取量は，20～49歳で少なく，鉄も10 mgを下回る低い摂取量であった。そのうちカルシウム摂取を食品群別摂取量*2（性・年齢階級別）中の構成比で見ると，男女とも幼少児（若年期）では，乳類からの摂取が多く，成人期以降では豆・野菜類からが多い。

⑤ ビタミンB_1摂取量は減少している。なかでも，穀類からの摂取割合の減少が著しい。

⑥ 食塩摂取量は昭和60（1985）年代まで減少を続け，その後に一時13 gまで増加したものの，近年は減少傾向にあり，2019年では9.7 gとなっている。目標摂取量を常に上回った量で推移している。地域ブロック別*3では，東高西低という特徴がみられる。

⑦ 若い世代で摂取量が多いのが，油脂類と肉類，少ないのが，豆類，緑黄色野菜，その他の野菜，魚介類であった。乳類は7～14歳で多く，20歳代以降では少なくなっている。

表1-2　食品群別摂取量の年次推移（国民1人1日当たり：g）

	1950年(昭25)	1960年(昭35)	1970年(昭45)	1980年(昭55)	1990年(平2)	2000年(平12)	2010年(平2)	2019年(令元)	2023年(令5)
穀類：米類	338.7	358.4	306.1	225.8	197.9	160.4	439.7*4	410.7*4	411.2*4
穀類：小麦類	68.7	65.1	64.8	91.8	84.8	94.3			
種実類	0.9	0.5	1.9	1.3	1.4	1.9	2.1	2.5	2.4
いも類	127.2	64.4	37.8	63.4	65.3	64.7	53.3	50.2	47.9
油脂類	2.6	6.1	15.6	16.9	17.6	16.4	10.1	11.2	11.9
豆類	53.7	71.2	71.2	65.4	68.5	70.2	55.3	60.6	55.4
緑黄色野菜	75.6	39.0	50.2	51	77.2	95.9	87.9	81.8	77.6
その他の野菜	166.4†2	175.1†2	199.1†2	192.3	162.8	180.1	160.1	167.5	169.4
きのこ類				8.1	10.3	14.1	16.8	16.9	13.6
果実類	41.5	79.6	106.3	155.2	124.8	117.4	101.7	96.4	88.4
藻類	3.0	4.7	6.9	5.1	6.1	5.5	11.0	9.9	9.8
砂糖・甘味料類	7.2	12.3	19.7	12	10.6	9.3	6.7	6.3	6.5
調味料・香辛料類	32.0†3	55.2	126.7	109.7	137.4	182.3	87.0	62.5	62.6
嗜好飲料類							598.5	618.5	598.6
菓子類	—†4	20.4	36.7	25	20.3	22.2	25.1	25.7	25.0
魚介類	61.0	76.9	87.4	92.5	95.3	92.0	72.5	64.1	58.4
肉類	8.4	18.7	42.5	67.9	71.2	78.2	82.5	103.0	107.1
卵類	5.6	18.9	41.2	37.7	42.3	39.7	34.8	40.4	40.2
乳類	6.8	32.9	78.9	115.2	130.1	127.6	117.3	131.2	127.4

†1　穀類の内訳は，米・加工品＋小麦・加工品＋その他の穀類・加工品
†2　きのこ類は「その他の野菜」として集計された
†3　調味嗜好飲料：他の食品群に分割して含まれている
†4　菓子類：調査されていない
（参考資料）1950～2000年：「国民栄養調査成績」，2005～2023年：「国民健康・栄養調査報告」

2) 身体状況調査の要点

① 10～20年前に比べ，BMI[*1]が25以上の人の割合が男性では増加し，女性ではBMI 18.5未満の人の割合が増加している。男性ではどの年代でも体型が丸くなっており，女性は細身になっている，といえる。

② 高血圧[*2]者は，男性はおおよそ5人に2人で，女性は4人に1人であった。

③ 血色素[*3]低値者（男14 g/dL未満，女12 g/dL未満）は，おおよそ男性は4人に1人，女性で6人に1人であった。男性では年齢と共にその割合が増加するが，女性では40歳代に最も多く見られる。

④ 血糖値[*4]が110 mg/dL以上の人は，男女ともにおおよそ5人に1人の割合で，年齢と共に増加の傾向が見られる。

現代の栄養問題は，近年の高度経済成長時代に生じた問題を解決しないまま，ますます複雑化・顕在化を示している。

(3) 現代の健康障害と各種栄養素の関係

1) 循環器・脳血管疾患と栄養素の摂取

脂肪エネルギー比[*5]あるいはコレステロール摂取量と血清コレステロール値との間には高い相関性が見られ，また飽和脂肪酸[*6]摂取量と心筋梗塞による死亡率にも相関性があることが観察されている（Keysら）。また，コレステロール摂取量と虚血性心疾患[*7]による死亡率との間の高い相関性も認められている（Cornner）。

低たんぱく状態が続き，血清アルブミン[*8]が低下するような状況に陥ることは，脳血管疾患（脳卒中）の危険因子になると言われる。食事中のたんぱく質や脂質が脳血管疾患を予防するという動物実験の結果もある。アミノ酸レベルでは，含硫アミノ酸[*9]（メチオニン・タウリンなど）が血圧の上昇を抑制する作用があることも知られている。

食塩の過剰摂取が高血圧や脳卒中の危険因子になることは，周知の事実である。先に示した国民健康・栄養調査結果では，日本人の食事摂取基準2025年版で示された目標摂取量（男性で1日7.5 g未満，女性で1日6.5 g未満）の値からすると，現代人は過剰摂取と言える。

2) 様々ながんと栄養素の摂取

高脂肪食の発がん機構については解明されていない面もあるが，疫学[*10]的調査結果によると，脂質の摂取量が増加すると乳房や結腸のがんの発生率が高まり，少ないと危険度が低下することがわかっている。ビタミンAの摂取が肺がんの危険度を低下させるという調査結果や，ビタミンAやレチノイン酸（ビタミンA酸）ならびにその誘導体は，化学的に誘発された発がん現象を抑制する動物実験などが観察されている。またビタミンCを多く含む新鮮な野菜や果物を摂取することは，

[*1] BMIは，肥満度の判定に用いられる指数の1つで，算出方法は以下の通りである。

$$BMI = 体重（kg）/ 身長^2（m）$$

[*2]

分類	収縮期血圧(mmHg)		拡張期血圧(mmHg)
至適血圧	＜120	かつ	＜80
正常血圧	120～129	かつ	＜80
正常高値血圧	130～139	かつ/または	80～89
I度高血圧	140～159	かつ/または	90～99
II度高血圧	160～179	かつ/または	100～109
III度高血圧	≧180	かつ/または	≧110
孤立性収縮期高血圧	≧140	かつ	＜90

数値は，2回の測定値の平均値（「高血圧治療ガイドライン」日本高血圧学会（2019年）より）

[*3] 血色素とはヘモグロビンのことで，ヘモグロビンは4個のプロトヘムとグロビンたんぱく質が結合したヘムたんぱく質で赤血球中に含まれ，各組織への酸素の運搬が役目である。

[*4] 血糖値とは，血液中のグルコース濃度のことで，血糖の正常値（空腹時）は70～110 mg/100 mLであり，これよりも異常に高い場合を高血糖，低い場合を低血糖という。

[*5] 脂肪エネルギー比とは，1日当たり，あるいは1食当たりの総エネルギーに対する脂肪によるエネルギー比率をいう。栄養所要量では，20～25％程度にすることを推奨している。

[*6] 飽和脂肪酸とは，一般式$C_nH_{2n+2}O_2$で示される脂肪酸である。天然脂肪の中では，パルミチン酸やステアリン酸が多くみられる。

[*7] 虚血性心疾患とは，冠動脈硬化や血管の炎症などにより，心筋が必要とする酸素を十分に供給できなくなった状態によりおこる狭心症や心筋梗塞を示す。

[*8] 血清アルブミンとは，血液から赤血球，白血球，血小板などの有形成分を除いた血漿または血清画分中に含まれるたんぱく質中の1つで，血清たんぱく質の55％程度が血清アルブミンである。

[*9] 含硫アミノ酸とは，硫黄を含んだアミノ酸で，通常たんぱく質に見いだされるものは，メチオニン，シスチン，システインの3種である。

[*10] 疫学とは，人間集団に関する科学と定義づけられる。一口で言えば，人間集団に起こる健康事象の因果関係について検討する学問である。

*1 ニトロソアミンとは，ニトロソ基およびアミノ基をもった化合物の総称で，アミン類およびアミド基が，酸性条件下で亜硝酸塩と反応して生成される。発がん性がある。

ニトロソアミン*1 などの発がん物質の生成を阻止することが明らかになっている。

3）貧血（鉄欠乏性）と栄養素の摂取

鉄欠乏性貧血は血液中の赤血球の不足により起こるが，鉄摂取の不足（欠食），鉄需要の増大（成長・発育），鉄損失の増加（月経など）が主な要因である。赤血球合成に必要な鉄は，ヘモグロビン鉄を再利用することでその多くが補われるが，特に成長期やダイエット志向における鉄摂取不足を防ぐ必要がある。また鉄の吸収機構において，還元物質としてのビタミンCの役割も重要であり，葉酸やビタミンB_{12}と共に摂取を心がけることが望まれる。ビタミンCとビタミンEの併用摂取により，著明にヘモグロビンを生成することも認められている。

演習問題

1. わが国の管理栄養士・栄養士制度と業務に関する記述である。正しいのはどれか。1つ選べ。（2015年）
   (1) 養成制度の創設は、栄養士より管理栄養士が先である。
   (2) 栄養士名簿は、厚生労働省に備えられる。
   (3) 栄養士法には、特定給食施設に管理栄養士を置くことが定められている。
   (4) 都道府県知事が任命する栄養指導員は、医師又は管理栄養士の資格を有する。
   (5) 特定保健指導に関する専門的知識及び技術を有する者として、栄養士が定められている。

2. 公衆栄養活動の評価に関する記述である。正しいのはどれか。1つ選べ。（2015年）
   (1) アセスメント実施過程に対する評価が含まれる。
   (2) 経過（過程）評価は、最終目標を評価する。
   (3) 影響評価は、プログラムの実施状況を評価する。
   (4) 結果評価は、行動に影響を与える要因を評価する。
   (5) 評価結果は、公表しない。

3. 栄養学の歴史に関する記述である。正しいのはどれか。1つ選べ。（2017年）
   (1) リービッヒ（Liebig）は，窒素定量法を確立した。
   (2) マッカラム（McCollum）は，エネルギー換算係数を提唱した。
   (3) フンク（Funk）は，ビタミンKを発見した。
   (4) クレブス（Krebs）は，膵臓にリパーゼが存在することを発見した。
   (5) 鈴木梅太郎は，抗脚気因子を発見した。

消化と吸収

　私たちが健康に毎日を送ることができるのは，私たちが食べた食品が体内で消化され，さらに吸収されることにより，それらの栄養素が体内で，体に必要な物質に作り替えられたり，エネルギーに変換されたり活用されるからである。

　消化とは口から入った食べ物が，消化管である胃や腸で私たちの体に必要な栄養素の形にまで分解されることである。また，異種のたんぱく質などは生体にとっては異物であるが，それが消化によって低分子量になることで生体にとって無害な形となるというのも，消化の果たす役割の別な側面である。また吸収とは，消化により特異性の少ない低分子の物質に変化した栄養素を，消化管の粘膜から体内に取り入れることである。

> **コラム　食物アレルギーと腸管免疫**
> 　私たちの口から入った食品も病原菌も，たんぱく質や脂質などで構成されている。それらを見分けるのは，腸管の一つの仕事である。それを行う腸管免疫細胞は，免疫系全体の6割の細胞や抗体からできていて，病原菌にはIgAを産生し排除しようとするが，食品には抗体を作らないように働く。このシステムがきちんと働かない場合に食物アレルギーが誘発される。

1-1　摂食行動

　摂食行動は，生命維持と個体の諸活動を支えるエネルギー獲得のため，欠くことのできない最も重要な本能行動である。摂食行動は，食物に対する生理的要求の他，年齢，性，健康状態，食経験等の個人的要因や精神的要因，社会的要因，環境要因などの多くの因子に影響される。

（1）摂食の調節機構
1）満腹中枢と摂食中枢

　従来，ヒトは胃や腸が空腹感や満腹感を感じるといわれた。しかし，心配や恐怖などで食欲を失うこともあり，胃潰瘍で胃をすべて切除したヒトにも食欲がある。事故や腫瘍などによって脳の一部を損傷した人や脳の一部を破壊した実験動物の摂食行動を解析することで，食欲が生じるには脳内の視床下部と呼ばれる領域が重要であることが明らかになっ

満腹中枢の破壊
↓

摂食中枢の破壊
↓

た。

　視床下部のどの神経核が食欲にとって重要であるのかを明らかにした実験により，1940年代に腹内側核を破壊すると摂食量が増えて肥満し，外側核を破壊すると，食べる量が減って動物はやせ衰えることが発見された。これらの結果から，腹内側核は**満腹中枢**，外側核は**摂食中枢**と名付けられた。満腹中枢の刺激は食行動を抑制し，摂食中枢の刺激は食行動を促すことによって摂食行動をコントロールしているということがわかったのである。1950年代には，摂食中枢や満腹中枢にはブドウ糖感受性が存在することが明らかになり，血糖値に応じて摂食をコントロールしているという**糖定常説**が提唱された。この説によれば，空腹によって血糖値が低下すると満腹中枢の働きが弱まり，食事が進み血糖値が上がると摂食中枢の働きが弱まる。1970年代に入ると，満腹中枢には血糖値の上昇を検知して活発化する神経細胞が存在し，摂食中枢には血糖値の低下を検知して活発化する神経細胞が存在することがわかった。

表1-1　中枢および抹消での摂食調節因子

中枢神経系		末梢組織	
抗食亢進	摂食抑制	抗食亢進	摂食抑制
NPY	POMC	グレリン	レプチン
AgRP	α-MSH		インスリン
MCH	CRH		PYY3-36
オレキシン	TRH		コレシストキニン
ガラニン	CART		GLP-1
ノルアドレナリン（α2）	GRP		オキシントモデユリン
GABA	NMS，NMU，セロトニン，ノルアドレナリン（α1，β）		

2）食欲調節因子

　血糖値が食欲に関係していることは明らかであるが，血糖値は体内に蓄積されたエネルギー量に比例して変動しておらず，糖定常説では体重が一定に保たれる現象を説明できない。その後，満腹中枢や摂食中枢に働きかけ，摂食を調節する因子が多数明らかになってきた。

a）レプチン

　レプチンは，遺伝性肥満マウスの病因遺伝子の研究で発見された肥満遺伝子に由来するペプチドホルモンであり，脂肪細胞より分泌され，主に視床下部の受容体を介して強力な摂食抑制やエネルギー消費亢進をもたらす。レプチンは交感神経を刺激して脂肪組織に蓄えられている中性脂肪の分解を促進するのみならず，活動量の亢進，体温上昇，脂肪燃焼の促進などの作用を有する。これらの作用により，体内の脂肪量を一定に保つフィードバック機構が働いて，肥満の進展を抑制する。しかし，肥満になると視床下部にレプチンが効きにくくなる**レプチン抵抗性**と呼ばれる現象が生じる。レプチン抵抗性を解消できる方法が見つかれば肥

満の改善ができると考えられるため，レプチン抵抗性の形成メカニズムについて精力的な解析が続けられている。

　b）グレリン

　レプチンと反対の作用を示すペプチドホルモンとしてグレリンがあり，成長ホルモン分泌促進物質としてヒトとラットの胃から発見された。グレリンは主として胃内分泌細胞で産生され，摂食更新や体重増加，消化管機能調節などエネルギー代謝調節に重要な作用を持ち，唯一の抹消で産生される摂食促進ペプチドである。胃から分泌されるグレリンは空腹によって刺激され，摂食やブドウ糖負荷で抑制される。グレリンの発見により，胃が消化機能だけではなく，エネルギー代謝や成長ホルモンの分泌調節にも機能していることが明らかになった。肥満や摂食障害などの病因におけるグレリンの意義も明らかにされつつある。

　3）摂食行動に影響を与える外的要因

　前述のように，摂食行動に影響を与える因子は多様であるが，ヒトの場合は，乳幼児期からの食経験，心理的ストレスなどの精神的要因，味覚，臭覚，視覚などの感覚刺激が与える影響も大きい。これらの外的要因の機序を明らかにし，摂食行動に与える影響を計量化することができれば，生活習慣病の発症予防や健康寿命の延伸にも寄与する。

　a）食経験

　2005年（平成17年）に制定された「食育基本法」では，子どもたちが豊かな人間性をはぐくみ，生きる力を身に付けていくためには，何よりも「食」が重要であるとし，様々な経験を通じて「食」に関する知識と「食」を選択する力を習得し，健全な食生活を実践することができるよう，幼児期に「食を営む力の基礎を培う」食育が位置付けられた。ヒトは基本的な味覚に加えて，食物の外観，匂い，咀嚼時の音，親しい者と一緒に食卓を囲んだ楽しい経験等によっても食欲を誘い，摂食行動に影響を与える。食選択の幅が広がった近年だからこそ，豊富な食物の中から個々の食経験をもとに食物の選択をすることは重要となっている。

　b）精神的要因

　ストレスなどの心理的要因も食欲に影響する。「やけ食い」という言葉があるように，何らかの心理的ストレスを契機に摂食が亢進することがある。反対に心理的ストレスや身体的ストレスが続くと自律神経が過剰に刺激されて食欲不振になることがある。このような精神的ストレスの上に完璧主義的性格傾向，強迫的性格傾向，依存的性格傾向などの精神的素因や生活環境，社会環境，文化背景などの社会的素因が影響すると，神経性食欲不振症や，過食症のような摂食障害を発症する。特に若年女子では，心理的ストレスが大きくなくても思春期の気軽な減量から

摂食障害に巻き込まれることがあり，成人後の不妊や脳の萎縮，骨粗鬆症などの重大な結果につながる危険性が指摘されている。

c）感覚刺激

ヒトの五感刺激（視覚・嗅覚・味覚・聴覚・触覚）も食欲に影響する。特に味覚の存在は大きく，舌に多く存在する味覚受容体細胞と支持細胞から形成される味蕾によって感知され，ヒトは味の記憶をもとにその味を予測して食への期待を膨らませる。したがって，味覚は食欲を左右する重要な要因であると言える。一方，食事のおいしさは味覚だけではなく五感すべてによって構成され，中でも視覚の与える影響は大きい。食欲を増進させる色彩は暖色系であることがわかっており，食品の色彩の組合せ，食器の色の工夫などが食欲を増進させると言われる。

（2）時間栄養学

体温，血流量，血糖値など，生体の動的状態を一定に保とうとするホメオスタシス(生体恒常性)という機能のために，ヒトは一時的な環境の変化があっても体内の環境のバランスを保つことができる。しかし，不規則な生活が繰り返され，自律神経系，免疫系，内分泌系のバランスが崩れると生理機能の恒常性維持や疾病発症に関わってくる。ホメオスタシスの機能を維持するためには体内時計を安定させる必要がある。

1）体内時計

生物は地球の自転によってもたらされる約24時間の明暗周期にその活動を同調させている。このような生体リズムは，概1日周期という意味で概日リズムと呼ばれており，生物の活動量，体温，睡眠，覚醒，摂食等多くの生理機能に関与している。動物においては大脳視床下部に位置する視交叉上核（SCN）から，神経あるいは体液性のシグナルを介して，各組織における細胞の概日リズムが同期されている。SCNが有する時計は中枢時計，各組織が有する時計は末梢時計と呼ばれている。この体内時計は全身の多くの機能に日内変動をもたらし，時計の針が狂うと，睡眠障害，うつ病や，肥満，糖尿病などの代謝障害，免疫・アレルギー疾患，さらにがんの発症にもつながることがわかってきた。

2）生体リズムと摂食行動

ヒトが普通に規則的な生活を送っている場合には，朝，昼，夜と1日に3回ほぼ毎日決まった時刻に食事を摂取するし，ラットやマウスは1日の総摂食量の約80％を夜間に摂っている。このように，摂食行動は単に空腹感と満腹感のみで駆動されているのではなく，概日リズムの大枠で支配制御されている。しかし，夜行性のラットやマウスを昼間のみ食餌を与える昼行性条件で1週間ほど飼育すると，小腸の消化・吸収能

力が摂食時刻に一致して昼間に高まる。一方，光のリズムに同期するSCNの中枢時計ではこのような変化はなく夜行性のままであり，体内時差がパフォーマンスの低下や肥満における摂食リズム障害の原因であると考えられている。ヒトの場合も，経口摂取ができず十二指腸内に留置したチューブを通じて成分栄養液を継続的に投与する連続投与群では，血中コルチゾール濃度は1日中ほぼ一定となり日内リズムも消失したが，正常の食事リズムに模した昼間投与群では，血中コルチゾール濃度は夕方から夜半にかけて低く，朝方に高値を示した。このことから，ヒトの血中副腎皮質ホルモンの日内リズムは，明暗条件は同じであっても，摂食時刻によって変化することがわかった。

3) 食事摂取のタイミング

食事は，末梢組織に存在する体内時計の時刻決定因子として働いており，多くの身体機能は，食事を摂取した時間を目安にして活動期と休息期を決定している。特に，朝食の摂取時刻が重要で，それを活動期の開始時刻であると認識する。朝食を抜くと，学習や運動能力のパフォーマンスの低下，やる気の低下がみられたという報告がある。朝食による末梢時計のリセットには，タンパク質と炭水化物の両者が必要であることが明らかにされており，バランスの良い朝食を規則正しく摂取することが望ましいと考えられる。また，朝食の摂取頻度が少ない人ほど肥満になりやすい傾向にあることも報告されている。

一方，マウスに高脂肪食を4ヶ月間与えた実験によると，いつでも好きな時刻に食べられるように与えた群と，活動期の8時間のみに制限して与えた群では，1日当りの摂取総量は同じでも，前者は典型的な肥満になり，後者はほとんど肥満にならず，体重，血中コレステロール値ともに正常であったことが報告されている。このように，たとえ同じ量の食事であっても，摂取時刻によってエネルギー代謝に与える効果が異なることが知られている。ヒトの場合，朝食を抜く回数が多い，あるいは，夜食の頻度が高い人ほど肥満の傾向が強くなり，1日あたりの摂取エネルギーをそろえた実験においても，朝食を多くして夕食を少なくした方が，その反対よりも体重減少効果が高いことが報告されている。

1-2 食物はどのような順序で消化器官を通過するのか

消化器系は，口腔，咽頭，食道，胃，小腸，大腸，肛門の順序に並ぶ1本の管で形成されている。小腸の最初である十二指腸の入口には，肝

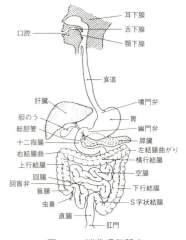

図 1-1 消化吸収器官

臓・胆嚢と膵臓からの管（総胆管）がつながっていて，これらからの消化液が小腸に分泌されている。

（1）口腔

消化の第一歩はまず口から始まる（図1-1）。食物は口に入ってから咀嚼によって小さい断片になり，唾液によってスムーズに食物が食道に移動できるようにする。また，それだけでなく咀嚼によって食べ物が味蕾と接触できるようになることで，味を確認することもできる。食物が口腔から食道に移行するときは気道がふさがり，食物が肺に入らないようになっている。

（2）食道から胃

次に食物は蠕動運動によって食道を通って胃に運ばれる。胃の細胞は食物を消化する胃液と，その消化液から自分を守る粘液の両方を分泌する。噴門の括約筋は食物が食道に逆流しないように，食物が胃に入ると閉じるようになっている。胃の上部の食物はだんだんと胃の下部に蠕動運動により移動するが，その間に胃液と食物が混合され粥状になり，消化されたものは胃の幽門部の筋肉が開くと少しずつ小腸に送られ，幽門の括約筋を閉めることで，胃に食物が逆流しないようにしている。

（3）小腸（十二指腸・空腸・回腸）

胃の内容物は1〜5 mLの割合で十二指腸に送られてくる。小腸には1日に9〜10 Lの消化液や水分が入ってくるが，そのほとんどが小腸で吸収される。膵臓から分泌される膵液と肝臓で分泌され胆嚢に貯蔵された胆汁は総胆管を通って十二指腸（胃に続く約30 cmの場所）の入口に分泌される。食物は胆汁と合流し，膵液とともに十二指腸・空腸・回腸と，消化と吸収を受けながら移動する。移動は主に腸の分節運動による。ここが消化吸収の本番の場所である。

（4）大腸（盲腸・結腸・直腸）

小腸の終了とともに食物は回腸弁を通過して大腸に移行する。大腸では，存在する腸内細菌が未消化物の処理をする。多くは嫌気性細菌である。

内容物の水分は結腸を通過している間に吸収される。食物は次第に糞便の形を形成する。

1-3 消化液にはどのような種類があるか

食物を消化するには，それぞれの栄養素にまで分解する消化液が必要である（表1-2）。基本的には，たんぱく質，脂質，炭水化物の消化は消化酵素による化学的な消化が主である。

1 消化と吸収

（1）唾　　液

　唾液は1日に約1から1.5L程度，耳下腺・顎下腺・舌下腺から分泌され，食物を口に入れたときに水分を補給し，飲み込みやすくするだけでなく，唾液中に含まれるアミラーゼによって炭水化物であるでんぷんを加水分解[*1]している。でんぷんはその消化液によって少糖となり，甘みを感じるのであるが，それにはかなりの時間を要する。また，唾液は歯や口腔内を覆うことによって有害なものを口に入れたときに直接接触するのを防ぐ役割をもしている。唾液の分泌は自律神経によるので，食物のよい臭いをかいだり，食物を連想するといった刺激でも分泌される。

（2）胃　　液

　胃液は消化酵素であるペプシン[*2]と塩酸の混合物である。ペプシンは塩酸によって，不活性な形のペプシノーゲンから活性な形のペプシンへと変換する。塩酸のpHは2以下であるが，その強い酸で食品とともに混入したバクテリアの増殖を押さえる働きも持っている。またその低いpHにより，食物とともに移動してきた唾液のアミラーゼは胃内で不活性化させられる。胃液によって胃壁はダメージを受けると考えられるが，ムチン[*3]という粘液が，ペプシンや塩酸の作用から胃を守っている。

　主な胃内での消化は，たんぱく分解酵素であるペプシンでたんぱく質

[*1] ある1分子またはイオンが，水の介入によって2またはそれ以上の分子またはイオンに分解する反応。生物学的に重要なのは種々のエステル，グリコシド，ペプチド，ヌクレオチド，リン酸塩などが，エラスターゼ，グリコシダーゼ，プロテアーゼ，ヌクレアーゼ，ホスファターゼその他の加水分解酵素に触媒される反応である。

[*2] 胃に分泌される酸性プロテアーゼである。ペプシノーゲンのN末端アミノ酸44個がはずれて活性型のペプシンが生成する。アミノ酸残基に対する基質特異性は低いが，フェニルアラニン・チロシン・ロイシン・メチオニンなどの疎水性アミノ酸残基を比較的よく切断するといわれている。

[*3] 唾液にも存在するが，ここでは胃酸ムチンのことで，アルカリに可溶であるが，水に難溶な糖たんぱく質である。胃液中のムチンは，胃粘膜を保護する働きがある。

表1-2　主な消化酵素の種類と作用機序

存在部位	酵　素	基　質	触媒作用，分解産物
唾　液	アミラーゼ	でんぷん	α-1,4結合を加水分解
胃　液	ペプシン	たんぱく質，ポリペプチド	芳香族アミノ酸とのペプチド結合を切断
	リパーゼ	トリグリセリド	モノグリセリドと脂肪酸に分解
膵　液	トリプシン	たんぱく質，ポリペプチド	アルギニン，リジンとの結合を切断
	キモトリプシン	たんぱく質，ポリペプチド	芳香族アミノ酸との結合を切断
	カルボキシペプチダーゼA	たんぱく質，ポリペプチド	C末端側のアミノ酸を切断
	カルボキシペプチダーゼB（アミノペプチダーゼ）	たんぱく質，ポリペプチド	N末端側のアミノ酸を切断
	エラスターゼ	エラスチン	脂肪族アミノ酸との結合を切断
	リパーゼ	トリグリセリド	モノグリセリドと脂肪酸
	アミラーゼ	でんぷん	α-1,4結合を加水分解
	ホスホリパーゼA2	リン脂質	脂肪酸とリゾリン脂質
	リボヌクレアーゼ，デオキシリボヌクレアーゼ	RNA，DNA	ヌクレオシド，ヌクレオチド
小腸粘膜	α-限界デキストリナーゼ（イソマルターゼ）	α-限界デキストリン・イソマルトース	ぶどう糖
	ラクターゼ	乳糖	ガラクトースとぶどう糖
	スクラーゼ	しょ糖	果糖とぶどう糖
	イソマルターゼ	イソマルトース	ぶどう糖
	各種ペプチダーゼ	ジ，トリ，テトラペプチド	アミノ酸
	エンテロペプチダーゼ	トリプシノーゲン	トリプシン
	各種アミノペプチダーゼ	ポリペプチド	ペプチドのN末端アミノ酸を遊離
	各種カルボキシペプチダーゼ	ポリペプチド	ペプチドのC末端アミノ酸を遊離
	ジペプチダーゼ	ジペプチド	アミノ酸
	マルターゼ	麦芽糖，マルトトリオース	ぶどう糖
小腸粘膜細胞	各種ペプチダーゼ	ジ，トリ，テトラペプチド	アミノ酸

（吉田勉編著，『総論栄養学』，医歯薬出版より一部削除）

*1 胃の幽門粘膜に存在するG細胞から分泌され，血中に入って胃に働き胃液分泌を促すホルモン。胃の前庭幽門部が，食物により，機械的に刺激されたり，幽門部のpHがアルカリ性に傾くと分泌される。その結果，胃液が分泌され，pHが酸性になるとガストリンの分泌は止まる。

*2 消化管ホルモン。酸性の胃内容物が十二指腸に移行すると，その粘膜のS細胞から分泌されたセクレチンが血液に入って膵臓に作用し，膵液の分泌が促される。膵液により胃内容物がアルカリ性になると幽門が閉じて大量の内容物が腸に入り込むのを防ぐ。また，酸性になると開くが，これを幽門反射と呼ぶ。セクレチンは27のアミノ酸から成り，塩酸抑制やペプシン分泌増加，胆汁分泌促進，十二指腸運動低下などの作用を持つ。

*3 CCKと略す。ガストリン様消化管ホルモンの1つ。大脳皮質にも高濃度に存在する。腸管では胆嚢を収縮させ胆汁を分泌させ，膵臓に働いて膵液を分泌する。

*4 膵臓由来の酵素で，前駆体のトリプシノーゲンとして消化管に分泌される。アルギニン・リジンのカルボキシ側のペプチド結合を切る。

*5 膵臓中に前駆物質であるキモトリプシノーゲンの形で存在し，小腸に分泌されてトリプシン・キモトリプシンにより切断されて活性型のキモトリプシンとなる。ロイシン・メチオニン・グルタミン・アスパラギン・芳香族アミノ酸のカルボキシ末端側を切断する。

*6 膵臓で不活性な形で存在しているが，十二指腸に分泌されてトリプシンの作用により活性型となる。Aは芳香族・分岐脂肪族側鎖をもつカルボキシ末端側から1個ずつ，Bは塩基性側鎖カルボキシ末端側から1個ずつアミノ酸を遊離する。

がペプチドにまで加水分解されることである。このときにも，胃酸はたんぱく質に作用してある程度たんぱく質を変性し，ペプシンの作用を受けやすくする。また，ペプシンが働きやすい酸性の状態にするという働きもある。

さらに胃では，胃液のリパーゼによって脂肪の分解と胃酸による炭水化物の分解が，わずかではあるが進む。胃液は，五感を介した刺激や消化管ホルモンであるガストリン*1 によっても分泌される。

（3）膵液

この膵液によって，3大栄養素は小腸で本格的な消化を始めるといっていいであろう。膵液は膵臓から分泌され，膵管をへて小腸内に送り出される。1日に約700 mLほど分泌されるが，胃液と同様に，食物を見たり臭いをかいだりすることでも分泌される。また，ホルモンであるセクレチン*2 やコレシストキニン*3 によっても分泌が調節されている。膵液は，たんぱく質・脂質・炭水化物に対する消化液の混合物の総称である。また，小腸の上皮細胞には別の消化酵素が存在し，消化を促進している。

消化酵素に加え，膵液はpHがアルカリ性である炭酸ナトリウムを含んでいて，胃酸によって酸性側に傾いた消化途中の食物のはpHを中和して，膵液が働きやすい環境のpHにする働きがある。

小腸内では，胃のペプシンによって部分的に消化されたたんぱく質が，トリプシン，キモトリプシン，カルボキシペプチダーゼAおよびBによってオリゴペプチドにまで分解される。これらの酵素は消化管内に不活性な形であるトリプシノーゲン*4，キモトリプシノーゲン*5，プロカルボキシペプチダーゼAおよびB*6 の形で分泌され，エンテロキナーゼその他のプロテアーゼで活性型に変換される。

オリゴペプチドは小腸の絨毛表面に存在しているアミノペプチダーゼなどにより，小腸に吸収されながらさらにアミノ酸にまで分解される。このように，小腸の管腔から吸収しながら消化することを膜消化という。

この膜消化は，たんぱく質だけではなく炭水化物でも行われていて，膵液のアミラーゼによりでんぷんが少糖類にまで消化されるが，さらに麦芽糖は膜の酵素であるマルターゼによりぶどう糖に，乳糖はラクターゼによりガラクトースとぶどう糖に，しょ糖はスクラーゼにより果糖とぶどう糖に変化しながら吸収される。

脂質は膜消化はされないが，膵液のリパーゼにより，トリアシルグリセロール（トリグリセリド）がモノアシルグリセロール（モノグリセリド）と脂肪酸に分解される。

（4）胆　汁

　胆汁は肝臓でつくられ，胆嚢(のう)に蓄えられるが，消化管ホルモンであるコレシストキニンにより小腸に分泌され，そこで働く。胆嚢は，脂質が小腸に到達すると胆汁を分泌する。これは消化液ではないが，脂質を乳化して，水溶液にけん濁させることで，膵液に攻撃されやすくしている。また，モノグリセリドの吸収にも必要である。胆汁は肝臓から分泌される一次胆汁酸と腸内細菌により代謝された二次胆汁酸がある。一次胆汁酸は回腸で吸収され，肝臓に送られる。これを胆汁の腸肝循環という。

（5）そ の 他

　小腸や大腸ではpHが中性で，バクテリアが繁殖しやすくなっている。腸内細菌が生産するある種のビタミンを我々の体が利用しているということもあるが，逆の例もある。すでに通常の腸内細菌が繁殖してしている環境下では，有害菌はなかなか繁殖しにくい。その腸内細菌叢は食事内容に作用されることが知られている。唾液や粘液，あるいは胃酸や小腸における消化酵素は消化に寄与するだけでなく，外来からの進入物に対しても（消化酵素は進入物を消化することによって）防御的に働く。

1-4　吸収はどのような仕組みで行われているか

　あらゆる種類の栄養素が，食事をとった数時間後に，同時に体内に入っていくにはどのような工夫がなされているのであろうか。吸収の機構は小腸の表面が，細かいひだのようにくびれ，さらにその表面にも細かいひだが多数存在し，それを広げると，小腸の表面積は元の600倍にもなる。であるから，栄養素の分子が多数存在しても問題なく吸収される。

（1）吸収の機構

　小腸の内部表面は非常に滑らかであるが，顕微鏡下では細かいひだのような構造になっている。ひだは突出したブラシのような構造を持っている（図1-3）。そのブラシのような構造を絨毛というが，表面は何百という細胞が並んでいる。その絨毛は小腸の管の中で，海の中にいるイソギンチャクの触手のように揺れて，栄養素との接触をはかっている。部分的に消化された栄養素が絨毛に接触すると，吸収される大きさになったものが吸収され，さらにそこに存在する酵素によって消化され，細胞に吸収される。

　吸収の形態は，大きく分けて3つに分類できる（図1-4）。

　1つは濃度の勾配によって，栄養素の濃度の濃い側から濃度の薄い側に細胞膜を通過する方法で，これは単純拡散とよばれている。もっとも

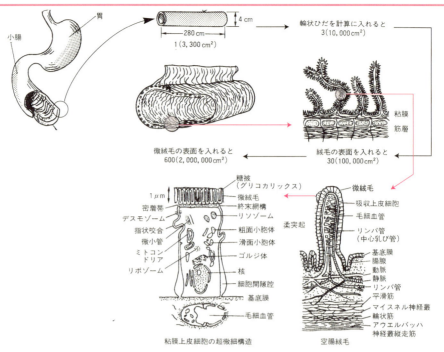

図1-3 小腸粘膜の構造
( )の前の数字は 4 cm × 280 cm の小腸の表面積を1とした時の各段階での表面積の割合を示したもの
(糸川嘉則ほか編,「栄養学総論(第2版)」,南江堂を一部改変)

*1 トリグリセリドは細胞膜に溶解して吸収される。

一般的な方法で,水溶性ビタミン(ナイアシン・ビタミン B_6・パントテン酸・ビオチン・ビタミン C),無機質,脂溶性物質*1(ビタミン A・D・E)などはこの方法で吸収される。

次は細胞膜に埋め込まれた担体を介して栄養素が細胞膜の反対側へ移動する方法で,促進拡散(受動輸送)と呼ばれている。担体の数に限りがあるので,飽和現象が起こる。果糖の輸送の他,ビタミン K・ビタミン B_2・ナイアシン・ビオチン・葉酸などの輸送に用いられている。

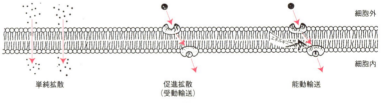

図1-4 輸送の三形態

もう1つはエネルギーとして ATP を利用して,濃度の薄い方から濃い方へと物質を輸送する系で,それぞれ特異的担体を持ち,能動輸送と呼ばれている。ぶどう糖,ガラクトース,アミノ酸,ナトリウム・ビタミン B_1・B_{12},葉酸などが輸送される。

栄養素は,上記の3種類の方法のいずれかで小腸の内腔から吸収されることになる。そして小腸の上皮細胞は血管やリンパ管と通じているので,その2つの系によって栄養素の移動が行われている。

（2）栄養素の吸収部位

まず胃ではアルコールが吸収される。栄養素ではないが，胃では薬も吸収される。

多くの栄養素は小腸で吸収されるが，消化を受けないビタミンや無機質は主に小腸上部で，小腸で消化作用を受けるたんぱく質・脂質・炭水化物は主に小腸中部以降で吸収される。また水分は大腸でも吸収される。

1-5 消化・吸収された栄養素はどのようにして運ばれるか

（1）循環器系

単糖やアミノ酸など水溶性物質は小腸の上皮細胞に取り込まれた後，絨毛の毛細血管や血液循環の閉鎖された系で心臓や動脈および静脈を経て全身を巡るが，これはちょうど栄養素を運ぶのに適している（図1-5）。

血液は消化管から静脈を経て，肝臓に運ばれる。肝臓の位置は消化管から吸収された物質が最初に届くのに好都合な場所にある。また，肝臓は栄養素が体の中で使われるためにいろいろな働きを持っている。加えるに，肝臓は脳や心臓を害する物質からそれらを守る役目も果たしている。そのために，肝炎のウィルスやアルコール，麻酔剤であるバルビタール，さらには水銀などにより，損傷を受けてしまうという欠点もある。

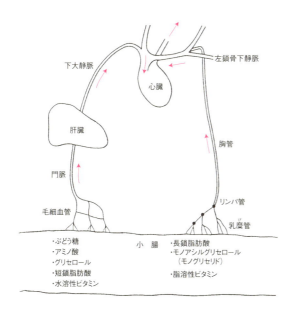

図1-5 栄養素の吸収経路
（吉田勉編著，『総論栄養学（第3版）』，医歯薬出版）

（2）リンパ系

長鎖脂肪酸・モノアシルグリセロール（モノグリセリド）・脂溶性ビタミンはミセルを形成して絨毛に吸収される(図1-5)。その後，リポタンパク質のキロミクロンとして，乳び管からリンパ管に入る。リンパ液は赤血球と血小板がない以外は，だいたい血管系と同様である。リンパ系には心臓のようなポンプがない代わりに筋肉の収縮するのを利用して，リンパ液を移動している。長鎖脂肪酸や脂溶性ビタミンは消化管からリンパ系に入り，最終的には左鎖骨下大静脈から血液の循環系に入り，動脈を経て毛細血管や静脈へと他の栄養素と同様な経路をたどる。ひとたび血管系の中に入ったら栄養素は自由に移動し，必要とされる細胞の中に取り込まれて使われる。

（3）栄養素の行方

炭水化物はぶどう糖などの単糖として吸収され，血液により全身に運ばれた後，多くは肝臓と筋肉でエネルギーとして蓄えられ，脂肪組織では脂肪として蓄えられる。

脂質中のトリアシルグリセロール（トリグリセリド）などは肝臓，脂肪組織，筋肉やその他の組織で，主にエネルギーに変換する。

たんぱく質は体たんぱくの合成に使われほか，酵素やホルモンなどの合成に，また一部はエネルギー源として利用される。

1-6　消化と吸収の調節

（1）神経の刺激とホルモン

消化液の分泌や吸収には2つの刺激経路が関与している。神経系とホルモン（内分泌）である。食物の臭いや色がまずそれら2つの系に働く。すなわち，食物の臭いや形は五感を通して迷走神経（副交感神経）を刺激し，それがホルモンの分泌を促し，その結果，唾液や胃液が分泌される。胃酸や膵液の分泌も迷走神経に支配されている。

胃酸は，それ以外にヒスタミンによっても分泌が促進される。迷走神経は胃酸以外にガストリン，ペプシノーゲンの分泌を促進する。

酸性の内容物が十二指腸に入るとコレシストキニンというホルモンが分泌され，膵液や胆嚢を収縮させて胆汁を分泌し，セクレチンが膵臓に働きかけ，炭酸塩に富む膵液を出させて酸性になっている食物を中性に戻すことにより，食物が小腸で消化されやすい環境を作っている。また，胃に対しては，胃酸やガストリンの分泌抑制を行う。また、表1-2に示したように，消化管ホルモンはガストリン，セクレチン，コレシストキニン以外にGIP，GLP-1，グレリンなども知られている。

表1-2 主な消化管ホルモン

消化管ホルモン	分泌部位（細胞）	主な作用
ガストリン	胃幽門部, 十二指腸 (G細胞)	・胃酸分泌促進 ・ペプシノーゲン分泌促進 （胃内容物のpHが2以下になるとガストリン分泌が抑制される）
セクレチン	十二指腸, 空腸 (S細胞)	・膵臓からの炭酸水素イオン分泌促進 ・膵臓酵素の分泌促進 ・胃酸・ガストリン分泌抑制 ・胃内容物の十二指腸への移送抑制 （消化物のpHが4.5以上になるとセクレチン分泌が抑制される）
コレシストキニン（CCK）	小腸上部 (I細胞)	・胆嚢収縮（胆汁分泌促進） ・膵臓酵素の分泌促進 ・摂食抑制
グルコース依存性インスリン分泌刺激ホルモン（GIP）※	十二指腸, 空腸 (K細胞)	・胃酸・ガストリン分泌抑制 ・ペプシン分泌抑制 ・インスリン分泌刺激 ・胃の運動抑制
グルカゴン様ペプチド（GLP-1）	遠位空腸, 回腸 大腸 (L細胞)	・インスリン分泌刺激 ・胃の運動抑制 ・摂食抑制
グレリン	胃体部 (X細胞)	・摂食の亢進 ・成長ホルモン分泌刺激

※胃抑制ポリペプチドともいわれる。

　幽門の括約筋は開いたり閉じたりする。これは，酸性に傾いた食物が流れてくると小腸側の幽門細胞が酸を感知して，幽門をきつく閉めるからである。膵液に含まれる炭酸塩と幽門括約筋付近の分泌液によって酸性に傾いた食品が中性に戻ると，幽門筋がリラックスして開き，食物を少しずつ小腸に送り出す。このように消化管は，それ自身が分泌するホルモンなどにより，その消化液の分泌や消化管の運動が調節されている。

（2）自律神経による調節

　消化器系の働きを調節するのは，交感神経と副交感神経で構成されている自律神経でも行われている。自律神経は自分の意志とは独立に，中枢神経からの刺激を伝える。交感神経は，活発に活動している時や緊張している時に優位に働き，消化液や消化管の活動を抑制する。また副交感神経は安静時や休養時に，消化液の分泌や消化管活動を活発にするように働く（図1-6）。

1-7　その他の因子には何があるか

（1）腸内細菌叢

　私たちの腸管内には数百の種類の菌が存在している。それらの集まり

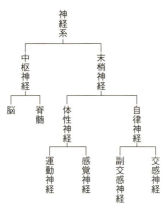

図 1-6 ヒトの神経系の分類

> **コラム**
> **食事量過剰も発がん危険因子**
> 発がんの危険因子として重要なものに食事があげられる。食品成分中の発がん性だけではなく，食事量が過剰でエネルギーをより多くとることでも発がんの危険性を高めていることが知られている。事実，エネルギー量を制限して発がん制御が可能であることが多くの研究者によって示唆されている。発がん制御のメカニズムは長い間不明であったが，肝臓の化学発がん，自然発症肝がん，自然発症乳がんのモデルで，エネルギー摂取の制限により前腫瘍性の病巣の細胞にアポトーシス（細胞死）が誘導され，最終的に発がん抑制につながるとの報告が相次いでいる。それも数カ月のエネルギー制限で，その後，一年半から二年もその抑制効果が持続するという。(医学の歩み，173，5，1995，p.371)

（細菌叢）は，私たちの体にそれらが作るビタミン（B_2・B_6・B_{12}・葉酸・パントテン酸・ビオチン・ビタミン K など）を供給している。しかし，一方ではアノイリナーゼを産生する菌により，ビタミン B_1 が壊れるというような例もある。また，食事の内容により，腸内細菌が大腸のがん細胞の分裂を促進・抑制する物質を作ることにより，間接的に発がん機構に関与していると考えられている。例として，腸管に分泌された一次胆汁酸が，腸内細菌により二次胆汁酸となることで，発がんリスクを高める物質に変換する事があげられる。

各人の腸内細菌叢は異なっているが，それは摂取した食物の違いや各自の消化液の分泌の違いなどにもよる。ヒトの消化管に，外部から入った乳酸菌で定住できるのは，ヒトに適した菌種・菌型に限られる。また，各自に定着した菌叢は定住菌といい，非常に安定であるが，食事内容やストレスあるいは抗生物質の多用などで，これらの菌叢を乱してしまうことがある。

1-8 摂取すべき食品の量はどのように決められているか

（1）消化吸収率

摂取した食品中の栄養素がすべて私たちの体に吸収されることはなく，調理法や食品の組み合わせにより，消化吸収率（略して，単に消化率ともいう）が異なる。そこで口から入った摂取量のうち，どれくらいが吸収されたか示すもので，見かけの消化吸収率は，次の式で表される。測定法の1つは全糞摂取法といい，ある期間の摂取食品全量と糞に排泄された成分の排泄量とを測定するものである。

$$見かけの消化吸収率 = \frac{吸収量}{摂取量} \times 100$$

また，食品に消化吸収されない色素などを標識して糞中に排泄された色素と食品成分との比をとり，消化率を計算するという方法もある。たとえば Cr_2O_3 をある食物に混ぜ，それに対する食品中の窒素の比率をAとし，糞中に出た Cr_2O_3 に対する窒素の比をBとすると，見かけの消化吸収率は下式で表わされる。

$$A - \frac{B}{A} \times 100 = \left(1 - \frac{B}{A}\right) \times 100$$

しかし，無たんぱく食でも，内因成分（消化液成分や腸の粘膜の脱落

物やそれら由来の腸内細菌など）が糞便中に排泄されるので，真の消化吸収率はという下式で示される。

$$真の消化吸収率 = \frac{摂取量 - (糞便排泄量 - 糞中内因成分)}{摂取量} \times 100$$

一般に糖質は消化吸収率が高く，次に動物性たんぱく質で，さらに脂質，植物性たんぱく質の順である。

一方，食物繊維を含むものは消化吸収率が悪い。これらの結果は我々の栄養摂取量に反映されている。

演習問題

1. 食欲と日内リズムに関する記述である。誤っているのはどれか。1つ選べ。（2017年）
   (1) 摂食中枢は，視床下部にある。
   (2) レプチンは，脂肪細胞から分泌される。
   (3) セロトニンは，食欲を促進する。
   (4) コルチゾールの日内リズムは，摂食サイクルに影響される。
   (5) 消化酵素の活性には，日内リズムがある。

2. 食物の消化に関する記述である。正しいのはどれか。1つ選べ。（2015年）
   (1) 生物学的消化とは，食塊を破砕・混合することである。
   (2) 胃液分泌は，迷走神経が亢進すると促進される。
   (3) ガストリン分泌は，胃に食塊が入ると抑制される。
   (4) セクレチン分泌は，胃内容物が小腸に入ると抑制される。
   (5) 胆汁酸分泌は，ガストリンにより促進される。

3. 食物繊維・難消化性糖質の生理的効果である。誤っているのはどれか。1つ選べ。（2015年）
   (1) 難う蝕性
   (2) 食後の血糖値上昇抑制
   (3) 大腸の蠕動運動抑制
   (4) 腸内細菌叢改善
   (5) 短鎖脂肪酸の生成

たんぱく質

2-1 たんぱく質を化学する

（1）たんぱく質の定義

自然界にあるたんぱく質（protein）はすべて約20種類のアミノ酸（amino acid）からできている[*1]。多数のアミノ酸がペプチド結合[*2]したものがたんぱく質である。ペプチド結合しているアミノ酸の構成比や順番を変えることにより，性質や働きの異なるさまざまなたんぱく質になる。

たんぱく質は卵白，牛乳，だいず，魚などに含まれ，栄養素としては大変重要なものである。生体内ではエネルギーとなり1g当たり4kcal（16.7kJ）のエネルギーを産生する。糖質や脂質からのエネルギー産生が少ない場合には，たんぱく質がエネルギー源となる。たんぱく質は生体内ではエネルギー源であると同時に，生体成分として重要で多様な働きを持っている。

たんぱく質は生体成分中の重量で約18％存在し[*3]，生体成分の中では水分についで量が多い。すべての酵素[*4]はたんぱく質で作られている。生体内ではこのほか，インスリン・グルカゴン・成長ホルモンなどのペプチドホルモン，赤血球中のヘモグロビン，筋肉中のミオグロビン，血漿中のアルブミンやグロブリン，さらに毛髪や爪もたんぱく質である。生体成分として働いているたんぱく質は，生体の中でDNAの持っている遺伝情報に従ってアミノ酸が結合して生合成されたものである。

たんぱく質の元素組成の主なものはC 50～55％，O 20～25％，N 15～18％，H 5～7％，S 2.5～0.4％である。元素組成でたんぱく質が脂質や炭水化物と最も異なる点は，窒素を含むことである。たんぱく質を構成しているアミノ酸には，どのアミノ酸にも最低1個のアミノ基（$-NH_2$）が含まれているので，アミノ酸から構成されるたんぱく質には

[*1] 自然界に存在するほとんどのたんぱく質は，約20種類のL-α-アミノ酸から作られている。p.27 表2-1 参照。

[*2] 隣り合った2個のアミノ酸のカルボキシル基とアミノ基が脱水結合した結合様式をペプチド結合という。2つの分子から水，アルコール，アンモニアなどが脱離して共存結合を生成する反応を縮合（condensation）とよぶ。p.28 図2-3 参照。

[*3]

人体の化学組成

	成人男子（％）	成人女子（％）
たんぱく質	18	15
脂肪	14	20
糖質	1	1
水分	62	59
無機質・他	5	5

[*4] enzyme 生物の体内で起こる反応はすべて酵素が触媒している。酵素は生体内で作られ，主にたんぱく質で構成されているが，たんぱく質以外のミネラル等を含む場合もある。消化酵素も酵素の一種である。

必ず窒素が含まれることとなる。たんぱく質中の窒素を約16％とすると，窒素の重量に6.25を乗ずるとたんぱく質の量が計算できる。食品中あるいは生体成分中の窒素はキェルダール（Kjeldahl）法[*1]で簡単に測定できるが，多くの場合，このようにして測定した窒素の重量に6.25をかけて，たんぱく質あるいはアミノ酸の量とする。

[*1] 代表的なたんぱく質の定量法で中和滴定を用いる。ケルダール法ともいう。

（2）アミノ酸

自然界で生体のたんぱく質を構成するアミノ酸は約20種ある。そのアミノ酸の中心にある炭素を α 炭素という。α 炭素の四方にはそれぞれ水素（H），アミノ基（$-NH_2$），カルボキシ基（$-COOH$）が結合している。一般式 R で表示された部分は各々のアミノ酸によって異なる構造

表 2-1 アミノ酸

常用名	三文字略号[一文字略号]	構造式	常用名	三文字略号[一文字略号]	構造式
脂肪族の側鎖をもつもの			酸やアミドを含む側鎖をもつもの		
グリシン	Gly[G]		アスパラギン酸	Asp[D]	
アラニン	Ala[A]		アスパラギン	Asn[N]	
バリン	Val[V]		グルタミン酸	Glu[E]	
ロイシン	Leu[L]		グルタミン	Gln[Q]	
イソロイシン	Ile[I]				
			側鎖に塩基を含むもの		
			アルギニン	Arg[R]	
OH基を含む側鎖をもつもの			リシン	Lys[K]	
セリン	Ser[S]				
トレオニン	Thr[T]		ヒスチジン	His[H]	
硫黄原子を含む側鎖をもつもの			芳香環を含むもの		
システイン	Cys[C]		フェニルアラニン	Phe[F]	
メチオニン	Met[M]		チロシン	Tyr[Y]	
			トリプトファン	Trp[W]	
			イミノ酸		
			プロリン	Pro[P]	

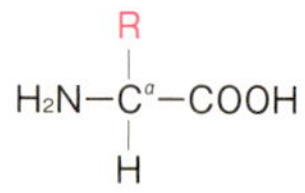

$$H_2N-\underset{H}{\overset{R}{C^\alpha}}-COOH \qquad H_2N-\underset{R}{\overset{COOH}{C}}-H \qquad H-\underset{R}{\overset{COOH}{C}}-NH_2$$

　　　　　　　　　　　　　　　　　　　　　　L-型アミノ酸　　D-型アミノ酸

　　図2-1　アミノ酸の一般式 　　　　図2-2　アミノ酸の光学異性体

になっている。グリシン以外のアミノ酸では α 炭素に 4 種類の異なる置換基を持っている。このような炭素を不斉炭素（asymmetric carbon）とよぶ。

　グリシン以外の不斉炭素をもつアミノ酸には L-型と D-型がある。このように光学活性をもつものを光学異性体という。生体内ではアミノ酸を合成する酵素が立体特異性を持っているため、L-型アミノ酸のみが生合成される。したがって、生体の中には L-型アミノ酸だけが存在する。

（3）必須アミノ酸

　生体内のたんぱく質を生合成するためには、約 20 種類の L-型アミノ酸が必要である。これらのアミノ酸は基本的には生体内で作られている。しかしこれらのうち、ほとんど生合成されないか、または生合成の速度が遅く生体内の必要量が十分作られないアミノ酸がある。これらのアミノ酸を**必須アミノ酸**（essential amino acid）といい、食品から摂取しなければならない特に重要なアミノ酸となる。必須アミノ酸はヒスチジン、イソロイシン、ロイシン、リシン、メチオニン、フェニルアラニン、トレオニン、トリプトファン、バリンの 9 種類である。一方、生体内で必要量を合成できるアミノ酸を**非必須アミノ酸**（nonessential amino acid）という。

（4）たんぱく質の構造

　たんぱく質はアミノ酸が多数重合したものである。アミノ酸とアミノ酸が結合するときに脱水反応により縮合するが、このようなアミノ酸とアミノ酸の結合を**ペプチド結合**とよぶ。ペプチド結合をくり返すことによって、アミノ酸が多数結合したたんぱく質となる。アミノ酸が結合したものを**ペプチド**とよび、アミノ酸の結合数によりジペプチド（$n=2$）、トリペプチド（$n=3$）、オリゴペプチド（$n=2 \sim 10$）、ポリペプチド

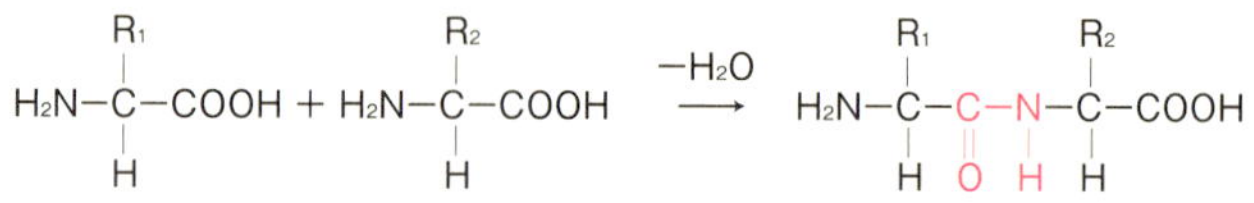

$$H_2N-\underset{H}{\overset{R_1}{C}}-COOH + H_2N-\underset{H}{\overset{R_2}{C}}-COOH \xrightarrow{-H_2O} H_2N-\underset{H}{\overset{R_1}{C}}-\underset{O}{\overset{}{C}}-\underset{H}{\overset{}{N}}-\underset{H}{\overset{R_2}{C}}-COOH$$

図2-3　ペプチド結合

```
      R₁              R₂              Rₙ
H₂N-CH-CO-NH-CH-CO ……  NH-CH-COOH
N末端                                 C末端
```

図2-4　たんぱく質の構造

（n＝約10～50）という。アミノ酸の数が多数になるとたんぱく質とよばれる。ただし，ポリペプチドやたんぱく質を構成するアミノ酸の数は，厳密に決められているわけではない。

　アミノ酸が多数結合する場合，原則として左側にアミノ基（−NH₂）を書き，これをN末端（アミノ末端）という。右側にはカルボキシ基（−COOH）を書き，これをC末端（カルボキシ末端）という。

　たんぱく質を構成するアミノ酸の並ぶ順番は，同じたんぱく質の場合はまったく同一である。これをアミノ酸配列（amino acid sequence）といい，アミノ酸配列をたんぱく質の**一次構造**（primary structure）という。Sanger[*1]は1953年，ウシインスリンの一次構造を発表したが，この研究によってたんぱく質の構造が初めて明らかになった。ヒトのインスリンはアミノ酸21個からなるA鎖とアミノ酸30個からなるB鎖2本のたんぱく質鎖から成り，これがシステイン同士のS-S結合[*2]で結ばれている。S-S結合は1分子のインスリンの中に3本ある。同一のたんぱく質は必ず同じアミノ酸配列となり，同じ一次構造となる。

[*1] 蛍光のある試薬を用いて世界で初めてたんぱく質の一次構造を解明し，その後のたんぱく質研究に大きく貢献した。この功績によって1958年ノーベル化学賞を受賞した。SangerはインスリンをA鎖とB鎖に分け，さらに加水分解によって小さいペプチドに分解した。このペプチドのN末端に1-フルオロ-2,4-ジニトロベンゼン（Sanger試薬）を結合させ，ペプチドのN末端のアミノ酸を切断し同定した。この操作を繰り返して，ウシインスリンの一次構造を決定した。

[*2] 2分子のシステインのSH基が脱水素して結合したもの。

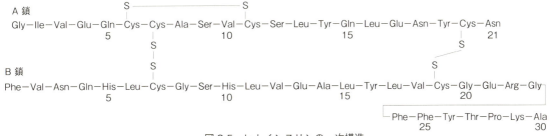

図2-5　ヒトインスリンの一次構造

　高分子であるたんぱく質の構造は，一次構造で表されるような平面でなく，三次元の立体的な構造である。たんぱく質の構造の一部に注目すると，同じようなくり返し構造があったり，不規則な構造が見られたりする。これをたんぱく質の**二次構造**（secondary structure）という。赤血球のヘモグロビン[*3]や筋肉のミオグロビン[*4]には，アミノ酸3.6残基で1回転する右巻きらせん状の構造が多く，全体の約80％がこのようなくり返し構造になっている。これをα-ヘリックス[*5]という。また，たんぱく質の平面がひだ折り状に折れ曲がる規則的な構造は絹糸のフィブロインや羽毛のケラチンに見られ，これをβ構造[*6]という。

　α-ヘリックスやβ構造は，1本のたんぱく質鎖の中にくり返し見られ，規則構造[*7]とよばれる。規則構造以外の部分でそれぞれに異なる

[*3] p.31，図2-9参照

[*4] p.31，図2-8参照

[*5] α-helix　p.30，図2-6参照。ミオグロビンは全体が球状のたんぱく質構造をしている。α-ヘリックスが多く全体の約75％を占める。p.31，図2-8でたんぱく質鎖がコイル状になっている部分がα-ヘリックスである。

[*6] p.30 図2-7参照

[*7] ordered structure　α-ヘリックスやβ構造のように規則的なくりかえし構造をいう。

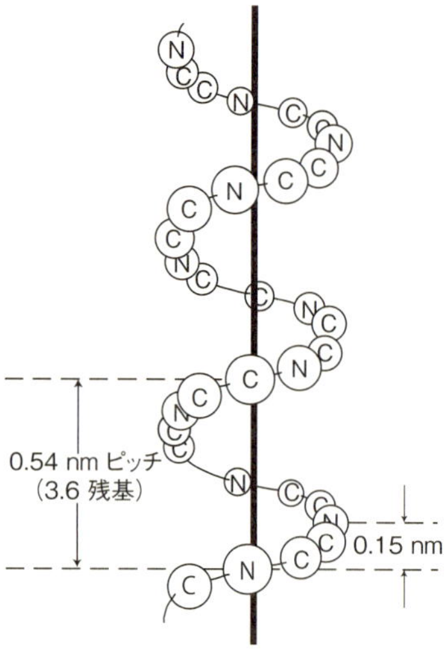

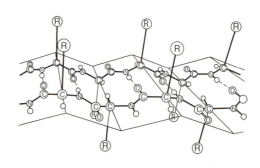

図2-6　α-ヘリックス

図2-7　β構造
(『コーン・スタンプ生化学（第5版）』、東京化学同人（1995））

*1　unordered structure　規則構造以外の部分をさす。それぞれの部位によって立体的な構造が異なる。

*2　ミオグロビンのように密に折りたたまれた構造のたんぱく質をいう。多くの酵素はこの構造をしている。p.31, 図2-8 参照。

*3　全体が細長い糸状の形をした構造のたんぱく質をさす。球状たんぱく質に対する名称。

*4　myoglobin　筋肉中にあり酸素を結合する役割をしている。p.31 図2-8 参照。

*5　heme　ピロール環4個からなり、中心にある Fe に酸素を結合する。p.31, 図2-8, 図2-9参照。

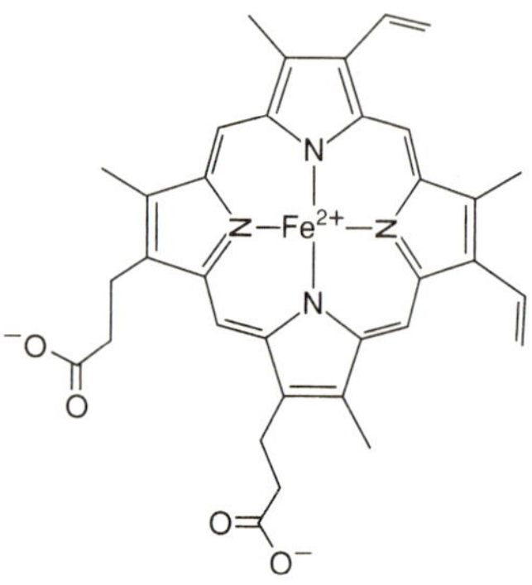

*6　hydrogen bond　水素原子と水素原子が弱い結合をする。たんぱく質の内部やたんぱく質間では一般的に見られる結合様式である。

*7　ion bond　陽イオンと陰イオンの結合によって、立体構造を作る。

立体構造を表す部分は、不規則構造*1 という。二次構造はたんぱく質のアミノ酸配列によって決まるので、同じたんぱく質であれば同一の二次構造となる。

　1本のたんぱく質鎖が示す立体構造を、三次構造（tertiary structure）という。三次構造には分子全体で球状にまとまっている場合と、糸状の細長い形になるものがある。これを球状たんぱく質*2、および繊維状たんぱく質*3 という。球状たんぱく質としてはミオグロビン*4 が有名である。ミオグロビン分子の中にはヘム*5 という鉄を含む赤い色素がある。ヘムの周囲にはたんぱく質の鎖がある。分子の外側には水溶性のアミノ基やカルボキシル基が多数見られる。たんぱく質の1本の鎖の中に水素結合*6 やイオン結合*7、疎水性相互作用、ファンデルワールス力などが働き、いつも同一の立体構造をとる。

　たんぱく質の中には、複数のたんぱく質鎖から構成されているものもある。このような場合、たんぱく質鎖は必ず偶数個集まっている。たんぱく質鎖が集合した全体の立体構造を四次構造（quaternary structure）と

いう。1本のたんぱく質鎖はサブユニット*1とよばれる。たんぱく質の四次構造では，ヘモグロビンが有名である。ヘモグロビンはα鎖2本，β鎖2本から成る四量体で，これを$\alpha_2\beta_2$という。α鎖β鎖には各々ヘムという色素が含まれている。ヘモグロビンは酸素を運搬する働きをしているが，ヘムの中の鉄に酸素が結合するのである。

*1 subunit　ヘモグロビンは4個のサブユニットで構成されている。図2-9参照。

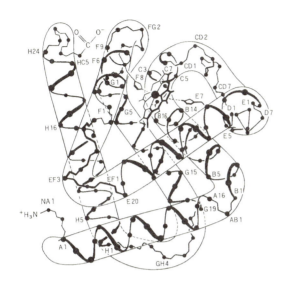

図2-8　ミオグロビンの三次構造
（●は各アミノ酸のα-炭素原子を示している）
α-ヘリックス部分はAからHまで名前がついている。

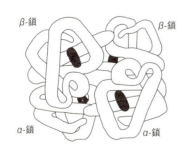

図2-9　ヘモグロビンの四次構造
（■はヘムを示す）

(5) たんぱく質の分類

　たんぱく質は次のように分類される。アミノ酸だけで構成されるたんぱく質を**単純たんぱく質***2という。単純たんぱく質にはアルブミンやグロブリンなどがある。たんぱく質を加水分解すると，アミノ酸だけでなくそれ以外のものが含まれている場合がある。これを**複合たんぱく質***3という。複合たんぱく質には，その中に含まれるものによって，糖質を含む糖たんぱく質*4，主に脂質が結合したリポたんぱく質*5，リン酸が結合したリンたんぱく質*6，核酸と結合した核たんぱく質*7，色素と結

*2　simple protein

*3　conjugated protein

*4　glycoprotein

*5　lipoprotein

*6　phosphoprotein

*7　nucleoprotein

表2-2 単純たんぱく質

たんぱく質の名称	固有名（分布）
アルブミン	オボアルブミン（卵白），血清アルブミン（血清），α-ラクトアルブミン（乳汁）
グロブリン	ラクトグロブリン（乳），ミオシン（筋肉），フィブリノーゲン（血液），α，β，γ-グロブリン（血液），グリシニン（だいず）
グルテリン	オリゼニン（こめ），グルテニン（こむぎ）
プロラミン	グリアジン（こむぎ），ホルデイン（おおむぎ），ツェイン（とうもろこし）
アルブミノイド	コラーゲン（結合組織，靭帯，軟骨，骨），ケラチン（毛髪，爪，角），エラスチン（腱），フィブロイン（絹糸）
プロタミン	（精子）

（吉田勉編著，『栄養学−生化学的アプローチ』，学文社（1995）を加筆訂正）

表2-3 複合たんぱく質

たんぱく質の名称	固有名（分布）
糖たんぱく質	ムチン（唾液），オボムコイド，オボムチン（卵白），アビジン（卵白），コンドロムコイド（軟骨）
リポたんぱく質	リポプロテイン（血清），リポビテリン，リポビテレニン（卵黄）
リンたんぱく質	カゼイン（乳），ビテリン（卵黄）
色素たんぱく質	ヘモグロビン（赤血球），ミオグロビン（筋肉），チトクローム（ミトコンドリア），クロロフィル（葉緑体）
金属たんぱく質	トランスフェリン（Fe含有，血液），フェリチン（Fe含有，肝臓，脾臓，骨髄，筋肉），ヘモシアニン（Cu含有，軟体動物，節足動物）
核たんぱく質	ヌクレオヒストン（細胞核），ヌクレオプロタミン（精子）

（吉田勉編著，『栄養学−生化学的アプローチ』，学文社（1995）を加筆訂正）

合して酸素運搬，酸化還元反応などをする色素たんぱく質，鉄・銅・亜鉛などの金属元素と複合形成した金属たんぱく質などがある。

また，たんぱく質鎖の立体構造から，球状たんぱく質や繊維状たんぱく質に分類される。

（6）たんぱく質の物理化学的性質

たんぱく質はアミノ酸が重合しているので，基本的に水溶性である。たんぱく質にあるアミノ基やカルボキシル基などの側鎖は陽イオンや陰イオンになりやすく，これらの側鎖はたんぱく質の高次構造の表面に多く存在するため，ほとんどのたんぱく質は水に溶けやすい性質を示す。

たんぱく質は各々特有の**等電点**[*1]（Ip, isoelectric point）を持っている。これはたんぱく質を構成するアミノ酸のアミノ基やカルボキシル基などの側鎖が解離して，たんぱく質に電荷が生ずるためである。この性質を利用して，血清のようなたんぱく質の混合物を電気泳動によって分離できる。

たんぱく質はそれぞれに特有な高次構造を持っているが，周囲の環境の変化によって高次構造が変化しやすい。温度・pH・溶液の塩濃度な

*1 アミノ酸は，溶解している水溶液のpHによって陽イオンや陰イオンに解離する。ペプチドの場合も同様に，ペプチド結合していないアミノ基やカルボキシル基が陽イオンや陰イオンに解離する。これらの電荷によって等電点が決まる。

表 2-4 アミノ酸の等電点

アミノ酸	等電点	アミノ酸	等電点
中性アミノ酸		酸性アミノ酸	
グリシン	5.97	アスパラギン酸	2.77
アラニン	6.00	グルタミン酸	3.22
バリン	5.96	塩基性アミノ酸	
ロイシン	5.98	リジン	9.72
イソロイシン	6.02	アルギニン	10.76
セリン	5.68		
トレオニン	6.16		
システイン	5.07		
メチオニン	5.74		
フェニルアラニン	5.48		
チロシン	5.66		
トリプトファン	5.89		
プロリン	6.30		
アスパラギン	5.41		
グルタミン	5.65		

（中性アミノ酸であるシスチンと塩基性アミノ酸であるヒスチジンは，等電点がそれぞれ 4.60 と 7.59 で，グループ内のアミノ酸の等電点とは多少異なる）

（吉田勉編著，『栄養学-生化学的アプローチ』，学文社（1995））

どの影響を受け，本来持っていた構造と異なる構造に変化することがある。これを**変性**（denaturation）とよぶ。いったん変性が起きると，溶解度などたんぱく質の性質がかわることがある。変性が起こるともとの立体構造には戻らない場合がある。卵を加熱すると，卵黄や卵白のたんぱく質は変性を起こして固化し，冷却してももとに戻らない。しかし変性の程度が少ない場合には，一定の条件を与えることによってもとの立体構造に戻ることができる。

活性（本来の）酵素　　　　不活性（変性した）酵素

図 2-10　たんぱく質の変性

2-2　たんぱく質の体内での働きとは

（1）生体内のペプチド・たんぱく質の働き

生体内でのたんぱく質の重要な働きは 3 つある。まず第 1 は，アミノ酸を生体内で分解して ATP（アデノシン三リン酸）*1 というエネルギー源をつくることである。生体内ではたんぱく質だけでなく炭水化物や脂質もエネルギー源になる。第 2 には，生体成分のペプチドやたんぱく質になることである。血液のヘモグロビン *2，筋肉のミオグロビン *3，

*1　adenosine triphosphate　細胞の中で ATP からリン酸が 1 分子離れ ADP（アデノシン二リン酸 adenosine diphosphate）になる。この反応に伴って 7.3 kcal のエネルギーが生成する。

*2　hemoglobin　赤血球の中にある。酸素を結合して細胞に運搬する。酸素を結合しやすく，離れやすいたんぱく質構造になっている。p.31，図 2-9 参照。

*3　p.31，図 2-8 参照。

表2-5　たんぱく質・ペプチドの機能による分類

機　　能	たんぱく質
触媒作用	酵素
筋収縮	アクチン，ミオシン
遺伝子制御	ヒストン
ホルモン作用	インスリン，グルカゴン，成長ホルモン
生体防御	フィブリン，免疫グロブリン，インターフェロン
調節作用	カルモジュリン
構　　造	コラーゲン，エラスチン，ケラチン，フィブロイン
輸　　送	アルブミン，ヘモグロビン，リポたんぱく質，トランスフェリン

(『ハーパー・生化学　原書25版』，丸善（2001）を加筆訂正)

*1　actin

*2　myosin

筋収縮に働くアクチン*1やミオシン*2は，これらの代表的なものである。生体内のたんぱく質はすべてアミノ酸を材料にして生合成されている。各々のペプチドやたんぱく質は固有のアミノ酸配列を持っている。このたんぱく質は，すべてDNAの遺伝情報に基づいてつくられている。たんぱく質が分解してできるアミノ酸の中には，一部が生体内でぶどう糖やグリコーゲンなどの糖質に変換されるものもある。これらを**糖原性アミノ酸***3とよび，アラニン，アルギニン，アスパラギン酸，シスチン，グリシン，ヒスチジンなどがある。一方，細胞内でぶどう糖が分解しアセチルCoAからさらに脂質にすすみ，ケトン体を合成する材料になるアミノ酸もある。これは**ケト原性アミノ酸***4といわれる。ケト原性をもつアミノ酸にはロイシン，イソロイシン，リシン，フェニルアラニン，チロシン，トリプトファンなどがある。糖原性アミノ酸やケト原性アミノ酸は生体内でのアミノ酸の第3の働きである。

*3　glucogenic amnio acid

*4　ketogenic amino acid

*5　フェニルアラニンからチロシンが生成する際にフェニルアラニンヒドロキシラーゼが働く。この酵素または補酵素の欠損によりフェニルアラニンとその副産物が蓄積する。

*6　ホモシスチンの代謝酵素であるシスタチオニン-β-合成酵素の先天的欠損により，ホモシスチンがシスチンに変換されず体内に蓄積され尿中へ排泄される。またホモシスチンの一部がメチオニンに還元され血中のメチオニン濃度が上昇する。

*7　分岐鎖アミノ酸であるロイシン，イソロイシン，バリンの代謝に働くα-ケト酸脱水素酵素複合体の活性が低下する。α-ケト酸が体内で増加し尿や汗から特有のメープルシロップ様のにおいがする。

> **コラム**　アミノ酸代謝異常症
>
> アミノ酸の代謝に必要な酵素活性が異常に低かったり，酵素が先天的に欠乏している場合は，アミノ酸代謝異常症と診断される。これは遺伝的に発生する。このため生体内で代謝がスムーズに流れず，異常のある所でアミノ酸やアミノ酸の中間代謝物が異常に増加する。症状が進行すると精神遅滞や若年死になる場合もある。これらは尿や血液を検査することで発見できる。日本では新生児の段階で，フェニルケトン尿症*5，ホモシスチン尿症*6，メープルシロップ尿症*7の検査を行っている。アミノ酸代謝異常症は，早期発見すれば食事療法等によって治療することができる。

（2）ペプチドホルモン

　生体内で生合成されるペプチドやたんぱく質のうち，ホルモンとして働いているものがある。これらをペプチドホルモン（peptide hormone）という。これらの中には消化器系で消化を促進するために働くものがあり，消化管ホルモンとよばれている。

表2-6　ペプチドホルモン

分泌腺	ホルモン	生理作用
下垂体前葉	成長ホルモン	成長を促進する。長骨の骨髄にある軟骨の増殖を促す。
	副腎皮質刺激ホルモン	グルココルチコイドの生成と分泌を促進する。
	乳汁分泌刺激ホルモン（プロラクチン）	乳腺に働き，乳汁の生成と分泌を促す。
下垂体後葉	オキシトシン	子宮を収縮させる。
	抗利尿ホルモン（バソプレッシン）	腎臓の遠位尿細管と集合管における水分の再吸収を促す。
膵臓	インスリン	ランゲルハンス島 β（B）細胞から分泌され，血糖値を低下させる。
	グルカゴン	ランゲルハンス島 α（A）細胞から分泌され，血糖値を上昇させる。
消化管	セクレチン	十二指腸の粘膜から分泌され，血管を通って膵臓に働きかけ，膵液の分泌を促す。
	ガストリン	胃の幽門部から分泌され，胃底部の胃酸の分泌を促進する。
	コレシストキニン（パンクレオザイミン）	十二指腸の粘膜から分泌され，胆汁・膵液の分泌を促す。

（3）必須アミノ酸の必要量

　必須アミノ酸は生体内での生合成が不足しているアミノ酸であるから，不足している場合は外からの補充が必要となる。表2-7に必須アミノ酸の必要量を示す。これは1985年にFAO[*1]/WHO[*2]/UNU[*3]合同会議で発表され，2002年に改訂，2007年に公表されたものである。FAO・

[*1] Food and Agriculture Organization of the United Nations：国際連合食糧農業機関

[*2] World Health Organization：世界保健機関

[*3] United Nations University：国際連合大学

表2-7　アミノ酸評点パターン（FAO/WHO/UNU, 2007）

アミノ酸	たんぱく質当たり（mg/gたんぱく質）[注1]					
	0.5	1～2	3～10	11～14	15～18	成人
ヒスチジン	20	18	16	16	16	15
イソロイシン	32	31	31	30	30	30
ロイシン	66	63	61	60	60	59
リシン	57	52	48	48	47	45
メチオニン+システイン（含硫アミノ酸）	28	26	24	23	23	20
フェニルアラニン+チロシン（芳香族アミノ酸）	52	46	41	41	40	30
トレオニン	31	27	25	25	24	23
トリプトファン	8.5	7.4	6.6	6.5	6.3	6.0
バリン	43	42	40	40	40	39

注1：成人のたんぱく質推定平均必要量は0.66kg体重/日として計算されている。

WHO・UNUはいずれも国連の組織である。生体内ではメチオニンからシスチンが，フェニルアラニンからはチロシンが生合成されるため，この表では両者を加えた数値として表示されている。

（4）たんぱく質栄養価の判定

たんぱく質栄養価の判定には，さまざまな方法が用いられる。一般的にはラット[*1]などの動物を飼育して，飼料の中に含まれるたんぱく質の栄養価について調べる生物学的方法と，餌の中に含まれるたんぱく質を構成しているアミノ酸を代表的な方法で分析して判定する化学的方法がある。

[*1] rat 白ネズミ。成長が早いため栄養実験にはよく用いられる。

1）生物学的方法

ラットなどを長期間飼育しながら，飼料の中のたんぱく質量や，ラットの体重増加，窒素出納などのデータなどから，たんぱく質の栄養価を判定する方法である。多数の動物を飼育するため多大な労力と時間を必要とする。

たんぱく質効率（PER）[*2] 幼若ラットを4週間飼育し，この間の体重増加量と摂取たんぱく質量から計算する。たんぱく質1gを摂取することにより，何gの体重が増加するのかを表した数値である。多数の動物を飼育するために時間と労力がかかる点をのぞけば，最も単純に測定できる。良質のたんぱく質では少量で動物の成長が著しいので，たんぱく質効率が高い数値となる。

[*2] protein efficiency ratio

$$たんぱく質効率 = \frac{体重の増加量（g）}{摂取したたんぱく質量（g）}$$

生物価（BV）[*3] 食品や生体内の窒素は，そのほとんどがたんぱく質に含まれるものである。このことから，窒素量を測定してたんぱく質の目安とすることができる。生物価はたんぱく質が吸収された後，体内で利用されている窒素の利用効率を表している。

[*3] biological value

$$生物価 = \frac{体内に保留したN量}{吸収したN量} \times 100$$

正味たんぱく質利用率（NPU）[*4] たんぱく質の目安として窒素を用いる。摂取した窒素のうち，どのくらいが体内に存在しているかを表示する値である。

[*4] net protein utilization

$$正味たんぱく質利用率 = \frac{体内に保留したN量}{摂取したN量} \times 100$$

正味たんぱく質利用率はたんぱく質の栄養評価法として信頼性が高い。次のように生物価と消化吸収率から計算することができる。

$$正味たんぱく質利用率 = 生物価 \times 消化吸収率$$

2) 化学的方法

飼料となる食品中のたんぱく質を構成しているアミノ酸を化学的な方法で分析し，その量やアミノ酸の割合から栄養評価をする方法である。

化学価[*1]（ケミカルスコア）　食品中に含まれるたんぱく質のアミノ酸組成を求め，基準となる鶏卵たんぱく質や人乳たんぱく質を構成するアミノ酸組成と比較する方法である。全卵は最もたんぱく質の栄養価が高い食品なので，これを基準として化学価を計算する。

[*1] chemical score

$$化学価 = \frac{サンプルたんぱく質 1g 当たりの第一制限アミノ酸の mg 数}{全卵たんぱく質 1g 当たりの同一アミノ酸の mg 数} \times 100$$

アミノ酸価[*2]（アミノ酸スコア）　ヒトにとってどのようなアミノ酸組成のたんぱく質を摂取すれば，無駄がなく効率的に生体内で利用できるのであろうか。このような考え方からFAO/WHO/UNUでは理想的なたんぱく質を構成するアミノ酸の量

[*2] amino acid score

表 2-8　主な食品たんぱく質のアミノ酸スコア

食品名	アミノ酸スコア	制限アミノ酸	食品名	アミノ酸スコア	制限アミノ酸
牛肉	100	—	かぼちゃ	100	—
豚肉	100	—	きゅうり	100	—
鶏肉	100	—	たまねぎ	64	ロイシン，バリン，イソロイシン
卵	100	—	トマト	83	ロイシン，バリン
豆腐	100	—	なす	100	—
納豆	100	—	にんじん	100	—
牛乳	100	—	大豆もやし	100	—
魚	100	—	緑豆もやし	73	メチオニン＋シスチン
白米（ご飯）	91	リシン	アボカド	100	—
食パン	51	リシン	バナナ	100	—
ライ麦パン	73	リシン	イチゴ	100	—
そば	84	リシン	りんご	100	—
パスタ	60	リシン	梨	64	リシン，ロイシン，ヒスチジン，イソロイシン
じゃがいも	100	—			
さつまいも	100	—			
ブロッコリー	100	—	ぶどう	80	バリン，リシン
枝豆	100	—			

注：FAO/WHO/UNUによるアミノ酸評点ぱたーん（成人）および，『日本食品標準成分表（八訂増補）』をもとに算出

を必須アミノ酸から計算しアミノ評点パターンとして発表した。これをもとに，日常使用されている食品に含まれるアミノ酸のうち，第一制限アミノ酸[*1]を取り上げてアミノ酸価を計算する。特定の食品中の各必須アミノ酸につきアミノ酸（mg）／たんぱく質量（g）を計算し，必須アミノ酸の必要量（mg/g たんぱく質）に対する％を求めると第一制限アミノ酸がわかる。これから下式を計算するとアミノ酸価となる。

$$アミノ酸価 = \frac{第一制限アミノ酸（mg）／たんぱく質量（g）}{第一制限アミノ酸の必要量（mg/g たんぱく質）} \times 100$$

*1 特定の食品を摂取して生体内で利用するときに不足する必須アミノ酸を制限アミノ酸 limiting amino acid という。この中で最も不足するアミノ酸が第一制限アミノ酸である。食品により含まれる必須アミノ酸の量が異なるので，第一制限アミノ酸も異なる（コラム「アミノ酸樽」参照）。

> **コラム　アミノ酸樽**
>
> 特定の食品に含まれるたんぱく質の栄養評価をわかりやすい図にしたものである。食品に含まれる必須アミノ酸の量を必要量に対する％で数値化し，各々のアミノ酸を樽の板で表す。この樽に水を入れると板の低いところから水がもれるので，一番低い板の所までしか水をためることができない。生体内のアミノ酸の利用も同じである。精白米や食パンではリシンが第一制限アミノ酸になっていることがわかる。
>
>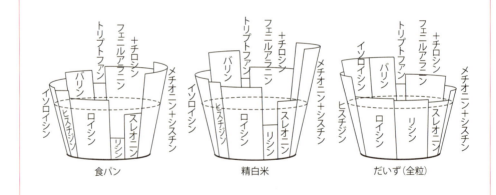
>
> 図 2-11　アミノ酸樽
> （吉田勉編著，『総論栄養学』，医歯薬出版（1997））

（5）たんぱく質の食事摂取基準

たんぱく質は生体内でエネルギー源として利用される。一方，たんぱく質の一部は生体成分にも変化する。生体成分として働くたんぱく質は体の中で一定のスピードで分解するので，それを補う生体たんぱく質が絶えず生合成されている。このような理由から，成長期はもちろん成長後にもたんぱく質を摂取する必要がある。

表 2-9 たんぱく質の食事摂取基準（2025 年）
（推定平均必要量，推奨量，目安量：g/日，目標量（中央値）：％エネルギー）

性　別	男　性				女　性			
年　齢	推定平均必要量	推奨量	目安量	目標量[†1]	推定平均必要量	推奨量	目安量	目標量[†1]
0～5　（月）	－	－	10	－	－	－	10	－
6～8　（月）	－	－	15	－	－	－	15	－
9～11（月）	－	－	25	－	－	－	25	－
1～2　（歳）	15	20	－	13～20	15	20	－	13～20
3～5　（歳）	20	25	－	13～20	20	25	－	13～20
6～7　（歳）	25	30	－	13～20	25	30	－	13～20
8～9　（歳）	30	40	－	13～20	30	40	－	13～20
10～11（歳）	40	45	－	13～20	40	50	－	13～20
12～14（歳）	50	60	－	13～20	45	55	－	13～20
15～17（歳）	50	65	－	13～20	45	55	－	13～20
18～29（歳）	50	65	－	13～20	40	50	－	13～20
30～49（歳）	50	65	－	13～20	40	50	－	13～20
50～64（歳）	50	65	－	14～20	40	50	－	14～20
65～74（歳）[†2]	50	60	－	15～20	40	50	－	15～20
75以上（歳）[†2]	50	60	－	15～20	40	50	－	15～20
妊　婦（付加量）初期[†2]					+0	+0	－	－[†3]
中期					+5	+5	－	－[†3]
後期					+20	+25	－	－[†4]
授乳婦　（付加量）					+15	+20	－	－[†4]

[†1] 範囲については，おおむねの値を示したものであり，弾力的に運用すること．
[†2] 65歳以上の高齢者について，フレイル予防を目的とした量を定めることは難しいが，身長・体重が参照体位に比べて小さい者や，特に75歳以上であって加齢に伴い身体活動量が大きく低下した者など，必要エネルギー摂取量が低い者では，下限が推奨量を下回る場合があり得る．この場合でも，下限は推奨量以上とすることが望ましい．
[†3] 妊婦（初期・中期）の目標量は13～20％エネルギーとした．
[†4] 妊婦（後期）および授乳婦の目標量は15～20％エネルギーとした．

　日本人の食事摂取基準（2025年版）は、対象を健康な個人および健康な者を中心として構成されている集団とし、国民がその健康の保持増進を図る上で摂取することが望ましいエネルギー（熱量）と栄養素の量を定めている。

　たんぱく質では、乳児に目安量を、1歳以上の全ての年齢区分に推定平均必要量、推奨量及び目標量を定め、耐容上限量はいずれの年齢区分にも定めていない。また、たんぱく質の栄養素としての重要性から、すべての性・年齢区分において数値は切り上げとした。

2-3　たんぱく質はどのように消化・吸収・代謝されるか

（1）たんぱく質の消化

　消化器系は口腔，咽頭，食道，胃，小腸，大腸，肛門（p.14，図 1-2

参照）の順序に並ぶ1本の管で形成されている。小腸の最初である十二指腸の入口には肝臓・胆嚢と膵臓からの管がつながって，これらからの消化液が小腸に分泌されている。口腔内ではたんぱく質を消化する消化酵素は分泌されていないので，消化酵素によるたんぱく質の消化は起こらない。歯をかみ合わせることによって食物をかみくだき，細砕する。同時に，舌や頬の筋肉を使って分泌された唾液と食物を混合する。この後，食物は咽頭を通り，ぜん動運動[*1]によって食道から胃に送り込まれる。胃では胃壁から胃液が分泌され，胃壁のぜん動運動によって胃液と食物を混合し消化をすすめる。胃液の中には塩酸（胃酸），ペプシノーゲンなどが含まれている。不活性型のペプシノーゲンはpH 1〜2の強酸性を示す塩酸によって切断され，活性型のペプシン（pepsin）になる。

$$\text{ペプシノーゲン} \xrightarrow{\text{塩酸}} \text{ペプシン}$$

ペプシンはたんぱく質を分解する消化酵素である。食物中のたんぱく質に作用し，たんぱく質を加水分解し，小片に切断する。

胃内で消化されたものは，胃の幽門部の筋肉が開くと小腸に移動する。小腸は構造と機能から十二指腸・空腸・回腸に分かれるが，膵臓から分泌される膵液により，胃に続く約30 cmの十二指腸で主にたんぱく質の消化が行われる。肝臓で分泌され胆嚢に貯蔵された胆汁は，総胆管を通って十二指腸の入口に分泌される。膵液の中にはたんぱく質を分解する消化酵素が多種類含まれている。トリプシノーゲン，キモトリプシノーゲン，エラスターゼ，カルボキシペプチダーゼA[*1]，カルボキシペプチダーゼB[*2]などである。膵液中に分泌された不活性型のトリプシノーゲンはエンテロキナーゼの作用を受け活性型のトリプシン（trypsin）になる。エンテロキナーゼは小腸の絨毛に存在する。膵液中に分泌された不活性型のキモトリプシノーゲンはトリプシンの働きによって活性型のキモトリプシンに変わる。

$$\text{トリプシノーゲン} \xrightarrow{\text{エンテロキナーゼ}} \text{トリプシン}$$

$$\text{キモトリプシノーゲン} \xrightarrow{\text{トリプシン}} \text{キモトリプシン}$$

胃で消化されたたんぱく質は，十二指腸でさらにトリプシンやキモトリプシンにより消化されて，低分子のペプチドになる。これらのペプチドは，十二指腸でカルボキシペプチダーゼA，カルボキシペプチダーゼ

---

*1 消化器に収縮が起こり，この収縮が食道から肛門に向かって進んでいく。消化液と食物を混ぜ合わせ，消化器系の下部に運搬する。物理的消化のひとつ。

*2 カルボキシペプチダーゼAは，C末端の酸性アミノ酸や中性アミノ酸を選択的に切断する。カルボキシペプチダーゼBは同じくC末端から塩基性アミノ酸だけを切断する。

Bの作用を受け，アミノ酸に分断される。小腸微絨毛にはジペプチドを消化するジペプチダーゼが存在する。アミノ酸が2個結合したジペプチドはここで切断されながら吸収される。アミノペプチダーゼも小腸微絨毛に存在し，ペプチドのN末端のアミノ酸を切断する働きをする。このような消化を膜消化[*1]という。

（2）たんぱく質の吸収

アミノ酸の吸収は小腸粘膜上皮から能動輸送[*2]によって行われる。たんぱく質はすべてアミノ酸に消化された後に吸収されると考えられてきたが，最近になって低分子のペプチドで吸収される例外もあることがわかった。

摂取したたんぱく質の中には，消化吸収されず消化器系を素通りしてそのまま糞便中に排泄されるものもある。素通りしたたんぱく質は生体内で利用されない。したがって，たんぱく質の消化吸収率は次のような式で表される。一般に動物性たんぱく質の消化吸収率は植物性たんぱく質よりも高い数値になり，効率がよい。

$$\text{たんぱく質の消化吸収率（\%）}^{*3} = \frac{\text{摂取したN}-\text{糞便中のN}}{\text{摂取したN}} \times 100$$

（3）たんぱく質の代謝

体たんぱく質は，各々が一定の寿命を持って生体内で分解されている。生体内に一定量のたんぱく質を保持するため，生合成[*4]と分解[*5]をくり返しながらバランスを保っている。成長期には分解よりも生合成の量が多いため，体たんぱく質の量が増加する。成人になると，生合成されるたんぱく質の量と分解される量は平衡状態を保つ。体成分が生合成と分解を同時に行い**代謝回転**（turn over）しながら平衡を保つことを，**動的平衡**（dynamic equilibrium）という。

小腸から吸収されたアミノ酸の一部は肝臓でたんぱく質に生合成される。その他のアミノ酸はさらに血漿の流れにのって各組織や筋肉などに運ばれ，そこで生体成分となるたんぱく質の生合成に使われる。体内で作られるたんぱく質には，血液・筋肉・酵素やペプチドホルモンなど，さまざまなものが知られている。

尿中窒素は生体内で分解されるたんぱく質やアミノ酸の量を反映する。過剰のたんぱく質を摂取すると，吸収された過剰のアミノ酸は肝臓で分解される。たんぱく質が不足する場合には血漿中のアミノ酸量が低下し，尿中窒素も低い値となる。

---

*1 小腸の膜を通過しながら消化されること。栄養素が効率よくヒトに利用されるシステムである。二糖類の膜消化はよく知られている。

*2 active transport 小腸などで見られる栄養素の吸収方法。ATPをエネルギー源として担体から栄養素を吸収する。濃度に関係なく効率よく栄養素が移動する。p.19, 図1-5参照。

*3 正味たんぱく質利用率（NPU）
＝生物価×消化吸収率

*4 biosynthesis 生体内で生体成分が合成されること。

*5 degradation 生体成分には寿命があり，生合成された後，一定の時間がたつと分解する。寿命は生体成分によって各々異なる。半減期は骨や筋肉などは比較的長いが，アルブミンでは半減期が17〜23日，レチノール結合たんぱく質は12〜16時間である。

*1 antigen antibody reaction　抗原が体内に入ると，それに対抗する抵抗力（抗体）が産生される。この抗原と抗体の反応をいう。

*2 immunity　細菌やウイルスに感染すると，それに対抗する抵抗力が体内にできることをいう。リンパ球のB細胞（Bリンパ球）が働き免疫グロブリン immunoglobulin（Ig）が生成する体液性免疫 humoral immunity と，リンパ球のT細胞（Tリンパ球）やマクロファージが働く細胞性免疫 cellular immunity がある。免疫グロブリンには分子構造の違いから IgM, IgG, IgA, IgD, IgE がある。アレルギーの場合は IgE が関係している。免疫応答の場合はリンパ球やマクロファージからサイトカイン cytokine とよばれる物質が活発に放出される。サイトカインにはインターロイキン interleukin などがあり 20 種類以上が発見されている。

*3 特定原材料である。発症頻度，重篤度から 7 品目の表示が義務表示となっている。さらに特定のアレルギー体質を持つヒトに，過去に一定の頻度で重篤な健康危害が見られている食品は推奨表示としており，20 品目ある。あわび・いか・いくら・オレンジ・キウイフルーツ・牛肉・くるみ・さけ・さば・大豆・鶏肉・バナナ・豚肉・まつたけ・もも・やまいも・りんご・ゼラチン・カシューナッツ・ごま・アーモンドである。

（4）食物アレルギー

　生体は自己と非自己（異物）を見分ける力を持っている。異物が体内に進入すると，これに対して抵抗するたんぱく質を作る。生体にとって異物を**抗原**（antigen），抵抗して体内で新しく作られるたんぱく質を**抗体**（antibody）という。抗原抗体反応[*1]が生体内で起こることを免疫[*2]という。抗原と抗体が異常に強い反応を示すと，ぜんそくやアレルギー（allergy）になる。

　食物アレルギーは，特定の食品成分に対するアレルギーである。アレルギーの原因物質を**アレルゲン**（allergen）という。一般に，たんぱく質はアミノ酸に消化された後に吸収されるので，アレルゲンにはならない。しかし，何らかの理由で未消化のたんぱく質やペプチドが吸収された場合には，食物アレルギーになることがある。特に腸管粘膜のバリアが完成していない小児や幼児の時期に，えび・かに・小麦・そば・卵・乳・落花生[*3]などを食べると，これがアレルゲンとなって食物アレルギーになることがある。乳幼児期に特定の食品に対する食物アレルギーになっても，成長に伴って腸管粘膜が形成され，たんぱく質のままでは吸収しなくなるので，食物アレルギーが消失することが多い。いったん特定の食物に対して食物アレルギーが生じても，その食品の摂取をひかえ他の食品で代替えすれば，食物アレルギーは生じない。

演習問題

1．食品成分とその分析方法の組み合わせである。最も適当なものはどれか。1つ選べ。（2022 年）
　（1）たんぱく質――――ケルダール法
　（2）脂質――――――ブロスキー法
　（3）脂肪酸――――――カールフィッシャー法
　（4）炭水化物―――――原子吸光光度法
　（5）ナトリウム――――ガスクロマトグラフ法

2．ホモシスチン尿症の治療で制限するアミノ酸である。最も適当なものを1つ選べ。（2022 年）
　（1）ロイシン
　（2）バリン
　（3）メチオニン
　（4）シスチン
　（5）フェニルラニン

3．アミノ酸とたんぱく質に関する記述である。最も適当なものはどれか。1つ選べ。(2020年))
   (1) ロイシンは，芳香族アミノ酸である。
   (2) γ－アミノ絡酸（GABA）は，神経伝達物質として著しく働く。
   (3) αヘリックスは，たんぱく質の一次構造である。
   (4) たんぱく質の二次構造は，ジスルフィド結合により形成される。
   (5) たんぱく質の四次構造は，1本のポリペプチド鎖により形成される。

4．ホルモンと分泌部位の組み合わせである。最も適当なものはどれか。1つ選べ。(2020年)
   (1) 成長ホルモン――――視床下部
   (2) オキシトシン――――下垂体後葉
   (3) プロラクチン――――甲状腺
   (4) ノルアドレナリン――副腎髄質

5．内分泌器官と分泌されるホルモンの組み合わせである。最も適当なものはどれか。1つ選べ。(2019年)
   (1) 下垂体前葉――――メラトニン
   (2) 下垂体後葉――――黄体形成ホルモン
   (3) 甲状腺――――――カルシトニン
   (4) 副腎皮質――――ノルアドレナリン
   (5) 副腎髄質――――レプチン

6．食品たんぱく質の評価に関する記述である。最も適当なものはどれか。1つ選べ。(2019年)
   (1) アミノ酸評点パターンは，食品中の不可欠アミノ酸量を示す。
   (2) 生物価は，食品たんぱく質の化学的評価法の1つである。
   (3) 制限アミノ酸がない食品のアミノ酸価は，100である。
   (4) 無たんぱく質食の摂食時には，尿中に窒素は排出されない。
   (5) 摂取窒素量が排出窒素量を上回ると，窒素出納は負になる。

7．アミノ酸と糖質に関する記述である。最も適当なものはどれか。1つ選べ。(2019年)
   (1) 人のたんぱく質を構成するアミノ酸は，主にD糖である。
   (2) アルギニンは，分岐アミノ酸である。
   (3) チロシンは，側鎖に水酸基をもつ。
   (4) グルコースの分子量は，ガラクトースの分子量と異なる。
   (5) グリコーゲンは，β-1,4グリコシド結合をもつ。

3 脂　　質

3-1　脂質を化学する

（1）脂質の定義と分類

　脂質（lipid）は一般に水に溶けにくく，エーテル，クロロホルム，ベンゼンなどの有機溶媒に溶けやすい生体成分の総称である。脂質とは，一般に広い意味を持つ用語であるが，食事脂質の大部分が中性脂肪（アシルグリセロール）であるので，脂質と脂肪（fat）は同義語として使われることが多い。その分類は表3-1のようになり，脂質成分のみから成るものを単純脂質，他の成分と結合したものを複合脂質，単純脂質・複合脂質から生成する脂質成分などを誘導脂質（表3-1）という。

表3-1　脂質の分類

1　単純脂質：脂肪酸とアルコールがエステル結合したもの 　　（i）中性脂肪…脂肪酸とグリセロールのエステル 　　（ii）ロウ…脂肪酸と1価高級アルコールのエステル
2　複合脂質：脂肪酸とアルコールの他に別の物質を含むもの 　　（i）リン脂質…脂肪酸とアルコールの他にリン酸残基あるいはホスホン酸残基を含むもの 　　（ii）糖脂質…糖と脂質を含むもの
3　誘導脂質：単純脂質，複合脂質から生成する物質で疎水性のもの．脂肪酸，ステロイド，高級アルコール，脂溶性ビタミン，脂溶性色素など

（2）脂質の化学

1）中性脂肪（アシルグリセロール）

　脂肪酸とグリセロールのエステルを中性脂肪（アシルグリセロールまたはグリセリド）という。グリセロールは3価のアルコールであるから，最大3分子の脂肪酸とエステル結合することができる。脂肪酸が1分子，2分子，3分子結合したグリセロールをそれぞれモノアシルグリセロール（モノグリセリド），ジアシルグリセロール（ジグリセリド），トリアシルグリセロール（トリグリセリド）という。生体中の脂質としてはト

リアシルグリセロールが圧倒的に多く，食事から摂取する脂肪の大部分はトリアシルグリセロールである。中性脂肪の性質は，結合している脂肪酸の種類により異なる。

2）脂 肪 酸

脂肪酸（fatty acid）は，炭素と水素からなる鎖状の炭化水素の末端にカルボキシ基（-COOH）が付いた化合物である。炭素鎖に二重結合を持たないものを飽和（saturated）脂肪酸，二重結合を持つものを不飽和（unsaturated）脂肪酸といい，その中でも二重結合を2個以上持つものを多価不飽和（polyunsaturated）脂肪酸という。天然の脂肪酸の炭素鎖は直鎖状であり，炭素数は偶数で14〜20個のものが多い。また，不飽和脂肪酸の二重結合はシス型配位である。天然に存在する主な脂肪酸を表3-2に示す[*1]。

[*1] 脂肪酸を略号で表す場合，ある脂肪酸の炭素数がa，二重結合の数をbとするとa:bとなる。さらにメチル末端の炭素を1番目として最初の二重結合の位置をcとするとn-cとして添える場合がある。不飽和脂肪酸はこのcの位置で系列が分かれており，リノール酸やアラキドン酸がn-6系列，α-リノレン酸やエイコサペンタエン酸（EPA），ドコサヘキサエン酸（DHA）がn-3系列の脂肪酸となる。

表3-2 天然油脂の主な脂肪酸

慣用名	略号	構造式	融点（℃）	主な所在
飽和脂肪酸				
酪酸	4:0	$CH_3(CH_2)_2COOH$	-7.9	バター
ラウリン酸	12:0	$CH_3(CH_2)_{10}COOH$	43.5	バター，やし油
ミリスチン酸	14:0	$CH_3(CH_2)_{12}COOH$	53.9	バター，やし油
パルミチン酸	16:0	$CH_3(CH_2)_{14}COOH$	63.1	一般動植物油脂
ステアリン酸	18:0	$CH_3(CH_2)_{16}COOH$	69.6	一般動植物油脂
不飽和脂肪酸				
オレイン酸	18:1n-9	$CH_3(CH_2)_7CH=CH(CH_2)_7COOH$	12〜16	一般動植物油脂
リノール酸	18:2n-6	$CH_3(CH_2)_4(CH=CHCH_2)_2(CH_2)_6COOH$	-5.2〜-5.0	植物油
γ-リノレン酸	18:3n-6	$CH_3(CH_2)_4(CH=CHCH_2)_3(CH_2)_3COOH$		月見草油
α-リノレン酸	18:3n-3	$CH_3CH_2(CH=CHCH_2)_3(CH_2)_6COOH$	-10〜-11.3	しそ実油，なたね油
アラキドン酸	20:4n-6	$CH_3(CH_2)_4(CH=CHCH_2)_4(CH_2)_2COOH$	-49.5	魚油，肝油，卵黄
エイコサペンタエン酸（eicosapentaenoic acid: EPA）*	20:5n-3	$CH_3CH_2(CH=CHCH_2)_5(CH_2)_2COOH$		魚油
ドコサヘキサエン酸（docosahexaenoic acid: DHA）	22:6n-3	$CH_3CH_2(CH=CHCH_2)_6CH_2COOH$	-44.5〜-44.1	魚油

＊イコサペンタエン酸（icosapentaenoic acid; IPA）ともいう。

一般的な脂質を構成する脂肪酸は，飽和脂肪酸としてはパルミチン酸やステアリン酸などがあり，不飽和脂肪酸としてはオレイン酸やリノール酸などがある。飽和脂肪酸は炭素数が多いほど融点が高くなり，炭素数が10個以上では常温で固体である。逆に，炭素数が同じであれば，二重結合の数が多くなるほど融点が低下するため，不飽和脂肪酸は常温で液体である。魚油を除く動物性油脂は，構成脂肪酸中に飽和脂肪酸が多いため，常温では固体であるが，多くの植物性油脂は不飽和脂肪酸を大量に含むため，常温でも液体である。

多価不飽和脂肪酸のうち，リノール酸，α-リノレン酸は，動物の正常な発育や機能の維持に必要で，しかも自ら合成できないことから，食物より摂取する必要がある。このため，これらは必須脂肪酸（後述）と

よばれている。表 3-2 の略号に示したように，リノール酸は *n*-6 系脂肪酸，α-リノレン酸は *n*-3 系脂肪酸に分類される。ヒトはリノール酸から，同じ *n*-6 系脂肪酸である γ-リノレン酸，アラキドン酸を，α-リノレン酸からは，*n*-3 系脂肪酸であるエイコサペンタエン酸（EPA），ドコサヘキサエン酸（DHA）を合成できるが，これら *n*-3 系脂肪酸および *n*-6 系脂肪酸に分類される脂肪酸も生体内で重要な働きをしているため，広義の必須脂肪酸に分類される。

3）リン脂質

リン（リン酸あるいはホスホン酸）を含む脂質をリン脂質（phospholipid）という。生体膜，血清リポたんぱく質，卵黄などに多く含まれ，膜の構造維持や機能など生理的に重要な役割を持っている。リン脂質は，その構成成分によりグリセロリン脂質とスフィンゴリン脂質に分類される。リン脂質の代表的なものはホスファチジルコリン（レシチンともいう，図 3-1）で，卵黄・肝臓・だいずなどに多く含まれる。その他にも，ホスファチジルエタノールアミンやスフィンゴミエリンなどがある。

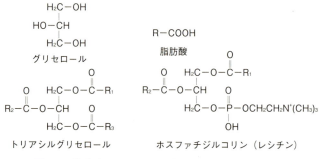

図 3-1　脂肪酸とトリアシルグリセロール，リン脂質
（図中の R，R₁，R₂，R₃ はアルキル基を示す）

4）糖 脂 質

リン脂質のリンの代わりに糖を含んでいる脂質を糖脂質（glycolipid）という。リン脂質同様にグリセロ糖脂質とスフィンゴ糖脂質に分類される。細胞膜表面に存在し，細胞の相互認識機構に関与している。

5）ステロイド

ステロイドとは，ステロイド核（シクロペンタノペルヒドロフェナントレン核）を基本骨格として持つ物質の総称である。ステロイドのうち，3 位の炭素に水酸基（−OH）が結合したアルコールをステロールという。動物性のステロイドの主なものはコレステロールであり，その他にも胆汁酸の構成成分であるコール酸類やステロイドホルモンなどがある。植物由来のものとしてはシトステロールやスチグマステロールなどがある（図 3-2）。また，ビタミン D もステロイドに属する化合物である。コレステロールは動物細胞に広く分布し，特に脳・神経細胞や副腎

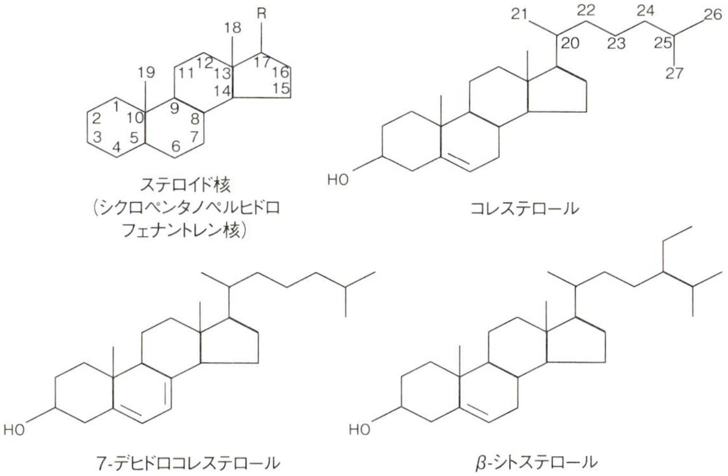

図 3-2　ステロール類
（ステロイド核の数字は炭素番号を示す）

に多い。生体中のコレステロールは遊離型または脂肪酸エステルとして存在している。生体膜の構成成分であるほか，胆汁酸やステロイドホルモンの前駆物質である。

3-2　脂質の体内での働きとは

（1）エネルギー源

栄養素としての脂質の働きでは，生体のエネルギー源としての機能が量的にも最も重要である。脂肪の体内での発熱量は 1 g 当たり約 9 kcal である。これは，他の熱量素（糖質，たんぱく質）の 2 倍以上のエネルギーであり，多量のエネルギーが必要なときでも食事の量が少なくてすむ利点がある。また，エネルギー源として直接使用される脂質は，脂肪酸であり，脂肪酸の生体での貯蔵形態は脂肪（中性脂肪）である。すなわち，中性脂肪はエネルギー源の優れた貯蔵形態となっている。これらは，種々の部位の脂肪細胞内に貯蔵され，これらがさらに脂肪組織を形成している。

（2）必須脂肪酸

動物の正常な発育や機能の維持に不可欠な成分であり，体内で合成できないため食事により摂取しなければならない脂肪酸を必須（essential）脂肪酸という。必須脂肪酸としてリノール酸・α-リノレン酸があげられる。これらの脂肪酸はリン脂質に取り込まれ，生体膜の構成成分として膜の流動性を保持しているほか，プロスタグランジン（prostaglandin, PG）などの生理活性物質の前駆体としての機能をもっている。

動物実験で脂肪欠乏食を投与すると，発育不全，皮膚炎，脱毛などの

必須脂肪酸欠乏症状がみられる。これらの欠乏症状は，リノール酸を投与することですべて改善される。このリノール酸の欠乏症状は，リノール酸をもとに合成できるn-6系脂肪酸であるアラキドン酸の投与により改善できるだけでなく，その作用はアラキドン酸のほうが強い。また，α-リノレン酸はその欠乏症状がはっきりとしないこと，必須脂肪酸欠乏症状のすべてを改善できないことから，かつては注目されなかったが，α-リノレン酸そのもの，あるいはその代謝産物であるエイコサペンタエン酸（EPA）やドコサヘキサエン酸（DHA）の生理機能が明らかにされ，必須脂肪酸として注目されるようになっている。以上のことから，現在は広義の必須脂肪酸であるn-3系脂肪酸およびn-6系脂肪酸が必須脂肪酸とよばれる。

（3）エイコサノイド

必須脂肪酸にはプロスタグランジン（PG）などの生理活性物質の前駆体としての機能がある。脂肪酸から合成される生理活性物質としてプロスタグランジンのほか，トロンボキサン（thromboxane, TX）やロイコトリエン（leukotriene, LT）があり，いわゆるエイコサノイドに属する。プロスタグランジンはn-6系列の脂肪酸であるジホモ-γ-リノレン酸やアラキドン酸，n-3系列の脂肪酸であるエイコサペンタエン酸といった炭素数が20個のポリエン酸から合成され（図3-3），1-3系列（ロイコトリエンは3-5系列）に分かれる。また，それぞれの物質の構造上の特徴から，A-Jまである。きわめて微量で生理効果を発揮するホルモン様物質であり，血圧調節，血小板凝集（血液凝固），炎症・免疫機能，子宮収縮など様々な機能の調節に関与する[*1]。

*1 プロスタグランジン類はその分類によっては相反する機能を持っている。例えば，PGE_2やPGI_2が血管を拡張させ，血圧を下げる方向に働くのに対し，PGF_2は血管を収縮させ，血圧を上げる方向に働く。また，同じTXAでも，TXA_2は血小板凝集を誘起するのに対し，TXA_3は血小板凝集能がない。

*2 $CH_3(CH_2)_4(CH=CHCH_2)_3(CH_2)_6COOH$

n-6系
リノール酸 → γ-リノレン酸 → ジホモ-γ-リノレン酸[*2] → アラキドン酸
　　　　　　　　　　　　　　↓　　　　　　　　　　↓
　　　　　　　　　　　　　PG_1系列　　　　　　PG_2系列

n-3系
α-リノレン酸 → エイコサペンタエン酸
　　　　　　　　↓
　　　　　　PG_3系列

図3-3　プロスタグランジンの生合成

（4）生体膜構成成分

多価不飽和脂肪酸の最も重要な役割の1つに，生体膜の構成成分としての役割がある。生体膜の基本構造はリン脂質の二重膜中にたんぱく質が散在する形態である。リン脂質として最も代表的なのはホスファチジルコリン（レシチン）であり，多価不飽和脂肪酸はその2位に結合している。多価不飽和脂肪酸は生体膜の流動性を適切に保つのに必要不可欠

な成分である。生体膜を構成するレシチンに含まれる多価不飽和脂肪酸は、主としてリノール酸、およびリノール酸が長鎖不飽和化されたアラキドン酸である。これは、食事から摂取する多価不飽和脂肪酸のほとんどがリノール酸であることに起因する。また α-リノレン酸もそのままとしてよりも、長鎖不飽和化されたエイコサペンタエン酸やドコサヘキサエン酸としてリン脂質、特にホスファチジルエタノールアミン中に多く含まれる。

(5) ステロイドホルモン

ホルモンはその化学構造上の違いから、ペプチド（基本構造はアミノ酸。2-1 参照）からできているペプチドホルモンとステロイド核を持つステロイドホルモンに大きく分類される。ステロイドホルモンは、体内ではコレステロールから合成される。ステロイドホルモンとして、アンドロゲンやエストロゲンなどの性ホルモン、および糖質コルチコイドや鉱質コルチコイドなどの副腎皮質ホルモンなどがある（表3-3、図3-4）。また、活性型のビタミン D_3（1α, 25-ジヒドロキシコレカルシフェロール）も広い意味でステロイドホルモンに含まれる。

表3-3 ステロイドホルモン

	ステロイドホルモン	おもな作用
性ホルモン	アンドロゲン	男性ホルモン作用
	エストロゲン	女性ホルモン作用
コルチコイド	糖質コルチコイド	糖質代謝作用
	鉱質コルチコイド	ミネラル代謝作用

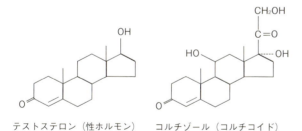

テストステロン（性ホルモン）　　コルチゾール（コルチコイド）

図3-4　ステロイドホルモンの構造

(6) その他の作用

1) 脂溶性ビタミンの担体としての役割

ビタミンA・D・Eといった脂溶性ビタミンは、多くの油脂に溶解しているので、食事脂質はこれらのビタミンの供給源として重要である。バターや卵黄にはビタミンA・Dとカロチンが多く含まれる。植物油はビタミンEの重要な供給源である。

2) ビタミンとの関係

脂質には糖質に比べてビタミン B_1 節約作用がある。これは、エネル

ギーをつくりだす際に，糖質がビタミン B_1 を必要とするのに対し，脂質は B_1 をあまり必要としないためである。脂質摂取量が多い場合には，脂質からエネルギーをつくりだす際に必要なビタミン B_2 などを多く摂取する必要がある。また，ビタミン E は生体内の多価不飽和脂肪酸に対して酸化防止的役割を果たしている。

3）食物のおいしさへの効果

食物中の脂質は，独特の食感（触感）や風味を持ち，食物をおいしくする効果がある。例えば，まぐろのトロや霜降り肉に代表される魚肉や畜肉のおいしさには，脂質（とくに中性脂肪）の作用が深く関係していると考えられている。

4）変敗油脂，過酸化脂質の問題

油脂は保蔵中や食品の加工の際に，酸素・光・熱などの作用で酸化や加水分解を受け，不快な臭気を生じたり，味の悪化を起こす。このような油脂を変敗油脂といい，これを摂取すると下痢や嘔吐などの急性症状が現れる。二重結合の多い多価不飽和脂肪酸が酸化を受けやすい。また，生体膜は多価不飽和脂肪酸に富むリン脂質を多く含んでいるので，生体内で酸化されて過酸化脂質（ヒドロペルオキシド hydroperoxide）を生じやすい。その結果，生体膜に障害を与えたり，細胞の機能に著しい悪影響を与えると考えられている。最近，過酸化脂質が老化，動脈硬化，がんなどの原因として注目されており，過酸化反応を抑制するビタミン E やビタミン C，あるいはポリフェノール類などの抗酸化物質がこれらの疾病の予防に有効ではないかという実験結果も示されている。

（7）脂質の摂取量

日本人の食事摂取基準（2025 年版）では，2020 年版と同様に脂質・飽和脂肪酸・n-6 系脂肪酸・n-3 系脂肪酸について基準が策定された。一方で，一価不飽和脂肪酸・α-リノレン酸・エイコサペンタエン酸・ドコサヘキサエン酸・コレステロール・トランス脂肪酸は，日本人に関する研究報告が十分ではないなどの理由から，基準の策定は見送られている。

脂質の目標量（1 歳以上）は飽和脂肪酸の目標量の上限を超えないこと，また必須脂肪酸の目安量を下回らないことを考慮し算定されている。その飽和脂肪酸は，高 LDL コレステロール血症の主なリスク要因であり，心筋梗塞をはじめとする循環器疾患のリスク要因である上に，重要なエネルギー源の一つであるため肥満のリスク要因でもある。ゆえに，飽和脂肪酸については目標量（上限のみ）を算定すべきと判断された。一方で，飽和脂肪酸摂取量をどの程度に留めるかを算定する科学的根拠は十分でない。そこで，現在日本人が摂取している飽和脂肪酸量の中央値を丸め，目標量（上限：18 歳以上）とした。次に，n-6 系脂肪酸は，

完全静脈栄養を補給されている者では欠乏症が見られるが，リノール酸の投与により欠乏症が消失するため，必須脂肪酸である。しかしながら，n-6 系脂肪酸の必要量を算定するための科学的根拠が乏しく，健康な日本人には n-6 系脂肪酸が原因と考えられる皮膚炎等の報告はない。以上のことから，n-6 系脂肪酸摂取量の中央値を用いて目安量が算定された。n-3 系脂肪酸は生体内で合成できず，欠乏すれば皮膚炎などが発症するため，必須脂肪酸である。こちらも n-6 系脂肪酸と同様の理由により，n-3 系脂肪酸摂取量の中央値を用いて目安量が算定された。以上を踏まえ，脂質の目標量はこれらの目標量・目安量をもとに算定された。1 歳以上の目標量の上限は，飽和脂肪酸の目標量（上限：18 歳以上）を超えないと期待される 30％エネルギーとした。1 歳以上の目標量の下限は，必須脂肪酸（n-6 系脂肪酸・n-3 系脂肪酸）の目安量をもとに脂肪酸合計のエネルギー比率を，さらにトリアシルグリセロールなどを構成するグリセロール部分のエネルギーを考慮した上で，数値を丸め 20％エネルギーとした。

　コレステロールは必須栄養素ではなく，算定するための科学的根拠が不十分であるため目標量は設定されていない。しかし，これはコレステロール摂取量に上限が存在しないことを保証するものではない。実際，いくつかの疫学研究からコレステロールの過剰摂取は循環器疾患の危険因子となり得ることが報告されている。日本動脈硬化学会による「動脈硬化性疾患予防ガイドライン 2022 年版」では，高 LDL コレステロール血症患者ではコレステロールの摂取を 200 mg/日 未満とすることにより LDL コレステロール低下効果が期待できるとしている。

　トランス脂肪酸は，飽和脂肪酸よりも LDL コレステロール/HDL コレステロール比を大きく上昇させることが介入試験をまとめたメタ・アナリシスで示されている。一方で，糖尿病への関与についての複数のメタ・アナリシスにより，血糖の変化や糖尿病発症率への有意な影響は確認されていない。冠動脈疾患の明らかな危険因子の一つであり，目標量の算定を考慮すべき栄養素であるが，トランス脂肪酸の日本人の摂取量は少なく，トランス脂肪酸摂取量制限による期待健康影響が飽和脂肪酸に比べてかなり小さいと考えられること，欧米に比較して日本人の摂取量が少ないと考えられ，健康被害に関する報告が十分でないことなどを勘案して，目標量の策定は見送られた。日本人の中にもトランス脂肪酸の多量摂取者はいるため，その割合を少なくするための具体的な対策が望まれる。

コラム　食事脂質を考える1　～多価不飽和脂肪酸～[*1]

　従来の栄養指針では「動物性脂質の摂取量を減らし，高コレステロール食品の摂取を抑え，高リノール酸油の摂取を増やす」ことが成人病（現在は生活習慣病という）予防の指針であった。そのため，日本は摂取脂質量は欧米と比べまだまだ低いが，「摂取脂肪の中のリノール酸が占める割合」が先進国中でも飛び抜けて高くなっている。しかし，リノール酸は乳がんや大腸がんなどを促進されるといわれており，さらにアレルギー疾患を誘発する可能性が報告されている。一方，n-3系脂肪酸はリノール酸とは逆に作用するような結果が報告されている。n-3系脂肪酸の研究は，1970年代のイヌイットの食事脂質と疾病についての疫学調査に端を発している。EPAやDHAの摂取量の多いイヌイットはリノール酸を摂取しているデンマーク人に比べて動脈硬化や血栓性疾患の発症率が驚くほど低い。そして，n-3系脂肪酸は血小板凝集を抑制し，血栓形成を抑制すること，n-6系脂肪酸の過剰摂取によるエイコサノイドの過剰産生を抑制してアレルギー疾患を予防すること，発がん抑制効果のあることが報告されており，さらにはDHAが学習能力や視力にも関係しているという報告まである。一方で，EPAやDHA摂取量が多いことは，イヌイット人のほうがデンマーク人よりも脳出血が多いことでわかるように，血が固まりづらくなる状況をもたらしている。このようなことからも，結局「食事脂質のバランスを考える」というのが現実的である。しかし，現在の日本では食事の欧米化にともない，従来よりも「魚離れ」が進んできている。魚類は重要なn-3系脂肪酸（とくにEPAやDHA）の供給源であり，それが食卓から離れるということは，食事脂質のバランスが乱れることが予想され，意識してn-3系脂肪酸の摂取を心がける必要があると考えられる。今日の夕食は「魚」にしませんか？

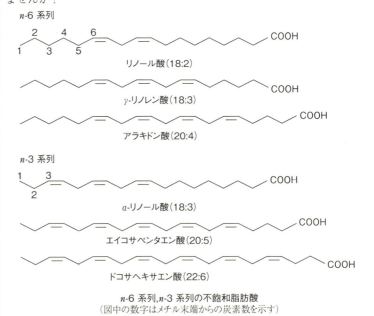

n-6系列，n-3系列の不飽和脂肪酸
（図中の数字はメチル末端からの炭素数を示す）

（参考）奥山治美，菊川晴見編『脂質栄養と脂質過酸化』，学会センター関西（1998）．

[*1] 不飽和脂肪酸には，炭素の二重結合にシス型とトランス型があり，天然の不飽和脂肪酸の大半がシス型である。トランス型は，油脂の加工・精製時に作られるため，マーガリンやショートニングに含まれ，サラダ油などの植物油には微量に含まれる。また，牛などの反芻動物の胃の中の微生物によっても作られ，反芻動物の肉や乳に微量に含まれる。トランス脂肪酸は，代謝されにくく，体内に長く留まる傾向があり，摂取量が多いと循環器疾患のリスクが高まるという研究結果がある。そのため，アメリカでは食品表示の義務があり，さらには，トランス脂肪酸の発生原因の一つである部分転化水素油脂（PHOs）の食品への使用が2018年以降には原則禁止される。

3-3 脂質はどのように消化・吸収・代謝されるか

（1）食事脂質の消化・吸収

1）中性脂肪の消化

摂取した脂質が胃に留まる時間は栄養素の中で最も長く，脂質の消化・吸収は一般に糖質やたんぱく質に比べて遅い。しかし，脂質の消化吸収率は高く，糞便中の脂質のほとんどは腸内細菌などに由来する内因性のものといわれている。脂質を消化する酵素をリパーゼ（lipase）といい，唾液中の舌リパーゼや咽頭粘膜の咽頭リパーゼ，胃液中の胃リパーゼもあるが，一般には脂質の消化の場は小腸であると考えられる。

咀嚼や蠕動運動により唾液や胃液と混ざった食物は，十二指腸に送られる。脂質は水に溶けないため，そのままではリパーゼの作用を受けにくい。そこで，胆嚢から分泌される胆汁によって乳化される。胆汁には酵素はないが，脂質の消化吸収に必要な胆汁酸やコレステロール，さらに胆汁色素などが存在し，胆汁によって乳化された脂質はきわめてリパーゼの作用を受けやすくなる。その意味で脂質の消化には胆汁が不可欠である。また，胆汁中にも含まれるアルカリにより胃液の酸が中和される。

乳化された脂質中のトリアシルグリセロールは，膵液のリパーゼにより加水分解を受ける。膵リパーゼは，トリアシルグリセロールの1位と3位のエステル結合を加水分解し，その結果，2位のエステル結合が残った2-モノアシルグリセロールと2分子の遊離脂肪酸が生じる（不完全消化）。

2）中性脂肪の吸収

不完全消化により生じた2-モノアシルグリセロールと遊離脂肪酸は，胆汁酸塩，ホスファチジルコリン（レシチン），コレステロールとともに混合ミセルを形成する。混合ミセルは，水相に混合できる小さな粒子で，小腸上皮細胞の微絨毛間に入り込み，2-モノアシルグリセロールと遊離脂肪酸が上皮細胞内に取り込まれる。

一部，腸管内で生じた遊離グリセロールや炭素数が14個以下の遊離脂肪酸は吸収されるとそのまま門脈へ移行し，直接肝臓に運ばれる。上皮細胞に取り込まれた2-モノアシルグリセロールと遊離脂肪酸は上皮細胞でトリアシルグリセロールに再合成される。再合成されたトリアシルグリセロールは，コレステロール，リン脂質，たんぱく質（アポたんぱく質）と結合してリポたんぱく質であるキロミクロン（カイロミクロ

ンともいう）となる。キロミクロンは上皮細胞からリンパ管へ分泌され，胸管を経て左鎖骨下静脈中に入る。

3）リン脂質の消化・吸収

リン脂質は膵液中のホスホリパーゼ A_2 により2位の位置のエステル結合が切断され，リゾリン脂質と脂肪酸を生じる。また，腸液にもホスホリパーゼが存在し，リン脂質を分解して，グリセロール，脂肪酸，リン酸，コリンなどが生じる。リン脂質の分解産物は混合ミセルの構成成分となり吸収され，上皮細胞でキロミクロンとなる。

4）コレステロールの消化・吸収

食物中のコレステロールの大部分は遊離型であるが，エステル型のものはコレステロールエステラーゼにより加水分解され，ミセルの構成成分となり，吸収後，上皮細胞でキロミクロンとなる。

（2）脂質の体内運搬・貯蔵

小腸上皮細胞内で再合成されたトリアシルグリセロール，コレステロール，リン脂質などはリポたんぱく質の一種であるキロミクロンに取り込まれて，リンパ管（胸管）を経て左鎖骨下静脈中に入り，肝臓や脂肪組織にまで運搬される（図3-5）。脂質は水に溶けないため，血液中ではリポたんぱく質に取り込まれた形で存在する。リポたんぱく質には，キロミクロンのほかに，超低密度リポたんぱく質（VLDL），低密度リポたんぱく質（LDL），高密度リポたんぱく質（HDL）などがある（表3-4）。VLDLは肝臓で生成され，そこで合成された中性脂肪を大量に含んでいる。VLDLは，脂肪組織や筋肉でリポたんぱく質リパーゼの作用を受けてトリアシルグリセロールを分離し，コレステロールとリン脂質に富むLDLとなる。すなわち，VLDLやLDLは体内で合成されたトリアシルグリセロールやコレステロールを末梢組織に運ぶ役割がある。HDLは肝臓や腸で生成される最も粒子の小さなリポたんぱく質である。HDLはLDLとは反対に末梢組織の細胞表面からコレステロールを肝臓に持ち帰る役割がある。

食物として摂取した熱量素（糖質，たんぱく質，脂質）の余剰分は，トリアシルグリセロールとして腹部内臓周囲や皮下の脂肪組織に蓄積さ

血漿リポたんぱく質の一般化された構造
R.K.Murray ,et.al., "Harper's Illustrated Biochemistry," 29th ed., McGraw-Hill Medical (2012)

表3-4 ヒトのリポたんぱく質

	キロミクロン	VLDL	LDL	HDL
密度（g/cm³）	0.95	0.95～1.006	1.019～1.063	1.063～1.21
脂質成分比率（％）				
トリアシルグリセロール	85	50	10	4
コレステロールエステル	3	12	37	15
遊離コレステロール	1	7	8	2
リン脂質	9	18	20	24
たんぱく質	2	10	23	55

3 脂 質

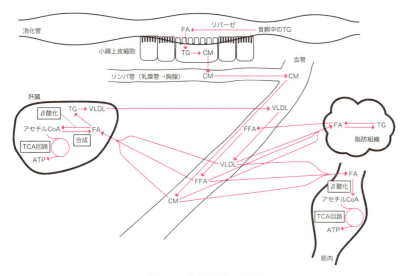

図3-5 脂質代謝の概要
（CM：キロミクロン，FA：脂肪酸，FFA：遊離脂肪酸（血中ではアルブミンと結合），
TG：トリアシルグリセロール，VLDL：超低密度リポたんぱく質）．

れる（体脂肪）．

（3）脂質の分解

1）中性脂肪の分解

脂肪組織にある中性脂肪（トリアシルグリセロール）はホルモン感受性リパーゼにより加水分解され，脂肪酸とグリセロールになり，肝臓・筋肉・心臓などでエネルギー源として利用される．

2）脂肪酸の酸化分解

ほとんどの脂肪酸は，細胞内のミトコンドリアで酸化され，エネルギー（ATP）を産生する．この酸化反応は炭素2個ずつの単位で切断され進行するので，β-酸化とよばれている（図3-6）．

細胞内に取り込まれた脂肪酸はそのままの形ではミトコンドリア内に入ることができないので，いったんコエンザイムA（CoA）と結合してアシルCoAとなり，さらにアシルカルニチンに変換されてミトコンドリア内に入る[*1]．ミトコンドリア内でカルニチンが遊離し再びアシルCoAとなってβ-酸化を受ける．その結果，アセチルCoAと炭素鎖が2個少なくなったアシルCoAが生成し，このアシルCoAは再びβ-酸化を受ける．β-酸化により生成したアセチルCoAはTCAサイクルに入り，水と二酸化炭素に酸化され，同時にATPを生成する．

β-酸化は非常に能率的なATP（エネルギー）産生機構であり，例えば，パルミチン酸1モルからは130モル[*2]のATPが産生され，エネルギー効率40％以上にも及ぶ．

*1 アシルCoAはそのままではミトコンドリア膜を通過できないため，カルニチンを担体としてアシルカルニチンに変換されてミトコンドリア内に転送される．

*2 パルミチン酸を酸化分解した際に，パルミチン酸1モルから合計で131モルのATPが得られる．しかし，最初に脂肪酸をアシルCoAに活性化する際に1モルのATPを消費するので，ATPは正味130モル得られることになる．

*1 Δ（デルタ）は二重結合を示す記号であり，その右肩の数字は二重結合の位置を示している。Δ^2 は2番目の炭素（脂肪酸の場合，1番目の炭素はカルボキシル基の炭素である）が二重結合であることを示している。
$CH_3(CH_2)_n(CH=CH)CO \cdot CoA$
あるいは
$CH_3(CH_2)_n(CH=CH)\overset{O}{\underset{\|}{C}} \cdot CoA$

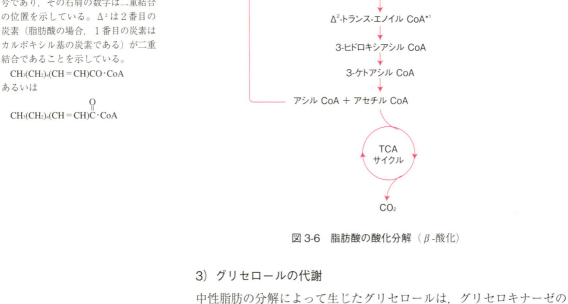

図3-6 脂肪酸の酸化分解（β-酸化）

3) グリセロールの代謝

中性脂肪の分解によって生じたグリセロールは，グリセロキナーゼの作用でグリセロール-3-リン酸となり，さらにグリセロール-3-リン酸脱水素酵素の作用でジヒドロキシアセトンリン酸となり糖代謝の経路に入る。

4) ケトン体の生成

脂肪酸の酸化によって生成するアセチル CoA は TCA サイクルで完全に酸化されるが，そのためには，グルコースの燃焼によって TCA サイクルが十分に回転していることが必要である。したがって，糖質が供給されない絶食時や糖質の利用が円滑に進まない糖尿病の場合には，アセチル CoA からアセト酢酸がつくられ，さらにこれから β-ヒドロキシ酪酸とアセトンが生成する[*2]。この3者を総称して**ケトン体**という。ケトン体は TCA サイクルが十分に回転しないときのエネルギー源として，特に脳，神経系，心臓，腎臓などで利用される[*3]。しかし，アセト酢酸や β-ヒドロキシ酪酸は酸であるため，血液中に異常に増加するとアシドーシス（酸血症）を起こす。このような状態は重篤な糖尿病で認められ，主な死因となる。

*2 飢餓や糖尿病時はインスリン不足によりグルコースの利用がうまくいかず，エネルギー源を脂質に依存するようになる。そのため，脂質の酸化分解が亢進し，生成されるアセチル CoA は TCA サイクルで利用できる量を上回るため，ケトン体が合成されるようになる。なお，正常でもケトン体は合成され，血中に微量に存在する。

*3 実際には，すべてのアセト酢酸と β-ヒドロキシ酪酸がエネルギー源として利用されるわけではなく，一部分は，尿中に排泄される。また，他のケトン体より，少量しか発生しないアセトンの大部分は肺で気化される。このため重篤な糖尿病患者の呼気は特有のアセトン様臭気を帯びる。

（4）脂質の合成

1）脂肪酸の生合成

脂肪酸はアセチルCoAを素材として，炭素鎖を2個ずつのばして合成される（図3-7）。生体内でアセチルCoAに変換される糖質，アミノ酸，アルコールなどが脂肪酸合成の前駆物質である。

図3-7　脂肪酸の生合成

2）中性脂肪・リン脂質の合成

脂肪酸とCoAが結合して生じたアシルCoAと，主に解糖系の過程で生成したα-グリセロリン酸とが結合して1,2-ジアシルグリセロールとなる。これに，さらにアシルCoAが結合してトリアシルグリセロールになる。リン脂質もこれと類似の経路で合成される（図3-8）。

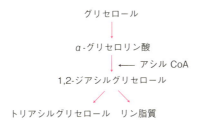

図3-8　中性脂肪・リン脂質の生合成

3）脂肪酸の長鎖化・不飽和化

合成された脂肪酸（主にパルミチン酸）は酵素反応により長鎖化あるいは不飽和化される。しかし，動物はオレイン酸からリノール酸を生成することができないため，リノール酸あるいはα-リノレン酸を摂取する必要がある（図3-7を参照）。

（5）コレステロールの代謝

1）コレステロールの異化

食事として摂取されたコレステロールや肝臓などで生成されたコレステロールの一部はステロイドホルモンの合成などに利用されるが，体内合成量の約半分量のコレステロールが肝臓で胆汁酸に変えられ，ほかの胆汁成分とともに胆管を通り十二指腸に放出される。胆汁酸は，ここで食事由来の脂質を乳化し，その消化吸収を助ける。胆汁酸のごく一部は胆

*1 胆汁酸の腸肝循環は，1日に6〜10回行われるが，非常に効率がよいため，体内プール量の大半はこの腸肝循環内にあり，1.2〜2.5 gである。腸管吸収されずに，糞便中に排泄される量は1日に0.5 g程度あり，その分だけ肝臓においてコレステロールから胆汁酸が合成される。

汁とともに体外に排出されるが，ほとんどすべての胆汁酸は小腸下部から再吸収され，門脈を通り肝臓に戻り，再び腸に放出される（腸肝循環）*1。

> **コラム　脂質に蓄積する危ないもの　〜農薬・ダイオキシン類〜**
>
> 人をはじめとする動物は，水に溶けない物質も脂質を担体として吸収している。たとえば，ビタミンAやDなどの脂溶性ビタミンがそれに当たる。また，そのような脂溶性物質を代謝（あるいは無毒化）し，水溶性物質に変換して排泄する機構も持っている。一方，非常に安定で分解されにくい有機化合物が人工的に合成されるようになり，その有用性が注目され，農薬として，あるいは化学工業的に利用されるようになった。しかし，それら有機化合物が水や土壌を汚染するようになり，その毒性，あるいは残留性が問題となっている。DDTやγ-BHC（HCB）などの農薬，ダイオキシン類やPCBなどの有機化合物がそれに当たる。これらの化合物は毒性が高いものが多いが，そればかりでなく安定で残留性が高い。たとえば，DDTやPCBは1971年に製造・使用が禁止されたが，未だに海や川，あるいは土壌から検出される。残留物質は農作物や海産物などを通じて人の体，とくに脂肪組織や肝臓に蓄積する。そして，それらは分解されずに，長期間（人では，体内からの消失半減期は6〜11年と報告されている）動物の体内に存在することになる。すなわち，体に害がでる量を一度に摂取しなくても長期的に体内に蓄積し，害を及ぼすことになる（慢性毒性）。さらに，これらの物質は，生態系の食物連鎖により濃縮されていくことが問題となっている（生物濃縮）。河川に流入した物質は，プランクトンの体内に取り込まれ，これを餌とした魚類に蓄積される。魚類を餌とする鳥類や大型魚類，さらにそれを食べる動物というように食物連鎖を通して異常に濃縮・蓄積される。たとえば，ある河川でのDDT濃度を1とすると，その河川のプランクトン中には1,000倍に，さらにその付近に棲息するカモメには1,000,000倍に濃縮・蓄積されていたという例もある。すなわち，ちょっとした河川や土壌への流入でも，食物連鎖の最上位に位置する人間には無視できないほどの量の有機化合物が体内に入ってくることになる。そして，それらの物質は母乳などを通じて，自分の子どもにも影響を与えることになる。1962年，R. Carsonがその著書「Silent Spring（沈黙の春）」でDDTの危険性を訴えてから約40年も経過するのに，ダイオキシン類，あるいは環境ホルモン（ビスフェノール類など）といった有機化合物による問題はいまだに解決していない。これらの物質は，自然界に存在するものではなく，人間が作り出したものである。いわば，自分たちでまいた種に自分たちの生活が脅かされているのである。「地球のため」とか「環境のため」ということのみならず，自分たちの明日の問題なのである。自分とその子孫のためにもこの問題を考える必要がある。
>
> 参考）高橋信孝，『基礎農薬学』，養賢堂（1989）．
> 竹内正雄他，『ダイオキシンと環境』，三共出版（1999）．

2）コレステロールの生合成

ヒトでは1日に約 200 mg のコレステロールが食事から供給され，体内では約 1.0 g が合成される。コレステロールを合成する主要な器官は肝臓であり，糖質や脂質などの分解により生じたアセチル CoA を材料にしている。コレステロール合成は多くの段階で調節されているが，最も重要な反応は，3-ヒドロキシ-3-メチルグルタリル CoA（HMG-CoA）還元酵素が触媒する反応である（図 3-9）。肝臓のコレステロール合成能は，食事コレステロールにより調節されていて，コレステロール摂取量が増加すると肝臓における合成能が抑制される。この機構が正常である限り，食事コレステロール量が増加しても血液コレステロール量に大きな変動は起こらない[*1]。

*1 血液コレステロール量は，一般に脂肪の摂取量が多いと増加する。飽和脂肪酸のラウリン酸，ミリスチン酸，パルミチン酸を多量摂取すると，血液コレステロール量が増加する。しかし，不飽和脂肪酸であるリノール酸，オレイン酸は血液コレステロール濃度を低下させる。

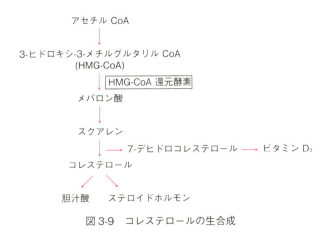

図 3-9 コレステロールの生合成

コラム　食事脂質を考える2　～コレステロール～

一般的に，血中コレステロール値が高い人は動脈硬化や心疾患になりやすいと解釈されている。その上で，コレステロール値が正常な人でもコレステロール含量の高い食品の摂取は制限される（「卵は1日1個」など）傾向にある。では，本当にコレステロールは体に悪いのだろうか？

コレステロールは体内でステロイドホルモンや胆汁酸の材料になるものだから，体にとって必要なものである。さらに，日本のある地域の40歳以上の人を10年追跡した結果，男女ともコレステロール値が低い人の寿命が短く，高い人でも寿命の短縮はみられない，といった報告もある。日本では，「コレステロール値の低い方が短命である」とみることもできる（言い過ぎの気もするが…）。食事から摂取されるコレステロール量よりも体内で合成されるコレステロール量の方が多いことや体内のコレステロール値は（正常な人では）厳密に制御されていることを考えると，正常値の人がそれほど心配する必要はないと考えられる。もちろん，異常にコレ

ステロール値が高い人はコレステロールの摂取量を制限する必要があるが，正常な人は摂取量を気にするよりも（無節操に摂取する場合は別だが），肥満や偏食を避けることや適度な運動を心がけるほうが良いと考えられる。ただ，映画「ロッキー」で見られるようなたくさんの生卵をミキサーでかき混ぜて一気飲みする人には当てはまらないだろうが…。

参考）奥山治美，菊川晴見編，『脂質栄養と脂質過酸化』，学会センター関西（1998）．

（6）脂質と疾病

1）脂肪肝

正常な肝臓では，その重量の2〜4％を脂質が占めているが，種々の原因で肝臓に脂質（ほとんどの場合，トリアシルグリセロール）が正常値以上に蓄積することがあり，この状態を脂肪肝という。飽和脂肪・しょ糖・アルコールなどの多量摂取，薬物の摂取，必須脂肪酸やコリン・メチオニンの不足，アミノ酸インバランスなどによって脂肪肝が引き起こされる。肝臓からの脂肪の放出不全と脂肪合成の亢進のいずれかあるいは両方によって起こる。長期間続くと肝硬変を起こし致命的となる場合がある。

2）脂質異常症

脂質異常症とは，血液中の脂質濃度が過度に高い状態だけでなく，低HDLコレステロール血症のように濃度が異常に低い状態も含む疾患である。脂質濃度の上昇については，高LDLコレステロール血症や高中性脂肪（トリグリセリド，トリアシルグリセロール）血症のいずれか，あるいは両方が見られる。脂質異常症はアテローム性動脈硬化症の危険因子であり，特に注意が必要である。

3）肥　満

肥満は，消費量以上にエネルギーを摂取する状態が続くと発生する。動脈硬化，心臓疾患および糖尿病などの原因となる。食事摂取の制限と適度な運動の組み合わせは肥満の解消に有効である。

4）メタボリックシンドローム

肥満者は糖尿病を合併することが多く，それはインスリン抵抗性[*1]が原因であるが，肥満者にインスリン抵抗性が生じる原因は明らかではなかった。現在では，インスリン抵抗性をもたらす原因はアディポサイトカイン[*2]とよばれる生理活性物質の分泌異常に原因があることが明らかになってきている。脂肪組織の増加・肥大は，アディポサイトカインの分泌異常をもたらし，TNF-α，レジスチン，遊離脂肪酸の分泌が増加するとともに，アディポネクチンの分泌が低下する。そして，これら因子が複合的にインスリン抵抗性を惹起していることが明らかにされつつ

---

*1　インスリンの作用が発現しづらくなっている状態。標的臓器のインスリンに対する感受性が低下することにより，糖の取り込み能の低下，肝臓における糖新生の抑えが効かなくなるため，血糖値が下がりづらくなる。

*2　英語では，adipocytokineとつづり，adipoは脂肪，cytokineは「細胞が分泌する生理活性物質」を意味する。つまり，脂肪細胞が分泌する生理活性物質を意味する。サイトカインという用語は，狭義では免疫や炎症に関わる生理活性物質を差すので，狭義のアディポサイトカインは免疫・炎症に関与するTNF-α，IL-6，PAI-1などが該当し，広義のアディポサイトカインとしては，レプチン，アディポネクチンなども含まれる。

ある。このように，肥満に伴う脂肪組織の増加・肥大がアディポサイトカインの分泌異常をもたらし，このために糖尿病，脂質異常症（高脂血症），高血圧症が発症し，これらの疾患が重なることによって，あるいは，肥満およびアディポサイトカインが直接的に動脈硬化症をもたらす原因となる可能性がある。このように脂肪の蓄積が原因となり，動脈硬化症へと続く複合病態を**メタボリックシンドローム**という。

　脂肪細胞は，アディポサイトカインの分泌からわかるように，単なる脂肪（トリアシルグリセロール）の貯蔵庫ではなく，活発な分泌細胞であることが明らかになっている。その分泌物質の中には，性ホルモンも存在するため，脂肪組織が比較的多い女性においては，女性ホルモンの重要な分泌組織となっている。ゆえに，脂肪組織の量は一定範囲に保たれることが必要であり，多すぎても少なすぎても健康を維持することは難しくなる。

演習問題

1. 食後の脂質代謝に関する記述である。正しいのはどれか。1つ選べ。（2019年）
   (1) 血中のVLDL濃度は，低下する。
   (2) 血中の遊離脂肪酸濃度は，上昇する。
   (3) 肝臓でトリアシルグリセロールの合成は，亢進する。
   (4) 肝臓でケトン体の産生は，亢進する。
   (5) 脂肪組織でホルモン感受性リパーゼ活性は，上昇する。

2. コレステロール代謝に関する記述である。正しいのどれか。1つ選べ。（2019年）
   (1) コレステロールは，エネルギー源として利用される。
   (2) コレステロールは，甲状腺ホルモンの原料となる。
   (3) コレステロールの合成は，食事性コレステロールの影響を受けない。
   (4) 胆汁酸は，腸内細菌により代謝される。
   (5) 胆汁酸は，大部分が空腸で再吸収される。

3. 脂質の体内代謝と臓器間輸送に関する記述である。正しいのはどれか。1つ選べ。（2018年）
   (1) ホルモン感受性リパーゼは，食後に活性化される。
   (2) カイロミクロンは，門脈経由で肝臓に運ばれる。
   (3) リポたんぱく質は，粒子の外側に疎水成分をもつ。
   (4) LDLの主なアポたんぱく質は，アポA1である。
   (5) ケトン体は，脳でエネルギー源として利用される。

4 炭水化物

4-1 炭水化物を化学する

(1) 炭水化物の定義と分類

炭水化物は化学的には多価アルコールのカルボニル化合物（>C=O），その誘導体，およびそれらの重合体をいう。炭素，水素，酸素の3元素から構成され，一般に $C_m(H_2O)_n$ の分子式で示される。炭素と水から成る化合物という意味でつけられた名称である。しかし，実際は炭素と水の化合物ではないし，デオキシ糖のようにこの比率でないもの，窒素（アミノ糖），イオウ（チオ糖）などの元素を含むものも存在する。

炭水化物は，構造の基本単位である**単糖**，単糖が数個結合した**オリゴ糖**，多数結合した**多糖**に分類される（表4-1）。

> **食品成分表での炭水化物**
> 「日本食品標準成分表2020年版（八訂）」では炭水化物を差し引き法で求めている。差し引き法では食品100gから水分，たんぱく質，脂質，灰分等の各g数の合計を差し引くことにより求める。

表 4-1 炭水化物の分類

単 糖	五炭糖 六炭糖	キシロース，アラビノース，リボース，デオキシリボース ぶどう糖，果糖，ガラクトース，マンノース
オリゴ糖	二 糖	還元糖：乳糖，麦芽糖 非還元糖：しょ糖
	三 糖	ラフィノース
多 糖	ホモ多糖 ヘテロ多糖	でんぷん，セルロース，グリコーゲン，キシラン，キチン コンニャクマンナン，寒天

炭水化物とほぼ同じ意味の語に "**糖質**" や "**糖類**" がある。これらは厳密に区別しないで用いることも多いが，厚生労働省の「食品の栄養表示制度」では，これらの語についての現実的な定義づけがなされている。

① 糖質：炭水化物から消化・吸収されにくい食物繊維を除いた利用可能な炭水化物。
② 糖類：糖質のうち単糖および二糖（類）を糖類とする。ただし，糖アルコールは除く。

糖質と糖類，炭水化物と食物繊維との関係は図4-1のようになる。

4 炭水化物

炭水化物	糖質	糖類	単糖	
			二糖	（消化性・難消化性）
		糖：オリゴ糖		（消化性・難消化性）
		糖アルコール[*1]		
		単糖アルコール		
		二糖アルコール		（難消化性）
		三糖アルコール以上		（難消化性・消化性）
		多糖：でんぷん		（消化性）
	食物繊維	高分子性（酵素・重量法）		（難消化性）
		低〜中分子性（酵素・HPLC法）		（難消化性）

図4-1　栄養表示基準による「糖」の分布
（徳永隆久：食品と開発,32(7),9(1997)）

[*1] 単糖やオリゴ糖のアルコール類は糖を還元して簡単に合成することができ，しかも低エネルギーであることから，甘味料として用いられている。ソルビトール（ぶどう糖や果糖を還元），キシリトール（キシロースを還元），マルチトール（麦芽糖を還元）などである。これらの糖アルコールは腸内環境改善や，肥満，虫歯，糖尿病予防の効果が期待できるが，多量に摂りすぎると下痢を起こすことがあるので，摂取量に注意が必要である。

（2）単　糖

単糖はこれ以上加水分解されない糖であり，炭水化物の基本単位である。構成する炭素原子の数で三〜七炭糖に分けられるが，食品中に含まれるのは主に五炭糖（ペントース）と六炭糖（ヘキソース）である。単糖は分子中に不斉炭素原子を持つため，D型とL型の光学異性体が存在する[*2]。自然界にある単糖はD型がほとんどである。また，カルボニル基がアルデヒド基（–CHO）かケト基（＞C=O）かによって，アルドース（例；ぶどう糖）とケトース（例；果糖）に分類することもある。単糖は一般に水によく溶けて甘味を示す。

1）ぶどう糖（グルコース）

最も重要な単糖で，食品中の主なオリゴ糖やでんぷん・グリコーゲンなどの多糖の構成糖になっている。果物，野菜，はちみつには遊離の形で含まれる。ヒトの血液中に0.1％程度存在し，血糖とよばれる。

ぶどう糖の構造式は鎖状で表すと図4-2(a)のようになるが，水溶液中では環状構造をとっていることが多く，図4-2(b)のように表される。1位の炭素原子の水酸基（アセタール性水酸基）は反応性に富んでおり，他のアルコール性水酸基とは性質が異なる。

2）果糖（フルクトース）

甘味の強い糖である。果物，野菜，はちみつに遊離の形で含まれ，しょ糖の構成糖になっている（図4-2(c)）。

3）ガラクトース・マンノース

ガラクトース（図4-2(d)）は乳糖や海藻多糖である寒天の構成糖になっている。マンノースはコンニャクマンナンの構成糖である。

[*2] グリセルアルデヒドを基準にD型とL型に分類する。

ピラノース型・フラノース型
　五炭糖以上の単糖は水溶液中で旋光度が変化しやすい。そこでHaworthは従来の鎖状構造に対して，環状構造を考えた（例：ぶどう糖　図4-2(a)(b)）。このとき六員環のピランに似た構造をとるものをピラノース（例　図4-2(b), (d)）とよび，五員環のフランに似た構造をとるものをフラノース（例　図4-2(c)）とよんだ。それぞれグルコピラノース，ガラクトピラノース，フルクトフラノースなどという。

ピラン　　フラン

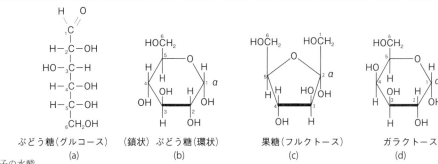

図 4-2 代表的な単糖（いずれも D 型）*1

*1 環状構造では1位炭素原子の水酸基の位置で α 型と β 型に分かれるが，図 4-2 では α 型を示した。

糖質の甘味度

単糖，二糖など低分子の糖は一般に甘味が強い。しょ糖を100とするとぶどう糖74，果糖173（β 型180，α 型60），麦芽糖32，乳糖16である。果糖は糖類中でもっとも甘味が強いが，この甘味度は温度が上がると急に下がる。たとえば，40℃ではしょ糖とほぼ等しい甘味度となり，それ以上の温度ではしょ糖の方が甘い。これは，果糖では α 型の甘味は β 型の約1/3であるが，高温では α 型が β 型より多くなることに対応している。また，果糖は水溶液中ではピラノース型とフラノース型の混合物として存在するが，低温では甘味の強いピラノース型の方が安定で量も多い。

4）キシロース・アラビノース

両者とも五炭糖である。キシロースはワラ・トウモロコシの芯・タケに含まれるキシランの構成糖であり，アラビノースは植物ゴムや粘質物の構成糖になっている。

5）リボース・デオキシリボース

ともに五炭糖で，核酸の構成単位であるヌクレオチドの重要な成分である。リボースは RNA，デオキシリボースは DNA に含まれる。

（3）オリゴ糖（少糖）

オリゴ糖は単糖が 2〜10 分子程度結合したものを指すが，2分子結合したものを二糖，3分子結合したものを三糖とよぶ。天然に存在するのは二糖が主で，しょ糖・乳糖・麦芽糖などがある（図 4-3）。酸や酵素で加水分解すると構成単糖になる。

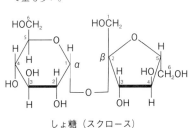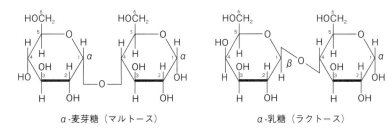

図 4-3 代表的な二糖

二糖では，乳糖や麦芽糖のように2つの単糖のアセタール性水酸基とアルコール性水酸基が結合した場合は還元性をもつが，しょ糖のようにアセタール性水酸基同士が結合した場合は還元性をもたない。

1）しょ糖（スクロース）

ぶどう糖と果糖が結合した二糖である。植物に広く分布するが，さとうきび，てんさいに特に多く含まれる。一般に砂糖とよばれ，でんぷんに次いで多く摂取される炭水化物である。しょ糖は容易に加水分解され，ぶどう糖と果糖を生ずる。このとき（+）であったしょ糖の旋光度が（−）に変わるので，この2つの糖の混合物を転化糖という。転化糖は，含まれる果糖の甘味が強いため，しょ糖より甘い。

2) 乳糖（ラクトース）

哺乳類の乳汁中（牛乳4～5％，人乳5～7％）に含まれる。ガラクトースとぶどう糖がβ-1,4結合した二糖である。

3) 麦芽糖（マルトース）

ぶどう糖2分子がα-1,4結合した糖である。でんぷんやグリコーゲンの部分加水分解によって生じる。蒸米に麦芽の酵素（アミラーゼ）を作用させると生じる水あめは，麦芽糖が主成分である。

4) トレハロース

ぶどう糖が1,1結合した二糖である。自然界では昆虫や酵母，きのこに含まれる。保水性に優れており，でんぷんから安価に生産できる技術が開発されたため，さまざまな用途に用いられている。

5) その他のオリゴ糖

整腸作用，低（抗）う蝕作用，低エネルギーなどの機能をもつ糖として，フラクトオリゴ糖，キシロオリゴ糖，ラフィノース・スタキオースなどの大豆オリゴ糖をはじめ，多くのオリゴ糖が開発されている（表4-2）。

表4-2 原料別に分類したオリゴ糖の種類

でんぷん関係
マルトオリゴ糖　　　　　　　　　：G2～G7（マルトース～マルトヘキサオース）
イソマルトオリゴ糖(分岐オリゴ糖)：イソマルトース，パノース，イソマルトトリオース
サイクロデキストリン（CD）　　　：α-CD，β-CD，γ-CD，HP-β-CD，分岐CD
その他　　　　　　　　　　　　　：マルチトール，ゲンチオオリゴ糖，ニゲロオリゴ糖，トレハロース
砂糖関係
マルトオリゴシルスクロース，フラクトオリゴ糖，パラチノース
ラクトスクロース，キシロシルフルクトシド，ラフィノース，スタキオース
乳糖関係
ガラクトオリゴ糖，ラクトスクロース，ラクチュロース，ラクチトール
その他
キシロオリゴ糖，アガロオリゴ糖，キチン・キトサンオリゴ糖，マンノオリゴ糖，
アルギン酸オリゴ糖，シアル酸オリゴ糖，サイクロフルクタン，サイクロデキストラン

（中久喜輝夫（日高秀昌・坂野好幸編），『糖と健康』，学会出版センター（1999））

(4) 多　糖

多糖は単糖が多数結合してできた高分子化合物である。生物の骨格物質や貯蔵物質として天然界に広く分布し，有機化合物中で最も量が多い。構成糖が1種類のホモ多糖（でんぷん，グリコーゲン，セルロース，ペクチンなど）と，構成糖が2種類以上のヘテロ多糖（寒天，コンニャクマンナンなど）に区別される（表4-1）。無味で水に溶けにくいものが多い。

1) でんぷん

でんぷんはヒトのエネルギー源として最も重要な物質である。光合成でつくられ，穀類のこめ・むぎや，いも類のじゃがいも・さつまいもな

アミロースとアミロペクチン含量
でんぷん中のアミロース量はアミロペクチンより少ないのが一般的で、20〜25％程度である。もち種（もちごめ、もちとうもろこし）はほとんどアミロペクチンのみから成っている。

でんぷんのヨウ素反応
アミロースではラセン構造の中空部分にヨウ素が入り、アミロース・ヨウ素複合体を形成し、強い青色を示す。一方、アミロペクチンは枝分かれ構造のためヨウ素の吸着量が少なく赤褐色に近い呈色である。両者の混合物であるでんぷんでは、赤紫色の発色となる。

どに同化でんぷんとして多量に蓄積されている。でんぷん粒子は植物の種や生成する場所により特徴があり、植物によって大きさや形が異なる。

でんぷんは化学的には<u>アミロース</u>と<u>アミロペクチン</u>という2種類の物質の混合物である。アミロースはぶどう糖が α-1,4 結合で直鎖状に結合した物質で、ぶどう糖6〜7個で一巻するらせん構造をとっている。分子量は50〜200万程度である。アミロペクチンは α-1,4 結合のぶどう糖分子20〜25個に1個の割合で α-1,6 結合の枝分かれが生じ、全体のかたちとしては房状構造が提唱されている。分子量はアミロースより大きく、1500万〜4億といわれている（図4-4）。

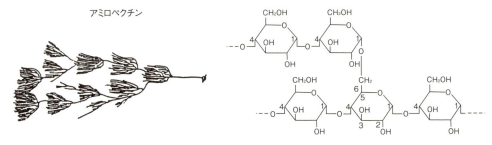

図4-4　でんぷんの構造（アミロースとアミロペクチン）
（アミロペクチンの左図は分子全体の様子を示す French の房状構造モデル）

2）グリコーゲン

ほとんどすべての動物細胞中に存在し、特に肝臓や筋肉に多く見出される。化学構造はでんぷんのアミロペクチンに似ており、α-1,4 結合のぶどう糖のところどころで α-1,6 結合の分岐があり、全体として樹木型構造である。分岐は8〜10個に1個所で、アミロペクチンより密である。分子量は大きく1000万程度である。ぶどう糖の体内での貯蔵形態であり、合成と分解が絶えず行われ、動的変化の激しい物質である。

3）セルロース

ぶどう糖が β-1,4 結合で直鎖状に結合した多糖で、植物細胞壁の主要構成成分である。天然に最も多く存在する多糖であるが、ヒトにはセルロースを消化する酵素がないのでエネルギー源としては利用されない。食物繊維として重要である。

4）その他の多糖

コンニャクマンナン，寒天，ペクチン，ヘミセルロース，アルギン酸，植物粘質物，キチンなどがある。これらは食物繊維に分類される。

4-2　炭水化物の体内での働きとは

（1）エネルギー源としての炭水化物

1）糖質のエネルギー

食物成分の中で炭水化物は最も摂取量が多く，わが国では1日の摂取エネルギーの60％弱を炭水化物である糖質からとっている。

一方，体内での糖質量は肝臓・筋肉のグリコーゲン，さらに血糖を含めて，せいぜい300〜400g（0.5％）ほどである（表4-3）。糖質はたんぱく質のように体を構成したり，脂質のように貯蔵脂質や構造脂質として体内に保持される栄養素と異なり，第一の役割はエネルギー源となることである。特に脳・神経系や赤血球，あるいは腎臓髄質などは，ぶどう糖を唯一のエネルギー源としている。

表4-3　人体内糖質の量（体重70 kg男子）

肝臓グリコーゲン	肝臓重量（1,800 g）中	6%	108 g
筋肉グリコーゲン	筋肉全重量（35,000 g）中	0.7%	245 g
血液その他細胞外液のぶどう糖	全液量（10 L）中	0.1%	10 g
合　計			363 g

（吉田勉ほか，『栄養生理学』，医歯薬出版（1985））

摂取する糖質は，こめ・むぎなどの穀類やじゃがいもなどのいも類に多く含まれるでんぷんが主体である。穀類・いも類は保存がきき，そのうえ穀類は水分含量が少ないので容積をとらず運搬が楽である。またこれらでんぷん食品は甘くなく食味が穏やかなので飽きずに多量に食べることができ，主食として最適である。このほか，菓子類・飲料からのしょ糖，牛乳・乳製品からの乳糖，果物・飲料からのぶどう糖・果糖を日常的に摂取している。糖質は体内で代謝されて，1 g当たり4 kcalのエネルギーを発生する。

2）アルコールのエネルギー

糖質と関係の深いアルコールは，清酒，ビール，ウイスキーなどの形で摂取される。アルコールは主に小腸で（一部胃で）吸収されてから肝臓に運ばれ，ここでアセトアルデヒドを経て酢酸に変えられる。生成した酢酸は，ついでアセチルCoAとなり，糖質代謝の経路に入り二酸化炭素と水に分解される。このときATPの形でエネルギーを発生する。

アルコールの空気中での燃焼値は1 g当たり7.1 kcalであるが，体内でのアルコールの利用率はアルコールの飲み方（濃度・量・速さ）によ

って異なると考えられる。比較的多量に飲酒したときはその65～70％が利用され、アルコール1g当たり5kcal程度であり、アルコールの量が多くない場合は7kcal/gを用いるのがよいとされる。

（2）非エネルギー源としての炭水化物

難消化性炭水化物である食物繊維は消化管で消化酵素の作用を受けず、エネルギーになりにくい。しかし、保水性、イオン交換能、吸着能、粘性などの物理的性質をもち、排便・便性改善、血糖上昇抑制、コレステロール代謝改善をはじめさまざまな生理作用が知られており、生活習慣病の予防に役立っている（4-4参照）。

このほか炭水化物は体内でムコ多糖や糖たんぱく質、あるいは糖脂質のかたちで、種々の重要な生理的機能をはたしている。これらの糖複合体もエネルギー源としては使われない。

（3）炭水化物とほかの栄養素との関係

1）糖質代謝とビタミン

体内での糖質代謝にはビタミン B_1、B_2、ナイアシン、パントテン酸などのB群ビタミンが関係する。これらのビタミン類が不足すると糖質代謝はスムーズに行われず、さまざまな障害があらわれる。中でもビタミン B_1 はピルビン酸からアセチルCoAが生成される反応にかかわる酵素（ピルビン酸デヒドロゲナーゼ複合体）の補酵素として重要である。

2）炭水化物過剰摂取の影響

炭水化物を摂取すると、吸収後に一部は血糖となり、他は肝臓・筋肉でグリコーゲンとして貯えられる。しかし、貯蔵できるグリコーゲン量には限度があるため、炭水化物を多量に摂取したときは脂質に変換される。この脂質は組織に沈着し、体脂肪として肥満の原因となる。このとき合成される脂質には飽和脂肪酸と一価不飽和脂肪酸が多く含まれ、多価不飽和脂肪酸は少ない。

3）炭水化物不足の影響

炭水化物の摂取が少ないときは、摂取されたたんぱく質や脂質がエネルギー源として用いられる。総エネルギーの大幅な不足が続くときは、体たんぱく質を分解してエネルギー源とするので、体が消耗する。たんぱく質の分解量が多いと、各種窒素化合物の処理量が増加するため腎臓に負担がかかる。また、脂肪組織から脂肪酸を動員してエネルギー源とする経路も重要である。しかし、炭水化物不足だと脂肪酸の酸化分解がうまく行われず、体内にケトン体（3-3参照）が蓄積してケトーシス（アシドーシス）を起こすことがある。

（4）炭水化物摂取の現状

炭水化物を含む食品は食べやすく、エネルギーの供給に適している。

さらに，主食として摂取する穀類やいも類は摂取量が多いので，ほかの栄養素の重要な供給源ともなっている（例：こめのたんぱく質）。

炭水化物の摂取量は一般に開発途上国やアジアで高く，総エネルギー量の 80 ％前後である。欧米諸国では脂質の摂取量が多く，相対的に炭水化物摂取量は低くなり，40 ％前後である。

わが国での炭水化物からのエネルギー摂取は国民健康・栄養調査によると 1950（昭和 25）年 79 ％，1975（昭和 50）年 63 ％，2019（令和元）年 56 ％と低下しており，炭水化物摂取量も 1984（昭和 59）年以降は 300 g を下回っている。これは主に穀類エネルギー比が減少していることによるが，とくに，こめの摂取量減少の影響が大きい。

（5）炭水化物の食事摂取基準

炭水化物の主な役割は，ぶどう糖しかエネルギー源として利用できない脳，神経系，赤血球などの組織にぶどう糖を供給することである。このためのぶどう糖の必要量は少なくとも 100g/日と推定されるが，国民健康・栄養調査によるとこの量は十分満たされていると考えられる。さらに炭水化物が直接特定の健康障害の原因となるとの報告も 2 型糖尿病を除けばほとんどない。そのため「日本人の食事摂取基準（2025 年版）」では炭水化物に推定平均必要量（ならびに推奨量），耐容上限量，目安量を設定していない。

一方，エネルギーを産生する栄養素（たんぱく質，脂質，炭水化物）の構成比率はこれらの栄養素の摂取不足の回避と生活習慣病発症予防等に重要であり，目標量が設定された。炭水化物は特殊な場合を除けば摂取量が必要量を下回ることはない。このため「エネルギー産生栄養素バランス」はたんぱく質の量を先に決め，次に脂質の量を定め，その残余を炭水化物としている。このような経過で設定された炭水化物の目標量は成人・高齢者・小児で 50 〜 65（％エネルギー）である。

炭水化物摂取量と炭水化物エネルギー比率の経年変化

年	炭水化物摂取量(g)	炭水化物エネルギー比率(%)
1950	418	79.3
1975	335	63.1
2000	266	57.5
2012	260	59.2
2019	248.3	56.3

（国民健康・栄養調査）

コラム　AGEs 終末糖化最終産物

糖の存在下で，たんぱく質はメイラード反応により，非酵素的に糖化反応をおこす。日常生活では，トーストしたパン，味噌の色などがメイラード反応により生成した褐変物質である。また，糖尿病の指標となる HbA1c は赤血球の糖化の状態をみたものである。これは，メイラード反応の前期の生成物であるが，さらに反応が進むと後期反応物（AGE）が生成される。これは構造的に数多くあり，そのうちのいくつかは，細胞膜の受容体に結合し，生体に炎症反応をおこすことが，近年の研究でわかってきている。

糖尿病の合併症の発症にも関与していると考えられており，加齢とともに組織への沈着が増加する事が知られているが，数日で代謝されるものもある。

調理中の加熱によっても，生成され，加熱温度が高いほど，生成量が多い。つまり，とり肉の唐揚げ，とり肉の炒め物，蒸しどりの順に生成量が減少するということである。加熱時間，温度，水の有無などと生成量が相関があると考えられている。

また，生体内で加熱を伴わずに生成されることもあり，糖尿病患者のように血中の糖濃度が常に高いと，生成される量も多いと考えられる。

現在，糖尿病研究では，注目をされている分野である。

4-3 炭水化物はどのように消化・吸収・代謝されるか

（1）炭水化物の消化

一日に摂取する食品の約60％は炭水化物である（エネルギー％）。これらはでんぷん，しょ糖，乳糖，ぶどう糖，果糖などのかたちで摂取される。多糖と二糖は，単糖のかたちまでに消化分解されて吸収される。消化をうけない食物繊維は大腸に運ばれ，一部は腸内細菌により発酵を受け，有機酸や短鎖脂肪酸を生成する。

1）口腔内消化

口腔内では食物は咀嚼によって細かく砕かれ，唾液と混和されて飲み込まれる。炭水化物の口腔内消化では，でんぷんを分解するα-アミラーゼが唾液中に分泌される。唾液アミラーゼ（プチアリン）はでんぷんのα-1,4結合を任意に切断する酵素であるが，食物が口腔内に留まる時間は短いため，ここで分解を受けるのはごくわずかで，一部が可溶性でんぷんやデキストリン[*1]に変わる程度である。

2）胃内消化

胃に送られた食塊は胃液と混和されるが，胃液には炭水化物の消化酵素は含まれない。唾液アミラーゼは胃液の強酸性に曝されると失活するが，これは食塊が胃内に入るとすぐ起こるのではなく，胃液と混和するまでの15～30分ほどは活性が持続するといわれる。でんぷんの一部はここでデキストリン，麦芽糖，マルトトリオースなどに分解される。

3）小腸内消化

胃から十二指腸に入った食物中のでんぷんやその分解物は，膵臓から分泌された膵液中のα-アミラーゼ（アミロプシン）の作用をうける。膵液アミラーゼは強力で，でんぷんのα-1,4結合を任意に分解し麦芽糖やマルトトリオースを生ずるが，分岐点のα-1,6結合とその隣のα-1,4結合は分解できず，α-限界デキストリンとして残る。このため膵液アミラーゼ作用での生成物は，主に麦芽糖・マルトトリオース・α-限界デキストリンとなる。

これらのでんぷん由来のオリゴ糖類はさらに小腸下部（回腸）まで送られ，小腸粘膜上皮細胞微絨毛膜に存在する膜酵素のマルターゼ，イソマルターゼなどによりぶどう糖にまで分解され，吸収される（膜消化）。

一方，ここまで分解を受けないできた二糖であるしょ糖や乳糖も，小腸上皮細胞微絨毛膜に存在するスクラーゼ[*2]やラクターゼで膜消化をうけ，しょ糖はぶどう糖と果糖に，乳糖はぶどう糖とガラクトースに分解

---

*1 でんぷんを化学的あるいは酵素的方法で低分子化したものを総称してデキストリンという。α-限界デキストリンは，アミロペクチンにα-アミラーゼを作用させたときに生じる枝分かれのあるデキストリン（重合度7～8）をいう。

*2 小腸微絨毛の酵素は，しょ糖（スクロース）をぶどう糖と果糖に分解するスクラーゼ活性とイソマルトース（α-1,6結合の二糖）をぶどう糖2分子に分解するイソマルターゼ活性をもち，スクラーゼ・イソマルターゼ（S-I）複合体の形で存在する。

乳糖不耐症

乳糖は消化の過程で，小腸粘膜上皮細胞膜にある酵素ラクターゼで単糖に分解されると同時に吸収される。この酵素が欠損あるいは分泌不十分の人は乳糖が分解されないため吸収されず，腸管内の浸透圧が高まり，お腹がごろごろしたり下痢を起こしやすい。乳糖不耐症は東洋人や黒人に多いといわれる。

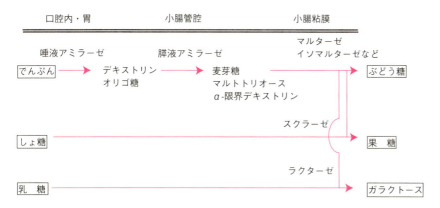

図 4-5　炭水化物の消化過程

（2）炭水化物の吸収

　膜消化により生じたぶどう糖・果糖・ガラクトースなどの単糖は，最終的な消化と同時に小腸上皮細胞へ取り込まれる。このうちぶどう糖とガラクトースはナトリウムイオン（Na^+）と同時に特異的担体であるNa^+/グルコース共輸送体（SGLT1）に結合し，細胞内に運ばれる。細胞内のNa^+濃度が低く維持されていると，細胞外からぶどう糖を共輸送するのに都合がよい。このためNa^+はNa^+, K^+-ATPaseによって細胞内から汲み出される。このときATPによるエネルギーの供給を必要とし，この方式は能動輸送（1-4参照）といわれる。一方，果糖はフルクトース輸送担体（GLUT5）と結合し，エネルギーを必要としない促進拡散で吸収される。上皮細胞に取り込まれたこれらの単糖は基底膜に存在するグルコース共輸送担体（GLUT2）によって血管側に輸送される。

（3）糖質代謝

1）糖質の体内運搬

　小腸から吸収されたぶどう糖・果糖・ガラクトースなどの単糖は門脈を通り肝臓に運ばれる。果糖・ガラクトースはここでぶどう糖に変換されてから利用される。肝臓でぶどう糖は一部血糖の供給に用いられるほか，グリコーゲン合成，あるいは脂肪酸と非必須アミノ酸の合成に用いられたり，代謝されてエネルギー源となる。

2）血　糖

　血糖とは血液中のぶどう糖のことで，各組織でのエネルギー産生に使われる。空腹時血糖値は70〜80 mg/dLであるが，摂食後間もなくこの値は上昇し，30〜60分後には120〜150 mg/dLの最高値になる。その後，血糖値は低下して，90〜120分後にはもとの値に戻る。血糖の補給は，i）食事からのぶどう糖，ii）肝臓グリコーゲンの分解，iii）アミノ酸や乳酸などからのぶどう糖の合成（糖新生），によってなされる。

単糖の吸収速度

小腸からの単糖の吸収速度は糖の種類により異なり，ぶどう糖を100とすると果糖43，ガラクトース110である。

*1 飢餓状態がひどいときは，これらの組織でもエネルギー源としてケトン体を利用する。

絶食状態がしばらく続いた後も血糖値はあまり下がらずに 50～60 mg/dL に保たれている。これは脳・神経系や赤血球などがぶどう糖のみをエネルギー源としている*1 ためであるが，このときは i) と ii)（肝臓グリコーゲンの量は約 100 g でせいぜい半日分）からの血糖の補給は望めないので，主に iii) の糖新生（後述）により血糖値は保たれる。

血糖はホルモンによる調節を受けている。血糖が高くなると膵臓のインスリン分泌が亢進し，肝臓や筋肉のグリコーゲン合成が促進され，糖質の利用も活発になる。さらに糖質の摂取量が多いと脂肪組織での脂肪合成が促進される。これらのことによって結果的に血糖値は低下する。一方，食後時間が経ち血糖が低下してくると，膵臓からはグルカゴンが，副腎髄質からはアドレナリンが分泌される。これらのホルモンによって肝臓グリコーゲンの分解が促進され，さらに肝臓グリコーゲンの大半が使われたときは糖新生を促進し，血糖値が維持される。

3）グリコーゲン

グリコーゲンは糖質の体内での貯蔵形態である。ぶどう糖は分子が小さいため，高濃度では浸透圧が高くなり貯蔵に適さない。これに対して分子の大きいグリコーゲンではそのような心配はない。またグリコーゲンは分岐が多く，水に溶けやすいので，分解や合成が容易である。

グリコーゲンは体内のあらゆる細胞に存在するが，特に肝臓と筋肉に多い（表4-3）。肝臓では摂食後の経過時間や炭水化物の摂取量によっても違うが，多い時には 5～6％に達する。肝臓グリコーゲンは必要に応じて再びぶどう糖に分解され，血液中に出て血糖の供給源となる。

*2 肝臓にはグルコース-6-リン酸をぶどう糖に転換するグルコース-6-ホスファターゼが存在するが，筋肉にはこの酵素がないため。

一方，筋肉グリコーゲンは血液中のぶどう糖から合成され，筋肉のエネルギー源として使われる。筋肉グリコーゲンは，肝臓グリコーゲンのようにぶどう糖に分解されて直接血糖として利用されることはない*2。

4）ぶどう糖の代謝

*3 ぶどう糖代謝経路の側路で，エネルギー生成には関与しない。ぶどう糖6-リン酸からスタートし，NADPH+H+とリボース 5-リン酸を生成する。NADPH は脂肪酸やステロイドの生合成の際に還元剤として必須であり，リボース 5-リン酸は核酸合成に必要なリボースを生じる。この経路での代謝は，肝臓，脂肪組織，副腎皮質で活発である。

*4 エネルギー生成に関与しないぶどう糖の代謝経路である。体内の有毒物質の解毒に重要である。ぶどう糖 6-リン酸からスタートし，ぶどう糖 1-リン酸，UDP-ぶどう糖を経由し，UDP-グルクロン酸を生成する。UDP-グルクロン酸は体内で生じるビリルビン・ステロイドなどの有害代謝物や，薬物からのフェノール・アミン類などとグルクロン酸抱合体をつくり，体外に排泄する。

体内での糖質の代謝はぶどう糖の代謝といってもよい。ぶどう糖は代謝され ATP に変換され，運動や熱など，さまざまな生体の活動にエネルギーとして使われる。ぶどう糖から ATP のエネルギーへの変換は酸素の有無によって異なる。酸素のないとき（嫌気的条件）には解糖系によって，酸素のあるとき（好気的条件）には解糖系と TCA サイクルの2つの代謝経路によって行われる。このほかにぶどう糖の代謝経路としてペントースリン酸回路*3 とウロン酸回路*4 がある。

解糖系　解糖系はぶどう糖が嫌気的条件においてピルビン酸をへて乳酸まで分解される代謝経路のことで，反応は細胞質で行われる（図4-6）。酸素がなくても ATP の獲得ができるので，筋肉の急激な運動時や赤血球（ミトコンドリアを持たない）のエネルギー供給経

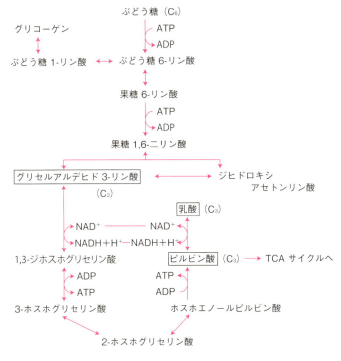

図4-6 解 糖 系

路として重要である。

解糖系では，六炭糖であるぶどう糖はリン酸化された中間体として代謝される。この反応の前半は1分子のぶどう糖（C_6）から2分子のグリセルアルデヒド 3-リン酸（C_3）が生成する過程で，ATP 2分子を必要とする。後半の過程では2分子のグリセルアルデヒド 3-リン酸から2分子のピルビン酸を生成するが，このとき4（2×2）分子の ATP と2（2×1）分子の NADH＋H$^+$ が生成され，ぶどう糖1分子からピルビン酸2分子までの過程で ATP の生成は6または8分子となる[1]。嫌気的条件下では，さらにピルビン酸から乳酸に反応が進むが，このとき先に生成した2分子の NADH＋H$^+$ は消費され，ATP 4分子のみの生成となる。結局，嫌気的解糖系全体では1分子のぶどう糖から2分子の乳酸までの経路で ATP 2分子が生成することになる。生成した乳酸は肝臓に運ばれ，再びぶどう糖に変換される。

酸素の存在する好気的条件下では，解糖系で生成したピルビン酸は乳酸にならず，ミトコンドリア内に移行し，アセチル CoA を経て TCA 回路で代謝される。

TCA サイクル　TCA（トリカルボン酸 tricarbonic acid）サイクルはクエン酸サイクル，あるいはクレブス（Krebs）サイクルともよばれる。ピルビン酸が好気的条件のもとでアセチル CoA を経て二酸化炭素と水にまで完全に酸化される代謝経路で，ミトコンドリア

[1] 好気的条件下では，解糖系で生じた2分子の NADH+H$^+$ は細胞質からミトコンドリア内に移行し，電子伝達系に入るが，このとき「グリセロールリン酸シャトル」と「リンゴ酸シャトル」の2種のシャトル系を通る。「グリセロールリン酸シャトル」では1分子の NADH+H$^+$ は FADH$_2$ に変換されて2 ATP を生じる。「リンゴ酸シャトル」は肝臓や心臓で強く働き，1分子の NADH+H$^+$ は相当する ATP（3ATP）を生じる。このため，ぶどう糖1分子からピルビン酸までは 6 ATP または 8 ATP が生成される。

内で行われる（図4-7）。この経路のはじめで，ピルビン酸はミトコンドリアマトリックスに移行しアセチルCoAとなる。この過程で1分子のCO_2と1分子の$NADH+H^+$が生じる。ついで，アセチルCoAはオキサロ酢酸と縮合してクエン酸となり，TCAサイクルに入る。さらに，つぎつぎと連続する8段階の反応でCO_2とH_2Oを生じる。最後の8段階目で生じたオキサロ酢酸は再び反応のスタート物質として使われ，反応が回路的に行われることからTCAサイクルとよばれる。この間3分子の$NADH+H^+$，1分子の$FADH_2$，1分子のGTPを生じる。

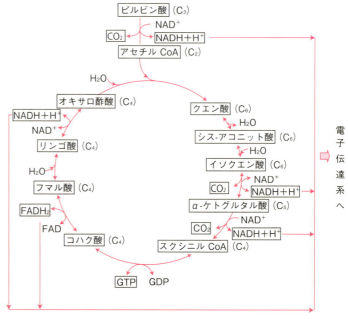

図4-7　TCAサイクル

$NADH+H^+$と$FADH_2$は電子伝達系に入り，これと共役している酸化的リン酸化反応により$NADH+H^+$からはATP 3分子，$FADH_2$からはATP 2分子が生成される。GTPからはATP 1分子が生成される。したがって，ピルビン酸（C_3）1分子は，回路を1回転すると15ATPを生成する。もとのぶどう糖（C_6）からではピルビン酸は2分子生じるので，好気的条件でのATPの生成は36（38）ATP[1]となり，酸素を利用することでの効率の良さがわかる。

5）糖 新 生

血糖は食事からの糖質や肝臓グリコーゲンの分解によって補給される。しかし，これらの供給がないときは，糖以外のものからぶどう糖を生合成し血糖を維持し，必要な細胞に供給している。これを糖新生という。糖新生の材料になるのは，ある種のアミノ酸（糖原性アミノ酸。2-2参照），グリセロール，乳酸などである。糖新生は哺乳類では肝臓と腎臓で活発であるが，とくに肝臓でこの働きが大きい。乳酸からぶどう

[1] ぶどう糖がピルビン酸をへて，TCAサイクルに入り酸化される過程を通じてのATP生成は，前半の解糖系（1分子ぶどう糖→2分子ピルビン酸）では前頁脚注1に示したように6 ATPまたは8 ATPである。後半のTCAサイクルの過程では，ピルビン酸1分子は15 ATPを生じるので，ピルビン酸2分子では30 ATPとなる。このため，ぶどう糖1分子あたりの好気的条件でのATP生成は，解糖系とTCAサイクルの全過程を通じて，36 ATPまたは38 ATPとなる。

糖の合成はコリ回路[*1]，アミノ酸（アラニン）からぶどう糖の合成はぶどう糖-アラニン回路[*2] を経由して行われる。

糖新生はほぼ解糖系の逆反応であるが，逆反応の酵素がない場合（3個所ある）は別経路を迂回することになる。

6）糖質代謝とたんぱく質

糖質代謝で生じる種々の中間生成物は，たんぱく質（アミノ酸）や脂質の代謝とも深く関わっている。

たんぱく質（アミノ酸）では，TCAサイクルの中間体として生成するα-ケトグルタル酸とオキサロ酢酸からは，それぞれグルタミン酸とアスパラギン酸を生ずるなどアミノ酸への変換が行われる。

またピルビン酸からアラニンが生成されてアミノ酸代謝に関わるが，糖質の摂取が不足するときには，体たんぱく質の異化で生じたアラニンからピルビン酸への逆反応の経路でエネルギーの補充が行われる（糖新生）。

7）糖質代謝と脂質

脂質との関係では，脂質の構成要素であるグリセロールはグリセロール3-リン酸をへて，解糖系での中間体ヒドロキシアセトンリン酸から糖質代謝の経路に入る。脂質の主構成要素である脂肪酸はβ-酸化でアセチルCoAとなり，TCAサイクルに入りエネルギーを生産する。

糖質の摂取量が多いときにはヒドロキシアセトンリン酸からグリセロール3-リン酸が，アセチルCoAから脂肪酸が合成され，これらから脂質が合成されて体脂肪として蓄積される（3-3参照）。

4-4 食物繊維の効用とは

（1）食物繊維に対する考え方の変化

近代の栄養学では"栄養価のあるもの"，"おいしいもの"を追求してきた。精白や加工技術の発達により，精白した小麦粉を使った白いパンやさまざまな加工食品が開発され，その目的はほぼ達成された。この中にあって繊維は，便秘予防効果を認められていたこむぎふすまを除いては，栄養成分の利用効率を下げ，食感を損なうものとして，むしろ邪魔な成分とみなされてきた。

一方で，近現代の西欧型社会では腸疾患，心臓病，糖尿病などの生活習慣病が多くみられるようになり，大きな社会問題に発展した。1960年Trowellはアフリカの原住民と西欧の白人についての疫学調査をもとに，原住民には少なく白人に多く見られる多くの疾患の中で，腸疾患（便秘，腸憩室症，虫垂炎，大腸がんなど）には食事内容，特に繊維の

[*1] 筋肉の急激な運動時や赤血球では，解糖系で生じたピルビン酸はTCAサイクルに入らず乳酸に変換される。この乳酸は血液中に入り，肝臓に運ばれてぶどう糖に再合成される。この経路をコリ回路という。

[*2] 絶食や飢餓状態が続くと体たんぱく質の異化が進む。生じたアミノ酸（主にアラニン）は血液中に入り肝臓に運ばれ，ピルビン酸を経由してぶどう糖に合成される。この経路をぶどう糖-アラニン回路という。

多少が関係していることを示唆した。ついで1970年に，Burkitt は大腸がんの発症が食物中の繊維の不足に関係することを指摘し（繊維仮説），繊維摂取の重要性を訴えた。この仮説の提唱をきっかけに食物繊維への関心は急速に高まり，研究が活発に行われるようになった。

今日では，食物繊維の生活習慣病に対するさまざまな生理作用が明らかになり，その栄養学的重要性が広く認められている。

（2）食物繊維の定義

1）食物繊維の定義と種類

食物繊維（ダイエタリーファイバー；dietary fiber）の定義は国際的には必ずしも十分な意見の統一がなされていないが，わが国では，1980年に桐山が提案した"ヒトの消化酵素で消化されない食品中の難消化性成分の総体"でほぼ合意されている。この定義では植物だけでなく，動物や微生物起源のものも含まれる。また化学的には多糖が主体となるが，この定義にあてはまる多糖以外の物質も入っている。

食物繊維を分類すると，水に対する溶解性から可溶性（水溶性）食物繊維と不溶性食物繊維に分けられる（図4-8）。不溶性食物繊維には，植物由来では植物細胞壁主成分のセルロース・ヘミセルロースや海藻である寒天などがあり，動物由来では甲殻類（えび，かに）の殻に含まれるキチン・キトサンやコラーゲン（硬たんぱく質の一種）がある。可溶性食物繊維としては果物に含まれるペクチンやこんにゃくのグルコマンナン，動物由来ではさめひれのコンドロイチン硫酸などがある。

これらの高分子物質のほかに低分子の水溶性食物繊維としてフラクト

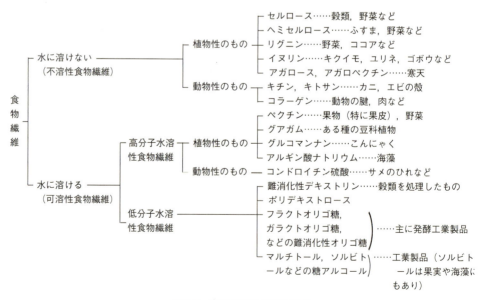

図4-8 食物繊維の分類と所在
（野口忠（日本農芸化学会編），『何を食べたらよいのか』，学会出版センター（1999））

オリゴ糖をはじめとする難消化性オリゴ糖，ソルビトールなどの糖アルコール類，難消化性デキストリンなどがある。この中で難消化性オリゴ糖と糖アルコール類は繊維性の物質ではないが食物繊維の定義に当てはまるので，その中に含めることが多い。

2）食物繊維の分析法

食物繊維の分析法は，食物繊維の定義が十分に定まっていないこともあり，これまでに多くの方法が提案されてきた。古くは粗繊維法，近年ではデタージェント法などである。「日本食品標準成分表（八訂）」ではProsky法の改良法（Prosky 変法）または AOAC.2011.25 法[*2] を用いている。Prosky 変法は酵素・重量法のひとつで，消化酵素を用いて試料を消化し，その残渣を食物繊維としている。このとき水溶性および不溶性食物繊維を分けて定量し，両者を合計したものを食物繊維総量として示している。藻類については水溶性と不溶性を分別することが困難なため，総量のみが記載されている。また，難消化性オリゴ糖と糖アルコールはこの方法では定量されない。

「日本食品標準成分表（八訂増補（2023 年））」中から，主な食品の食物繊維含量を表 4-4 に示した。

レジスタントスターチ

でんぷんの一部に小腸で消化されないものがあることが知られるようになり，レジスタントスターチ（消化抵抗性でんぷん）とよぶ。これを食物繊維に含めるかどうかは議論の分かれるところであるが，食物繊維様の作用を持つことは認められている。

レジスタントスターチには3つのタイプがあるが，その多くは食品加工の際の加熱工程やその後の冷却操作により生成された老化でんぷんである。

[*1] 食品を糖質分解酵素（α-アミラーゼ，アミログルコシダーゼ）とたんぱく質分解酵素（プロテアーゼ）で加水分解し，不溶の残渣を不溶性食物繊維とする。可溶画分に4倍量のエタノールを添加し，沈殿したものを水溶性食物繊維とする。

[*2] 酵素-重量・液体クロマトグラフ法

表 4-4 主な食品中の食物繊維含量（g/100 g 可食部）

食品名	プロスキー変法			AOAC.2011.25 法				
	水溶性	不溶性	総量	低分子量水溶性	高分子量水溶性	不溶性	難消化性でん粉	総量
精白米（穀粒）	Tr	0.5	0.5	—	—	—	—	—
玄米（穀粒）	0.7	2.3	3.0	—	—	—	—	—
小麦粉（薄力粉）	1.2	1.3	2.5	—	—	—	—	—
食パン	0.4	1.9	2.2	1.0	0.9	2.3	1.1	4.2
さつまいも（生）	0.6	1.6	2.2	—	—	—	—	—
板こんにゃく	0.1	2.1	2.2	—	—	—	—	—
アーモンド（フライ，味付け）	1.1	9.0	10.1	—	—	—	—	—
ごま（乾）	1.6	9.2	10.8	—	—	—	—	—
だいず（国産，乾）	1.5	16.4	17.9	4.6	1.5	15.4	—	21.5
糸引き納豆	2.3	4.4	6.7	1.2	2.7	1.5	—	9.5
キャベツ（生）	0.4	1.4	1.8	0.1	0.2	1.5	—	1.88
ごぼう（生）	2.3	3.4	5.7	—	—	—	—	—
にんじん（生）	0.8	1.9	2.7	0.1	0.6	2.0	—	2.8
ブロッコリー（生）	0.9	4.3	5.1	—	—	—	—	—
ほうれんそう（生）	0.7	2.1	2.8	—	—	—	—	—
りんご（生果）	0.5	1.4	1.9	—	—	—	—	—
バナナ（生果）	0.1	1.0	1.1	—	—	—	—	—
わかめ（素干し・水戻し）	—	—	4.0	Tr	4.3	—	—	4.3
しいたけ（乾）	2.7	44.0	46.7	—	—	—	—	—
しいたけ（生）	0.4	4.1	4.6	0.2	0.6	4.2	—	4.9

（日本食品標準成分表（八訂増補 2023 年版））

（3）食物繊維の生理作用

食物繊維の生理作用はその物理化学的性質によってもたらされる。特徴的な性質としては保水性や"かさ"形成能，吸着作用，粘稠性などで

ある。これらの性質は食物繊維が水溶性か不溶性かによって違っており，生理的効果も両者に差がみられる。ただし，実際の食品中の食物繊維は両者を含んでいるので，無理に区別する必要がないともいえる。

1）排便・便性改善効果

食物繊維の摂取量が増加すると排便量が増え，食物の消化管通過時間が短くなる傾向がある。とくに不溶性食物繊維（食物繊維総量の約8割を占める）は大腸で水を吸収して膨潤し，便容量を増やして排便を促すことから便秘予防の効果が大きい。

また，大腸には100種，100兆個以上の腸内細菌が生息して，腸内細菌叢を形成している。食物繊維は結腸でこれらの腸内細菌によって発酵を受けて，酢酸・酪酸・プロピオン酸などの短鎖脂肪酸[*1]や，二酸化炭素・メタン・水素などのガスを生成する。近年，腸内環境を整える目的で用いられる難消化性オリゴ糖などをプレバイオティクス[*2, *3]と呼び，利用が増えている。

2）耐糖能改善効果

この作用は水溶性食物繊維に強く，不溶性食物繊維ではほとんど見られない。水溶性食物繊維は水に溶解すると粘性を持つが，粘性が高いほど食物の胃内滞留時間を長引かせ，小腸での糖質の消化吸収をゆるやかにする。このため血糖の上昇は抑制され，膵臓からのインスリン分泌が軽減されて，糖尿病の発症予防や治療に役立つ。

3）血清コレステロール値上昇抑制作用

この作用も水溶性食物繊維に強く，不溶性食物繊維にはほとんど見られない。食事中のコレステロールは胆汁酸と複合ミセルを形成し腸管から吸収されるが，水溶性食物繊維は小腸内でコレステロールや胆汁酸を吸着し，それらを糞便中に排泄する働きがある。胆汁酸が体外に排泄されるとそれを補充するため胆汁酸の合成が促進され，結果的に前駆体である血中コレステロールが低下すると考えられる。コレステロールの低下は動脈硬化を予防する。

4）肥満防止効果

食物繊維はほとんど消化されないのでエネルギー源となりにくい。また，"かさ"が大きいので胃内に留まり満腹感を与える。このため食事からのエネルギー摂取量が自然に減り，肥満防止に役立つ。

（4）食物繊維の目標摂取量

食物繊維の摂取不足が心筋梗塞，脳卒中，糖尿病などの主要な生活習慣病の発症に関連するとの認識から，「日本人の食事摂取基準（2025年版）」では成人・高齢者および小児（3歳以上）に目標量が設定されている。目標量は男性（18～29歳）で20g以上，女性（15歳以上）では

[*1] 短鎖脂肪酸は食物繊維の発酵により大腸で生成し，吸収されエネルギー源として利用される。おおよそのエネルギーは糖アルコールで1g当たり3 kcal，難消化性オリゴ糖で2 kcalである。

[*2] 難消化性オリゴ糖や糖アルコールには腸内細菌叢の改善，便性状改善などの生理作用が認められる。

[*3] ビフィズス菌，乳酸菌などの生きた有用菌が腸管内で直接機能的に良い作用をすることをプロバイオティクスという。

グリセミック・インデックス（GI）
基準食品（糖質50g）の摂取後2時間までの血糖曲線下の面積と，検査食品（糖質として50g）の同様の面積の比率として表される指数。基準食品にはぶどう糖，欧米では白パン，日本では米飯を用いることが多い。この指数には検査食品中の食物繊維の量や種類が大きく関係する。GIの低い食品の多い食事は，食後の血糖値とインスリンの上昇が少なく，2型糖尿病や心疾患発症のリスクが軽減される可能性がある。

18g以上である。これらは国民健康・栄養調査の結果*¹をふまえた現実的な数値として算出されているので，食物繊維は極端でない範囲でできるだけ多めに摂取することが望ましい。

2000年に厚生省（現厚生労働省）から公表された『21世紀における国民健康づくり運動（健康日本21）について』では「カリウム，食物繊維，抗酸化ビタミンなどの摂取は，循環器疾患やがんの予防に効果的に働くと考えられているが，これらの摂取量と食品摂取量との関連を分析すると，野菜の摂取が寄与する割合が高く，野菜350〜400ｇの摂取が必要とされることから，平均350g以上を目標とする」としており，野菜類の積極的な摂取をすすめている*²。食物繊維の給源は野菜だけではないが，この程度の野菜類の摂取があれば食物繊維の目標摂取量はほぼ満たされると考えられる。また，食物繊維の給源としては穀類も重要な位置にあり，主食をしっかり摂ることも大切である。

なお，食物繊維にはこれまで見てきたようにさまざまな優れた生理効果があるが，もともと"消化されにくいもの"なので，消化器系疾患などのときには摂取に注意が必要なのは言うまでもない。また摂りかたによっては，無機質など微量栄養素の吸収に影響することも考えられるので，薬あるいは特別な食品形態のものから摂るのではなくて，無機質なども含まれている普通に食べている食品（たとえば，豆・いも・野菜・果物・海藻）から摂取するようにしたい。

*¹ 2023（令和5）年の国民健康・栄養調査結果では，食物繊維摂取量は17.8g（水溶性3.4g，不溶性11.0g）で，特に若い世代で不足がちであった。

*² 2023（令和5）年国民健康・栄養調査の結果では，野菜類摂取量の平均値（20歳以上）は256.0gであった。

コラム　食物繊維とルミナコイド

食物繊維はわが国では「ヒトの消化酵素で消化されない食品中の難消化性成分の総体」の定義が広く受け入れられている。"食物繊維"という呼び方からは通常セルロースのような食品中の繊維状物質を連想する。しかし難消化性食品成分にはリグニンのように繊維状物質とはいえないものやコンニャクグルコマンナン，アルギン酸Naなど水に溶けるもの，さらに低分子のオリゴ糖なども含まれる。これらに対して"食物繊維"という呼称には違和感がある。

日本食物繊維学会では食品中の難消化性成分の生理的効果を強調し「ヒトの小腸内で消化・吸収されにくく，消化管を介して健康維持に役立つ生理作用を発現する食物成分」の定義に当てはまる物質に対して『ルミナコイド』という新しい呼び方を提唱している。この呼称はluminal（消化管腔内のという意味），accord（調和），と-oid（-のようなもの）の3つの単語を組み合わせた造語である。ルミナコイドは非でんぷん性とでんぷん性に大別され，定義に当てはまるものすべてを包括している。従来の食物繊維の定量法では引っかからなかったオリゴ糖や糖アルコール等の定量法も

開発されてきており，やがて食物繊維に代わってルミナコイドというよび方が使われる時代が来るのかもしれない。

(参考) 日本食物繊維学会編集委員会編 『食物繊維第3版』, 第一出版 (2008)

演習問題

1. 難消化性の炭水化物の生理作用に関する記述である。最も適当なのはどれか。1つ選べ。（2023年）
   (1) キシリトールは，う蝕（虫歯）を予防する。
   (2) フラクトオリゴ糖は，食後の血糖値上昇を促進する。
   (3) グアーガム酵素分解物は，腸内のpHを上昇させる。
   (4) ポリデキストロースは，腸内有用菌の増殖を抑制する。
   (5) ラクツロースを過剰に摂取すると，便秘を引き起こす。

2. 糖質の代謝に関する記述である。最も適当なのはどれか。1つ選べ。（2021年）
   (1) 解糖系は，酸素の供給を必要とする。
   (2) 赤血球におけるATPの産生は，クエン酸回路で行われる。
   (3) グルクロン酸経路（ウロン酸経路）は，ATPを産生する。
   (4) ペントースリン酸回路は，脂質合成が盛んな組織で活発に働く。
   (5) 糖質の摂取は，血中遊離脂肪酸値を上昇させる。

3. 血糖の調節に関する記述である。最も適当なのはどれか。1つ選べ。（2021年）
   (1) 食後には，グルカゴンは、筋肉へのグルコースの取り込みを促進する。
   (2) 食後には，インスリンは、肝臓のグリコーゲン分解を促進する。
   (3) 食後には，単位重量当たりのグリコーゲン貯蔵量は，肝臓より筋肉で多い。
   (4) 空腹時には，トリグリセリドの分解で生じたグリセロールは，糖新生に利用される。
   (5) 急激な無酸素運動時のグルコース生成は，主にグルコース・アラニン回路による。

5 エネルギー

5-1 食物からエネルギーへ

（1）エネルギーの定義

1）エネルギー（energy）の意味と必要性

ヒトは食物を摂取することにより，それに含まれている栄養素から遊離する化学エネルギーをATPやADP[*1]などの高エネルギーリン酸化合物に蓄え，① 身体活動・運動などの筋肉収縮に必要な力学的エネルギー，② 体温の保持を行う熱エネルギー，③ 分泌・生合成などの化学反応に関わる化学エネルギー，④ 神経の刺激伝達を行うための電気エネルギー・光エネルギー，に変換する。この過程は，栄養素を消化・吸収する過程，エネルギーとして体内に貯蔵する過程，それをエネルギーに変換して利用する過程の3つに分けることができる。エネルギーとは，このような「仕事（生物では生命活動）を行う作業能力のことをいい，物質の変換にともなっておこるエネルギーの変換を，エネルギー代謝（energy metabolism）という。生体で利用できるエネルギーは化学エネルギーのみである。

2）エネルギーの単位

燃焼する前後の物質の状態が同じであれば，その燃焼方法に関わらず発生する熱量は同じである，という「ヘスの法則」によれば，食物を摂取することにより生体内で発生するエネルギー量は，食物の物理的な燃焼熱量と同じである。したがって，エネルギーの単位には，熱量の基本単位であるカロリー（calorie, cal）が用いられ，通常は，1,000倍量のキロカロリー（kcal）で示される。1カロリーは，1気圧のもとで純水1 gの温度を14.5℃から15.5℃まで1℃昇温させるのに必要な熱エネルギーと定義される。また，国際的にはジュール（joule, J）を使用する

[*1] ATP（アデノシン三リン酸 adenosine 5'-triphosphate）は，アデニンにリボースが結合したアデノシンに3分子のリン酸が高エネルギー結合したものである。生体は，このATPが加水分解されてADP（アデノシン二リン酸 adenosine 5'-diphosphate）と無機リン酸になるときに放出される自由エネルギーを利用する。そのエネルギーは，ATP 1分子あたり7.3 kcal（30.5 kJ）である。

ことが勧告されている。1キロジュールとは，1kgの物体を毎秒1mの速さで1m動かしたときの仕事量を示し，1 kcal=4.184 kJ，1 kJ=0.24 kcalに相当する。

3）エネルギー代謝の測定

ヒトのエネルギー必要量は，それぞれの状態におけるエネルギー消費量を求めることにより算定できる。測定には2つの方法がある。

① 直接測定法[*1]（direct calorimetry）

からだが利用したエネルギーは最終的には熱エネルギーとして放出されるため，ヒトを密閉した箱（チャンバー）の中に数時間から数日間滞在させ，放出される熱エネルギーをすべて水に吸収させて測定する方法が直接法である。この測定に用いられる装置がアトウォーター・ローザ・ベネディクト（Atwater-Rosa-Benedict）熱量計である。測定値は正確であるが，装置が複雑で費用も高く被検者の負担も大きい。

*1 直接測定法には，① 潜熱法，② 循環水法，③ 熱勾配法などがある。アトウォーター・ローザ・ベネディクト熱量計は，循環水法によるものであり，1910年に，アトウォーター，ローザ，ベネディクトの三人が共同で開発した。

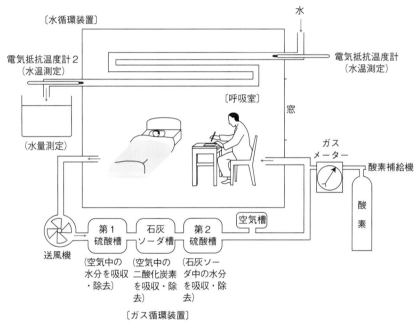

図5-1 アトウォーター・ローザ・ベネディクト熱量計
（林寛，『栄養学総論』，三共出版を一部改変）

② 間接測定法（indirect calorimetry）

間接測定法は呼気の分析から酸素消費量（V_{O_2}）と二酸化炭素産生量（V_{CO_2}），および尿の分析から尿中窒素排泄量（UN）を測定して，利用された糖質・脂質・たんぱく質の割合を算出しエネルギー消費量を求める。たんぱく質の消費量は，尿中窒素排泄量に窒素・たんぱく質換算係数[*2]（6.25）を乗ずることにより求められるが，たんぱく質は，おもに，体たんぱく質の合成に用いられ，エネルギー源として利用される割合は

*2 たんぱく質には，およそ16％の窒素が含まれることから，窒素・たんぱく質換算係数は，6.25（100／16）に近似する。

少ないため，実際のエネルギー消費量はたんぱく質にはほとんど影響されない。したがって，現在では尿中窒素排泄量は考慮せず，酸素（O_2）消費量と二酸化炭素（CO_2）産生量から算定する（非たんぱく質呼吸商）。

閉鎖式測定法と開放式測定法の2つの方法があり，測定結果は直接法による測定結果とよく一致する。測定装置の種類，被験者の状態，測定条件などにより影響を受ける。

表5-1 栄養素の体内分解に関する諸係数

	糖質	脂質	たんぱく質
1g当たりのO_2消費量（L）	0.829	2.019	0.966
1g当たりのCO_2発生量（L）	0.829	1.427	0.774
呼吸商	1.000	0.707	0.801
1g当たりの熱産生量（kcal）	4.12	9.46	4.32
O_2 1L当たりの熱産生量（kcal）	5.05	4.69	4.49

（Lowy）

ダグラスバック法

携帯用簡易熱量計（VINE社）

図5-2 ダグラスバック法と携帯用簡易熱量計

閉鎖式測定法 外気から遮断された空間で呼吸し，その間の酸素減少量と二酸化炭素増加量を測定する。アトウォーター・ベネディクト熱量計と同じ原理であるが，閉鎖系内の空気を呼吸させる点で異なる。

開放式測定法 外気を吸入しつつ，呼気中の酸素および二酸化炭素を測定して，呼気と外気の組成の差からエネルギー消費量を算出する方法である。マスクとダグラス（Douglas）バッグを用いて呼気を採取し直接分析する方法は短時間の測定に有効であり，頭部をフードでおおい，呼気を含んだ空気を平均化して分析するキャノピー法はベッドに横臥した安静時代謝量の測定に用いられる。最近では，フードの代わりにフェイス・マスクを通して呼気を採取する携帯用簡易熱量計（メタヴァイン，VINE社）や，1回の呼吸ごとの酸素摂取量を連続的に測定するブレス・バイ・ブレス（breath by breath[*1]）法が開発されている。

[*1] 「呼吸ごとに」という意味

4）呼吸商（respiratory quotient，RQ）

呼吸商とは，一定時間内の酸素消費量に対する二酸化炭素排出量の割合（CO_2/O_2）であり，糖質・脂質・たんぱく質の三大熱量素ごとに一

定の値をとるため，呼吸商から細胞レベルのエネルギー代謝量を算定することができる。糖質と脂質の呼吸商は，それぞれ 1.0 と 0.707 であり，体内で糖質の燃焼が多い場合は 1.0 に，脂質の燃焼が多い場合は 0.7 に近づく。混合食では，約 0.82 〜 0.84 である。

糖質：グルコースのみが 100 ％利用された場合

$C_6H_{12}O_6 + 6O_2 = 6CO_2 + 6H_2O$　　　$RQ = 6CO_2 / 6O_2 = 1.00$

脂質：トリパルミチンのみが 100 ％利用された場合

$2\ C_{51}H_{98}O_6 + 145\ O_2 = 102\ CO_2 + 98\ H_2O$

$RQ = 102\ CO_2 / 145\ O_2 = 0.703$

たんぱく質：N 1 g に対し 5.923 L の O_2 が消費され，4.754 L の CO_2 が排出される。

$RQ = 4.754l / 5.923l = 0.801$

5）非たんぱく質呼吸商（non-protein respiratory quotient, NPRQ）を用いたエネルギー代謝の算定

間接測定法により算定される非たんぱく質呼吸商は次のとおりである。

$$NPRQ = \frac{総\ CO_2\ 産生量(L) - 4.754(L/g) \times 尿中窒素排泄量(g)}{総\ O_2\ 消費量(L) - 5.923(L/g) \times 尿中窒素排泄量(g)}$$

脂質の RQ
脂質の RQ は構成脂肪酸の種類により異なる。日本人の日常的な食事の平均 RQ = 0.707 程度である。

たんぱく質の RQ
たんぱく質の RQ はその種類により異なる。ただし，たんぱく質はエネルギー源として 100 ％利用されることはない。

[例] 24 時間の酸素消費量が 450 L，二酸化炭素産生量が 410 L，尿中窒素排泄量 12 g の場合のエネルギー代謝量を求めよ。

① 尿中窒素排泄量を考慮した場合
たんぱく質のエネルギー産生量は
　$(12 \times 6.25) \times 4.048$
　$= 75 \times 4.048$
　$= 303.6$（kcal）
（6.25 は窒素たんぱく質換算係数，4.048 はたんぱく質の生理的燃焼価（表 5-5））

$NPRQ = \frac{410 - 4.754 \times 12}{450 - 5.923 \times 12}$

　　　$= \frac{410 - 57.048}{450 - 71.076}$

　　　$= \frac{352.952}{378.924} = 0.931$

表 5-2 から糖質と脂質のエネルギー産生量は，
　$4.961 \times 378.924 = 1879.8$（kcal）
総エネルギー代謝量は，
　$303.6 + 1879.8 = 2,183.4$（kcal）

② 尿中窒素排泄量を考慮しない場合
　$RQ = 410 / 450 = 0.91$
表 5-5 から，エネルギー代謝量は
　$4.936 \times 450 = 2,221.2$（kcal）

③ 24 時間当たりの①と②の差は 37.8 kcal とほとんど変わらないため，NPRQ を RQ と見なして簡便に算定しても大きな誤差は生じない。

表 5-2　非たんぱく質呼吸商とエネルギー産生量

非たんぱく質呼吸商	消費酸素 1 L 当たり			非たんぱく質呼吸商	消費酸素 1 L 当たり		
	酸化糖質量 (g)	酸化脂質量 (g)	発生エネルギー (kcal)		酸化糖質量 (g)	酸化脂質量 (g)	発生エネルギー (kcal)
0.707	0	0.502	4.686	0.86	0.622	0.249	4.875
0.71	0.016	0.497	4.690	0.87	0.666	0.232	4.887
0.72	0.055	0.482	4.702	0.88	0.708	0.215	4.899
0.73	0.094	0.465	4.714	0.89	0.741	0.197	4.911
0.74	0.134	0.450	4.727	0.90	0.793	0.180	4.924
0.75	0.173	0.433	4.739	0.91	0.836	0.162	4.936
0.76	0.213	0.417	4.751	0.92	0.878	0.145	4.948
0.77	0.254	0.400	4.764	0.93	0.922	0.127	4.961
0.78	0.294	0.384	4.776	0.94	0.966	0.109	4.973
0.79	0.334	0.368	4.788	0.95	1.010	0.091	4.985
0.80	0.375	0.350	4.801	0.96	1.053	0.073	4.998
0.81	0.415	0.334	4.813	0.97	1.098	0.055	5.010
0.82	0.456	0.317	4.825	0.98	1.142	0.036	5.022
0.83	0.498	0.310	4.838	0.99	1.185	0.018	5.035
0.84	0.539	0.284	4.850	1.000	1.232	0	5.047
0.85	0.580	0.267	4.862				

（Zuntz-Schumberg-Lusk-McClendon）

6）新しいエネルギー消費量の測定法

1980 年代以降，24 時間（1 日）を単位とする新しいエネルギー消費量の測定方法が開発された。心拍数法，ルームカロリーメータ（ヒューマンカロリーメータ human calorimeter ともいう），二重標識水法

表5-3 心拍数法ルームカロリーメータ，二重標識水法の諸特徴

	心拍数法	ルームカロリーメータ	二重標識水法
安全性	＋	＋	＋
精　度	20〜40％	＜±0.5％	＜±4％*
確　度	？	＜±1％	＜±5％*
測定期間	1日 (連続測定)	30分〜48時間 (短期の測定不可)	10〜14日
日常生活の制限	入浴	室内活動のみ	なし
被験者の拘束	個人ごとのVO₂-HR (酸素消費量−心拍数) 回帰式作成，心拍計の装着(連続記録)	ホテルのシングルルーム程度の広さと機能をもつ室内(カロリーチャンバー)に滞在 器具などの装着なしに自由に生活するが，室内で可能な作業のみ(エルゴメーターによる運動も可能)	酸素の安定同位体¹⁸Oおよび水素の安定同位体²H(重水素)で二重に標識した水の経口投与，尿サンプル1日1回定時収集
コスト	機器は比較的安価	施設建設コスト高価 ランニングコスト(高価) ランニングコスト(高価)	質量分析計など機器一式高価，安定同位体(高価)

＊：ルーム・カロリメータ内での測定では，精度と確度は±2％以内
(小林修平編著，『栄養所要量・基準量と食生活ガイドライン』，建帛社(一部改変))

カロリーチャンバー内　　　　　　　コントロール室

図5-3　日本で初めて導入された国立健康・栄養研究所のヒューマンカロリーメータ[*1]
(写真は国立健康・栄養研究所提供)

(doubly-labeled-water method) などであり，とくに，ルームカロリーメータと二重標識水法は今後，さらに重要な知見をもたらすと考えられる。
「日本人の食事摂取基準(2025年版)」では，二重標識水法(図5-4)

[*1] ヒューマンカロリーメータには直接測定法によるものと間接測定法によるもの，両者を二重に設置したものがあるが，本システムは間接測定法によるものである。

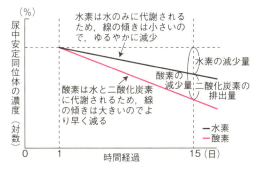

図5-4　二重標識水法によるヒトのエネルギー消費量の測定方法
(田畑泉：エネルギー，臨床栄養，105(7)821〜824，2004))

により，習慣的な総エネルギー消費量（TEE：total energy expenditure）が測定され，身体活動レベル（PAL：physical activity level）別に算定された。身体活動レベルは，次式により求められる。PAL ＝ 1日当たり総エネルギー消費量÷1日当たりの基礎代謝量

また，身体活動レベルは，低い（I）：1.50（1.40～1.60），ふつう（II）：1.75（1.60～1.90），高い（III）：2.00（1.90～2.20）の3区分された。身体活動の強度を示す指標には，Af（activity factor：基礎代謝量の倍数として表したもの）ではなく，メッツ値（metabolic equivalent：座位安静時代謝量の倍数として表したもの）が用いられた。主な日常生活の内容（メッツ値）は，睡眠（0.9），座位または立位の静的な活動（1.5：1.0～1.9），ゆっくりした歩行や活動など低強度の活動（2.5：2.0～2.9），長時間持続可能な運動・労働など中強度の活動（ふつう歩行を含む）（4.5：3.0～5.9），頻雑に休みが必要な運動・労働など高強度の活動（7.0：6.0以上）である。

7）食品のエネルギー

① 食品の物理的燃焼価

爆発（バム）熱量計（Bomb calorimeter）を用いて，酸素を含む容器内で完全燃焼させ，発生する熱量として測定される。

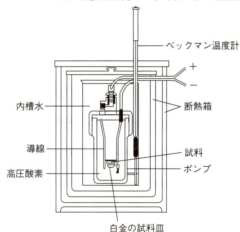

爆発熱量計の原理は，物質の体内での酸化と体外での物理的な酸化が本質的に同じであるというラボアジェの実験結果に基づいている。

つまり，爆発熱量計は乾燥した一定量の試料を高圧酸素中で完全燃焼させ，発生した燃焼熱を周囲の水に伝えて，その上昇温度から食品の燃焼熱を算定するものである。この現象は次式で示され，$C(W+w)$ を常に一定に保てば食品の燃焼熱は上昇温度に比例する。

$$Q = C(W + w) \times Td$$

ただし，Q：食品の燃焼熱（cal），C：水の比熱（cal/g・℃），W：高圧酸素ボンベの水当量（g），w：内槽水量（g），Td：水温の上昇温度（℃）

図5-5 爆発熱量計の原理

表5-4 各栄養素の物理的燃焼価（kcal/g）

糖　質	燃焼価	脂　質	燃焼価	たんぱく質	燃焼価
ぶどう糖	3.74	ステアリン酸	9.50	カゼイン	5.85
麦芽糖	3.95	オレイン酸	9.42	卵白アルブミン	5.80
しょ糖	3.96	オリーブ油	9.33	牛肉たんぱく質	5.78
乳　糖	3.95	植物性油脂	9.30	グリアジン	5.74
ラフィノース	4.02	バター	9.23	レグミン	5.62
でんぷん	4.18	動物性油脂	9.50	ゼラチン	5.30

（1885，Rubner）

② 食品の生理的燃焼価

食品の生理的燃焼価[*1] は，物理的な燃焼熱量（物理的燃焼価）に，消

化吸収率および生体で利用されなかった熱量を考慮して算出される。糖質と脂質は，熱量計でも生体でも，それを構成する水素は水に，炭素は二酸化炭素になるため，物理的燃焼価も生理的燃焼価もほぼ等しい。しかし，たんぱく質の窒素は，熱量計では窒素ガス，酸化窒素ガスを生成して燃焼熱の中に含まれるのに対し，生体では，尿素・尿酸・クレアチニンなどの窒素化合物として尿中に排泄され，その分はエネルギーとして利用することができない。1gのたんぱく質に相当する尿中への損失量は1.25 kcalである。アトウォーターは，糖質，脂質，たんぱく質の1g当たりのエネルギーをそれぞれ4, 9, 4 kcalとした。

表5-5 三大栄養素の物理的燃焼価と生理的燃焼価の算出

栄養素	物理的燃焼価 (kcal/g)	消化吸収率†1 (%)	尿中への損失 (kcal/g)	生理的燃焼価†2 (kcal/g)
糖質	4.10	98	−	4.018（4）†3
脂質	9.45	95	−	8.9775（9）
たんぱく質	5.65	92	1.25	4.048（4）

†1 平均消化吸収率（%），糖質は植物性97，動物性98，脂質は植物性90，動物性95，たんぱく質は植物性85，動物性97%とし，アメリカ人の日常食の動物性食品の摂取比率を糖質5%，脂質91%，たんぱく質61%と見積もり，加重平均により消化吸収率を求めた。
†2 糖質・脂質 = 物理的燃焼価 × 消化吸収率
　　たんぱく質 =（物理的燃焼価−尿中への損失）× 消化吸収率
†3 1桁に整数値化したものをアトウォーターの係数という。

*1 ルブナー（M. Rubner）は，1878年，たんぱく質の窒素部分は利用されないが，残りは糖質や脂質と同じくエネルギー源となり，その生理的燃焼価は，1gあたり糖質とたんぱく質が4.1 kcal，脂質が9.3 kcalであるとした。これをルブナー係数という。

③エネルギー換算係数

食品のエネルギー値は，原則として，FAO/INFOODSの推奨する方法に準じて，可食部100g当たりのアミノ酸組成によるたんぱく質，脂肪

表5-6 適用したエネルギー換算係数

成分名	換算係数 (kJ/g)	換算係数 (kcal/g)
アミノ酸組成によるたんぱく質／たんぱく質	17	4
脂肪酸のトリアシルグリセロール当量／脂質	37	9
利用可能炭水化物（単糖当量）	16	3.75
差引き法による利用可能炭水化物	17	4
食物繊維総量†	8	2
アルコール	29	7
糖アルコール		
ソルビトール	10.8	2.6
マンニトール	6.7	1.6
マルチトール	8.8	2.1
還元水あめ	12.6	3.0
その他の糖アルコール	10	2.4
有機酸		
酢酸	14.6	3.5
乳酸	15.1	3.6
クエン酸	10.3	2.5
リンゴ酸	10	2.4
その他の有機酸	13	3

† 成分値は，AOAC.2011.25法，プロスキー変法またはプロスキー法による食物繊維総量を用いる。
（日本食品標準成分表2020年版（八訂））

酸のトリアシルグリセロール当量，利用可能炭水化物（単糖当量），糖アルコール，食物繊維総量，有機酸およびアルコールの量（g）に各成分のエネルギー換算係数（表5-6）を乗じて，100 g あたりの kJ（キロジュール）および kcal（キロカロリー）を算出する。「日本食品標準成分表2020年版（八訂）」では，アミノ酸組成によるたんぱく質とたんぱく質の収載値がある食品については，エネルギーの計算には，アミノ酸組成によるたんぱく質の収載値を用いる。脂肪酸のトリアシルグリセロール当量で表した脂質と脂質の収載値がある食品については，エネルギーの計算には，脂肪酸のトリアシルグリセロール当量で表した脂質の収載値を用いる。そして，利用可能炭水化物については，成分値の確からしさを評価した結果等に基づき，エネルギーの計算には，利用可能炭水化物（単糖当量）あるいは差引き法による利用可能炭水化物のどちらかを用いる。

（2）エネルギーの消費

1）エネルギー消費量の基本的な考え方

1日のエネルギー消費量（24-energy expenditure，24-EE）は，3つの要素により構成されており，次の式によって算定される[*1]。

24-EE ＝ REE ＋ TEE

難消化性糖類のエネルギー換算係数

難消化性オリゴ糖や糖アルコールなどの低分子水溶性食物繊維は，大腸内で腸内細菌により発酵され，酢酸，プロピオン酸，酪酸といった短鎖脂肪酸と水素ガス，メタンガス，炭素ガスなどに代謝される。ここで生成した短鎖脂肪酸は吸収されてエネルギー源となる。難消化性オリゴ糖…フラクトオリゴ糖，ガラクトオリゴ糖 2 kcal/g，糖アルコール…ラクチトール 1.6 kcal/g，マルチトール 1.8 kcal/g，ソルビトール，マンニトール，キシリトール 2.8 kcal/g。

なお，これらの難消化性糖類は，多量に摂取すると下痢を起こすことがあるので注意が必要である。

[*1] なお，疾病や障害時には，これに，TED（thermic effect of disease and injury）の要素が付加される。

24-EE ＝ REE ＋ TEE ＋ TED

基礎代謝量

「日本人の食事摂取基準（2025年版）」では，性および年齢に応じ，日本人として平均的な体位を持った人を想定し，健全な発育並びに健康の保持・増進，生活習慣病の予防を考える上での参照値として，基礎代謝量算定の基礎となる参照体位（参照身長・参照体重）を示した。

なお，0〜17歳は，日本小児内分泌学会・日本成長学会合同標準値委員会による小児の体格評価に用いる身長，体重の標準値を基に，年齢区分に応じて，当該月齢並びに年齢階級の中央時点における中央値を引用した。ただし，公表数値が年齢区分と合致しない場合は，同様の方法で算出した値を用いた。18歳以上は，平成30年，令和元年国民健康・栄養調査における当該の性および年齢階級における身長・体重の中央値を用いた。

図5-6　生体におけるエネルギー消費の構成要素
（David C-Nieman et al., "Nutrition", Wm C. Brown Publishers, 1990（一部改変））

① 基礎代謝量＝基礎代謝（basal metabolic rate，BMR）

覚醒時において生命活動に必要な最小限度のエネルギー代謝量を基礎代謝量というが，これはあくまでも理論的な立場に立ったものであり，研究者によって統一された見解には至っていない。基礎代謝量は，1920年代に考案された概念で，覚醒時において生命活動に必要な最小限度のエネルギー代謝量をいうが，真の基礎代謝量は，早朝空腹時（前日からの12時間絶食）に快適な室内（室温20℃）において，安静仰臥位・覚醒状態で測定される。性，年齢，体表面積，身体組成（骨格筋量），体

温，外気温，内分泌機能，月経・妊娠などにより影響を受ける。次式により求められる。

　基礎代謝量（kcal/日）＝基礎代謝基準値（kcal/kg 体重/日）×参照体重（kg）

② 安静時エネルギー消費量（resting energy expenditure, REE）

安静時エネルギー消費量とは，精神的肉体的に安静を保っている状態でのエネルギー代謝量である。食後，激しい運動を避けて1～2時間経過後，座位で15～20分程度の安静をとった後の覚醒状態で測定される。基礎代謝量との大きな違いは，食後何時間後に測定されるかということであり，安静時代謝量には食事による産熱効果が含まれる。したがって，安静時エネルギー消費量は，基礎代謝量に，その測定条件における食事による産熱効果を加算したものである（図5-6）。

③ 食事による産熱効果[*1] あるいは食事誘発性体熱産生（thermic effect of food, TEF）（diet-induced thermogenesis, DIT）

食事による産熱効果とは，食物を摂取して2～3時間後に，生体の消化・吸収機能や肝臓の代謝が亢進し，エネルギー消費量が増加する現象である。このエネルギーは，化学的エネルギーなどには利用されず，主に体温維持に役立っている。糖質・脂質・たんぱく質の TEF は，それぞれ6，4，30％で，肝臓におけるたんぱく質の尿素への代謝が最も大きなエネルギーとなっている。また，一般に，平均的な食事により生ずる TEF は，摂取カロリーの約7～10％であるが，肥満者とくに肥満の糖尿病患者における TEF はほんの少しだけ減少する。

[*1] 従来，食事によるエネルギー代謝の亢進は，三大栄養素のなかでも，たんぱく質がとくに強い作用をもつことから，たんぱく質に特異的な現象という意味で，特異動的作用（specific dynamic action, SDA）と名づけられていた（ルブナー）。

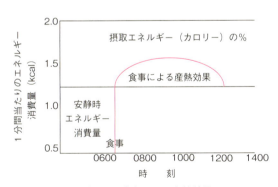

図5-7　食事による産熱効果
（David C-Nieman et al., "Nutrition", Wm C. Brown Publishers, 1990）

④ 身体活動による産熱効果（thermic effect of exercise, TEE）

すべての筋運動はエネルギーを消費するが，それは，身体活動の種類と強度や時間により増減する（5-1-2参照）。

2）安静時代謝量の推計

安静時代謝量は，簡易熱量計（p.83参照）を用いた実測値からも算出

FAO/WHO/UNU による安静時代謝率

この安静時代謝率は，食事による産熱効果を含まない基礎代謝率そのものであるが，安静時代謝と基礎代謝は同義のものとして使用されている。

REE を用いた必要エネルギーの算定
必要エネルギー量 ＝ REE ×活動係数
　　　　　　　　　　　×ストレス係数
活動係数　臥床生活　1.2
　　　　　起床生活　1.3
ストレス係数
　手術：小手術　1.1
　　　　大手術　1.2
　感染：軽　症　1.2
　　　　中等度　1.5
　　　　重　症　1.8
　外傷：筋　肉　1.35
　　　　頭　部　1.6
　　　　骨　折　1.3
　熱傷：0～20％　体表面積　1.0～1.5
　　　　20～40％　　　　　1.5～1.85
　　　　40～100％　　　　 1.85～2.05
中村丁次，『栄養アセスメントの意義』，ダイナボット

できるが，次のような計算式（表5-7）によって求めることもできる。

表5-7　健常人における安静時代謝量の推計値

Harris-Benedict 式[†1]
　女　性　　RMR=447.593+(9.247×体重(kg))+(3.098×身長(cm))−(4.330×年齢)
　男　性　　RMR=88.362+(13.397×体重(kg))+(4.799×身長(cm))−(5.677×年齢)

Mifflin-St Jeor 式[†2]
　女　性　　RMR=(10×体重(kg))+(6.25×身長(cm))−(5×年齢)−161
　男　性　　RMR=(10×体重(kg))+(6.25×身長(cm))−(5×年齢)+5

Cunningham 式[†3]
　　RMR=500+(22×除脂肪体重(LBM,kg))

FAO/WHO/UNU 推計式[†4]
　女性（18〜30歳）　RMR=14.7×体重(kg)+496
　男性（18〜30歳）　RMR=15.3×体重(kg)+679

Ganpule 式（日本人向け）[†5]
　女性　RMR=0.0481×体重(kg)+0.0234×身長(cm)−0.0138×年齢+0.9708
　男性　RMR=0.0481×体重(kg)+0.0234×身長(cm)−0.0138×年齢+0.4235

†1 ; Harris, J. A., & Benedict, F. G. (1919), Carnegie Inst. Wash. Publ.
†2 ; Mifflin, M. D. et al. (1990), *Am. J. Clin. Nutr*.
†3 ; Cunningham, J. J. (1980), *Am. J. Clin. Nutr*.
†4 ; FAO/WHO/UNU. (1985), WHO Technical Report Series 724.
†5 ; Ganpule, A. A. et al. (2007), *Eur. J. Clin. Nutr*.

3）臓器別エネルギーの代謝

　生体全体でのエネルギーの産生と消費の出納は，普通過不足のないバランスを保っている。しかし，臓器別にみていくと，臓器によってエネルギーの出納はさまざまである。生体内の臓器別エネルギー消費量は表5-8に示すとおりで，代謝が活発である肝臓のエネルギー消費量が最も大きい。また，単位当たりに換算すると，心臓や腎臓のエネルギー消費量が大きい。

表5-8　臓器別エネルギー消費量

臓　器	肝臓	脳	筋肉	心臓	腎臓	合計
% REE	29	19	18	10	7	83
%重量	2	2	40	0.4	0.4	44.8
% REE/%重量	14.5	9.5	0.45	25	17.5	66.95

（吉田勉編著，『基礎栄養学』，医歯薬出版）

①筋　　肉

　筋肉収縮のエネルギーはATPの加水分解によって得ている。身体の主なATP供給源は，細胞内のミトコンドリアで，炭水化物などの栄養素がTCAサイクルで$NADH_2$を生じ，さらに呼吸鎖（電子伝達系とも呼ぶ）で，酸素に伝達し水を生成する過程で，共役してATPが産生されることで得られている。ATPは筋肉に大量に貯蔵されていないので，必要に応じてホスホクレアチンとADPからATPを合成する。しかし短距離走などパワー全開中の筋肉ではホスホクレアチニンからのATP供給は4秒で底をつく。そこで，ATP産生を貯蔵グリコーゲンや血液中のグルコース，脂肪酸，アミノ酸からの供給に切り替える。

② 脳

脳の重量は成人で約 1.5 kg, 体重の 2.5 % に過ぎない。しかし脳のエネルギー消費量は全 REE（安静時エネルギー消費量）の 19 % を占める。脳が消費するエネルギーの大部分は神経刺激の伝達に必要な膜電位を維持するのに使われる。

普通の条件ではグルコースが脳の主な供給源である。脳血管と脳の神経細胞との間には，脳血管バリアがあり，脂質は通過できないからである。ただし 3 日間絶食が続くと，生体内のグルコースは使い切ってしまい，脂肪酸が酸化されてできるケトン体がエネルギー源となる。

③ 肝　　臓

肝臓は代謝の物流センターで，脳，筋肉，その他の組織に供給する燃料分子の血中濃度を適値に維持する。この機能にふさわしく，小腸が吸収した栄養素は脂肪酸以外はすべて門脈に入り肝臓に直接流入する。そのため，肝臓のエネルギー消費量は高く，安静時でも全体のエネルギー消費量の 12 ～ 13 % を占めている。

肝臓に流れ込む血管系には肝動脈と門脈があり，肝動脈からは肝細胞がその機能を営むために必要な酸素を受け取り，門脈からは消化管で吸収された栄養素を受け取っている。

④ 脂肪組織

脂肪組織の機能は，脂肪酸を貯蔵し必要に応じて燃料として放出することである。脂肪組織は体内に広く分布するが特に皮下，腹腔，骨格筋に多い。仮に脂肪組織内に貯蔵されるエネルギーのみを利用しても，6 ～ 7 週間は生き延びるだけのエネルギーを脂肪組織は蓄えている（表 5-9）。

表 5-9　エネルギー源としての体組成

	単位	3 大栄養素			血中の栄養素	
		脂肪	たんぱく質	グリコーゲン	中性脂肪	グルコース
体重当たり	%	20	18	0.007		
血清濃度	mg/dL				100（計4g）	
重　量	kg	10	9	0.35		
エネルギー密度	kcal/kg	7.14	3.81	4.05	9	3.97
エネルギー量	Megakcal	71.4	34.3	1.215	0.039	0.015
	kcal	71,400	34,300	1,215	39	16
消費日数	日	47.9	22.9	0.8	0.024	0.01
概　算		6 ～ 7 週間	3 週間	1 日	30 分	15 分

（細谷憲政編，『いまなぜエネルギー消費か』，第一出版）

脂肪組織は，その肉眼的な色の違いから褐色脂肪組織（brown adipose tissue: BAT）と白色脂肪組織（white adipose tissue: WAT）に分けられる。褐色脂肪組織は肩甲骨部に多数あり，胎児から新生児期に多く，乳児期から成人ではほとんど認められない。強力に熱を発散させるため，低体温時の体温維持に役立つ。白色脂肪組織に豊富に流れる血中の中性脂肪

やグルコースの白色脂肪組織内への取り込みと貯蔵は，他の組織と同様にインスリンが重要な働きをする。白色脂肪組織内へ入った中性脂肪やグルコースは，再びインスリンの作用で，細胞内に中性脂肪として貯蔵される。これが脂肪滴として観察される。

4）エネルギー収支

「日本人の食事摂取基準（2025年版）」では，エネルギー収支バランス（エネルギー摂取量－エネルギー消費量）の維持を示す指標としてBMI（body mass index）を用いる。成人においては，その結果が体重の変化と体格（BMI）であり，エネルギー摂取量がエネルギー消費量を上回る状態（正のエネルギー収支バランス）が続けば体重は増加し，逆に，エネルギー消費量がエネルギー摂取量を上回る状態（負のエネルギー収支バランス）では体重は減少する。健康の保持・増進，生活習慣病の予防のためには，望ましいエネルギー摂取量（＝エネルギー消費量）であることが重要である。

成人（18歳以上）における「推定エネルギー必要量（EER：estimated energy requirement）」は次式により求められる。

推定エネルギー必要量＝基礎代謝量（kcal/日）×身体活動レベル

推定エネルギー必要量は，エネルギーの不足のリスクと過剰のリスクの双方が最も小さくなると考えられるエネルギー摂取量であり，推定エネルギー必要量近くを摂取していれば，現在の体重を維持できる確率が最も高くなる。

一方，成長期にある乳児・小児（1～17歳）の推定エネルギー必要量（kcal/日）は，エネルギー消費量（kcal/日）＋エネルギー蓄積量（kcal/日）としている。なお，組織の合成に消費されたエネルギーは，総エネルギー消費量に含まれる。

また，妊婦・授乳婦の推定エネルギー必要量（kcal/日）は，妊娠前の推定エネルギー必要量（kcal/日）＋妊婦・授乳婦のエネルギー付加量（kcal/日）としている。

① エネルギーの摂取及消費に関わる要因

エネルギー摂取量は種々の因子（図5-8）によって影響を受け，エネルギー消費量は，意図的に変化する部分（運動，生活活動）と生物学的に規定される部分（基礎代謝，食後の熱産生，姿勢の保持や筋トーヌスの維持などの自発的活動）からなり，これらは，相互に関連しあっている。

② エネルギー摂取量・エネルギー消費量・エネルギー必要量の推定の関係

エネルギー必要量を推定するためには，体重が一定の条件下で，

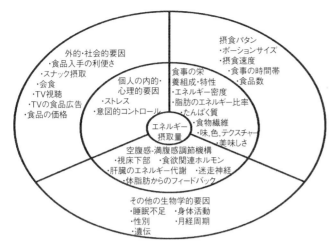

図 5-8 エネルギー摂取量に影響を与える要因（例）
日本人の食事摂取基準（2015年版）厚生労働省

その摂取量を推定する方法（各種の食事アセスメント法）と消費量（二重標識水法による測定と基礎代謝量並びに身体活動レベルを用いた推定式）により推定する方法の2つがある。一方，エネルギー収支の結果は，前述のように，体重の変化や BMI として現れる。しかしこれらは，エネルギー必要量を示すものではないことに留意する（p.160，図4参照）。

5）肥満の遺伝子からわかること

肥満の要因の大部分は，多くの遺伝因子と環境因子の相互作用によるものであると考えられており，現在，世界各国で肥満の発症が増加している。肥満は，エネルギーの過剰摂取により誘引され，高脂血症，糖尿病，高血圧などを合併して，重度の循環器障害を引き起こす危険性がある。近年，肥満の発症に関する遺伝子レベルでのメカニズムが明らかになりつつあり，レプチン[*1]，β_3-アドレナリン受容体[*2]をはじめ，脂肪細胞の分化調節に大きな役割を担っているペルオキシソーム増殖活性型受容体（peroxisome proliferator-activated receptor, PPAR）γ2遺伝子などが報告されている。さらに，ミトコンドリアの内膜結合たんぱくによる調節因子として，生体内で産生された余剰のエネルギーを ATP として利用せず，熱エネルギーとして放出し消費（浪費）することによりエネルギー出納を調節する脱共役たんぱく質ファミリー（uncoupling protein (UCP) family）や ADP/ATP 交換系（AAC）である adenine nucleotide translocator（ANT）などの役割が注目されている。

6）エネルギー産生栄養素のバランス

糖質・脂質・たんぱく質は，共通の酸化経路である解糖系やTCAサイクルにより分解されてエネルギーを生成する（図5-9）。糖質をとり過ぎると，その一部は皮下脂肪として蓄えられる[*3]が，逆に不足すると，

---

*1 レプチン（脂肪定常ホルモン）
肥満マウス（ob/ob マウス）の第6染色体にある肥満遺伝子（ob gene）の遺伝子をコードしているたんぱく質がレプチンである。レプチンは飽食因子（satiety factor）として，視床下部のレプチン受容体に直接作用し，「もう食べなくてもいいよ」という満腹感を脳に伝えて強力に摂食を抑制し，さらにエネルギー消費を促して体脂肪量を調節する。つまり，脂肪細胞においてレプチンが産生されないと，エネルギーの摂取と消費のバランスが崩れ，過食の原因の1つとなると考えられる。

*2 β_3-アドレナリン受容体（β_3-AR）の遺伝子変異
β_3-AR は，白色脂肪細胞と褐色脂肪細胞の細胞膜表面に特異的に存在し，交感神経からノルアドレナリンが分泌されると，白色脂肪細胞では脂肪分解が，褐色脂肪細胞では熱産生が起こる。つまり，β_3-AR が減少したり，機能異常が起こると脂肪分解や熱産生が減少し，肥満につながると予想される。
米国アリゾナ州のピマインディアンは，この β_3-AR 遺伝子の64番目のトリプトファンがアルギニンに変異（Walston ら，1995）しており，肥満や2型糖尿病（インスリン非依存性糖尿病）を高率に発症することが知られている。日本人もこの遺伝子変異が3人に1人と高頻度に存在し，ピマインディアンに次いで世界第2位であるといわれている。
したがって，逆に，この β_3-AR を刺激する β_3-AR 作動薬（アゴニスト）が副作用のない画期的な抗肥満薬として期待されつつある。

*3 生体におけるエネルギー・バランスは，次式で示される。
エネルギー摂取＝エネルギー消費＋貯蔵エネルギー脂肪組織における過剰なエネルギーの貯蔵
つまり肥満は，① エネルギー消費が増加しないでエネルギー摂取が増加した場合，② エネルギー摂取が減少しないでエネルギー消費が減少した場合，③ ①と②の組み合わさった場合，に生じる。なお，エネルギー消費については，本章1-1(2)参照。

減量のシュミレーション

6か月で体重を5kg減量したい。1日何キロカロリー，エネルギーを消費すれば良いか考えよう。

5 kg×7,000 = 35,000 kcal÷(6×30)日
= 194.4 ≒ 200 kcal

体脂肪1 kgは，7,000 kcalに相当することを覚えておこう。
(保健指導における学習教材集(確定版)より)

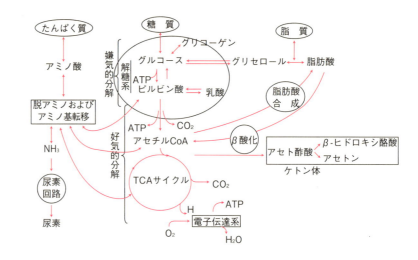

図5-9 エネルギー産生に関与する糖質・脂質・たんぱく質の相互作用

コラム　脂肪細胞は分泌臓器

1994年，脂肪細胞から，摂食を調節するレプチンが発見された後，脂肪細胞は体内最大の重量をもつ内分泌臓器であり，肥満の合併症に関与するホルモンがほかにも分泌されていることが解明された。たとえば，インスリン抵抗性糖尿病や高血圧の元凶である TNF-α やアンジオテンシノーゲン，動脈硬化や虚血性心疾患を誘引し血栓形成に関与する PAI-1，更年期以降の卵巣がんや子宮がんの原因とされるエストロゲンなどのホルモンやサイトカインなどである。これらは，肥満すればするほど大量に分泌され，肥満の合併症に悪影響を与える。

皮下脂肪と内臓脂肪

摂食を調節するレプチンは皮下脂肪から多く分泌される。一方，肥満の合併症に関与するホルモンは内臓脂肪から多く分泌され，太れば太るほど，これらの分泌が増加して合併症を引き起こす。皮下脂肪型肥満に比べ内臓脂肪型肥満に糖尿病・高血圧・虚血性心疾患などの合併症が多いのはこのためである。

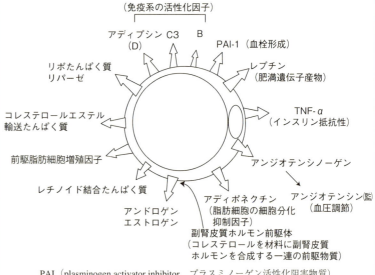

PAI (plasminogen activator inhibitor, プラスミノーゲン活性化阻害物質)
TNF (tumor necrosis factor, 腫瘍壊死因子)

脂肪細胞は分泌臓器
(吉田俊秀，小暮彰典ほか，β₃-アドレナリン受容体の遺伝子変異，HEALTH DIGEST, 14 (1), 1999)

蓄えられた皮下脂肪が分解してエネルギー源として利用される。また，体たんぱく質を分解してアミノ酸を生成し，糖新生によりネルギーを産生する。これらエネルギー産生栄養素のエネルギー摂取バランス（PFC比）は，それぞれ，13～20，20～30，50～65，飽和脂肪酸は10％以下を理想としている。65歳以上の高齢者では，フレイル予防を目的としたたんぱく質量の明確な設定は難しいものの，身長や体重が参照体位より小さい場合や，特に75歳以上で身体活動量が低下した場合であっても，たんぱく質摂取量の下限は推奨量以上を確保することが望まれる。

さらに，思春期の女性に多く見られる極端な痩せ志向は，無理なダイエットにより，体調の不調，貧血，月経不順などを引き起こす。また，糖代謝異常や飢餓などの場合には，脂質が大量に分解されてケトン体が生成しアシドーシスを引き起こす危険性もある。

（3）アルコールの栄養

アルコールは古来"百薬の長"といわれ，適度に摂取（適正飲酒）する場合には，血行を良くし胃液の分泌を促進して食欲を増進するとともに，ストレスを発散させる効果がある。しかし，脂肪含有量の多い脳神経組織との親和性が強いので中枢神経系を麻痺させ，酔いの症状が生じるため，飲み過ぎには注意が必要である。

1）アルコールの代謝

アルコールは消化されずに胃と空腸で吸収される。その90％は肝臓で代謝され，酢酸を経てエネルギー源として利用されるが，糖質や脂質のように体内に貯蔵されることなく全て処理される。2～10％は尿，汗，呼気から排泄される。一般に，アルコールの摂取により肝臓由来の血清γ-グルタミルトランスフェラーゼ（γ-GTP）[*1]が上昇するが，上昇しない人もいるので注意を要する。日本人はアルコールの代謝で重要な

[*1] γ-GTP（細菌はALT：アラニンアミノトランスフェラーゼともよばれ，アルコール性肝炎や閉塞性黄疸などの肝障害時に肝細胞から流出する。基準値は0～40 U/L）

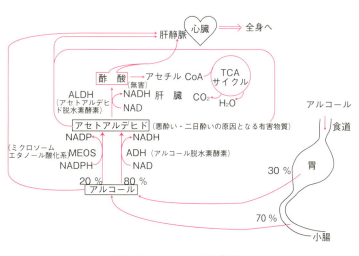

図5-10　アルコールの代謝

*1 アルコールデヒドロゲナーゼは亜鉛含有酵素であり，肝臓中のアルコールデヒドロゲナーゼ活性と亜鉛含有量には正の相関がある。アルコールを過剰に摂取すると，亜鉛の糸球体ろ過率が上昇して尿注排泄量が増加するため，亜鉛欠乏をもたらす。

役割を果たすアルコールデヒドロゲナーゼ（ADH）[*1]およびアルデヒドデヒドロナーゼ（ALDH），とくに後者の働きの弱い人が多いといわれている。

2）アルコールのエネルギー

アルコールのエネルギー換算係数は，「日本食品標準成分表2020年版（八訂）」では，FAO/WHOや主要な国際的栄養基準機関（USDA, EFSA,

---

コラム　イッキ飲みには要注意！

急性アルコール中毒により救急車で搬送される人の半数以上は，20代の若者と未成年者である。アルコールは麻酔作用により脳を麻痺させ，「酔った」状態をつくりだすが，この脳の麻痺はアルコールの摂取量に比例して進み，最悪の場合は呼吸困難に陥って死に至ることがある。脳細胞が発達段階にある若年者は，とくに注意が必要である。

血中アルコール濃度と酔いの症状

血中アルコール濃度（%）	概要	脳の状態	酔いの症状
無酔／微酔／軽酔　0.1〜0.2	ビール1本（日本酒1合）／ビール2本（日本酒2合）／ビール3本（日本酒3合）	網様体が麻痺し，理性を司る大脳新皮質の活動が低下，抑制されていた大脳旧皮質の活動が活発になる	顔が赤くなる／抑制が取れる／陽気になる／体温・脈拍が上昇／大声でがなる
ここで切り上げる。これより酔うとトラブルを起こす。			
深酔　0.30	ビール5〜7本（日本酒5合／ウイスキーダブル5杯）	アルコールによる麻痺が小脳まで広がり，運動失調（千鳥足）状態になる	千鳥足／何度も同じことを話す／呼吸が速くなる／吐き気・嘔吐
泥酔　0.40	ビール8〜10本（日本酒7合〜1升／ウイスキーボトル1本）	いまやっていること，起こったことが記憶できない（ブラックアウト状態）	まともに立てない／意識混濁／言語も支離滅裂
死　0.50	日本酒1升以上（ウイスキーボルト1本以上）	麻痺が脳全体に広がり，呼吸中枢がおこされ死にいたる	大小便たれ流し／呼吸はゆっくりと深い／死亡

酔いの状態の目安や肝臓のアルコール処理時間は，次式により算定することができる。

最高血中アルコール濃度（%）＝アルコールの摂取量÷体重の2/3×100

アルコールの処理時間＝アルコール摂取量÷アルコール処理量
　　　　　　　　　　＝（飲んだ分量×アルコール度数／100×0.8）÷アルコール処理量

※アルコール処理量：体重1kgあたり，1時間に100〜140mg
　0.8：アルコールの比重

NHMRCなど)の報告に基づき、7 kcal/gを適用している。これはアルコールが空気中で完全に燃焼した時の値であり、生理的燃焼値については明確な値が得られていない。一般に、アルコールの消化吸収率は100％として、摂取量が少ない場合は1g当たり7 kcalでよいが、比較的多量に摂取してエネルギー代謝が高まったり、摂取したアルコールの一部が呼気や尿中に排出されたりすれば、約30％は有効に利用されず5 kcal程度になると考えられている。

またアルコールは、エネルギー以外の栄養素をほとんど含んでいないことから、"エンプティ・カロリー (empty calories)"、すなわち、空のカロリー食品とよばれる。

3）アルコールの過剰摂取に伴う栄養的問題点

アルコールを過剰摂取することにより、食事が偏りエネルギーの過不足や栄養素摂取のアンバランスを生ずる。また、アルコール自体が直接、ビタミンの吸収障害や相対的な栄養素不足（たんぱく質、糖質、ビタミンA、葉酸、ビタミンB_1、ビタミンB_6、亜鉛など）を引き起こし、アルコール常飲者にはウエルニッケ脳障害やペラグラなどが見られる。

さらに、アルコールを分解する際にNADからNADHが生成するため生体内が還元状態に傾き、脂肪酸を分解するβ酸化が抑制される。一方で、逆に脂肪酸合成が促進される[*1]ため、過剰となった脂肪酸は中性脂肪として蓄積され脂肪肝を引き起こしやすくなる。長期にわたる過度の飲酒により、肥満、高血圧、心疾患、胃・十二指腸潰瘍、膵炎、胆石症、痛風、がんなどを併発する危険性もある。また、アルコールは胎盤をそのまま瞬時に通過するため、胎児への影響が大きく、妊娠中のアルコール摂取により知能障害や奇形、胎児性アルコール症候群（fetal alcohol syndrome, FAS）などの重篤な弊害をもたらす。とくに女性は、エストラジオール（女性ホルモン）がアルコール分解酵素を阻害するので酔いやすく、しかも、"キッチンドリンカー"といわれるアルコール依存症になりやすいといわれている。

4）アルコールの推奨量

先進諸国においては、アルコールの摂取量をエネルギー所要量の5％以内、または1日にエタノールとして30g以内とするする国が多いが、

表5-10 純アルコール20gに相当するアルコールの度数とエネルギー量

	アルコール名	アルコール度数	量 (mL)	エネルギー (kcal)
醸造酒	ビール	5	500	195
	ワイン	14	180	135
	日本酒	15	180	184
蒸留酒	焼酎	25	110	158
	ウィスキー	43	60	140

[*1] 脂肪酸の合成と分解は、アセチルCoAを中心として同じ経路を行き来するのではなく、別の反応経路をたどる。

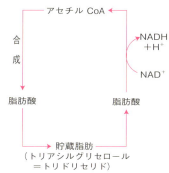

食品100g中に含まれるアルコール含有量

アルコール (g) = 0.794 ÷ 食品の比重×アルコール濃度（容量％）

わが国では，1日平均純アルコールで20g程度（女性・高齢者は10g程度）を節度ある適度な飲酒（適正飲酒）としている。健康日本21（第三次）では，純アルコール量「1日当たり男性40g以上，女性20g以上」飲む人を減らすことを目標としている。

5-2　運動と栄養

（1）運動エネルギー

運動は骨格筋の収縮と弛緩によって行われるが，骨格筋に貯蔵されているATPは，筋をわずか1～2秒収縮させる程度であるため，運動を継続するには十分なATPを補充しなければならない。その方法には，無酸素代謝系と有酸素代謝系の2つの系がある（図5-11）。

*1　図は，異なる持続時間での最大運動による有酸素系エネルギーと無酸素系エネルギーの相対的貢献率を示したものである。2～7秒で疲労困ぱいに至る運動は，すべて無酸素系エネルギーにより，2分くらい継続できる運動では，50％がATP-CP系と乳酸系の無酸素系エネルギーにより，残り50％は有酸素系エネルギーによりまかなわれる。一方，5～10分継続する運動では，主に有酸素系エネルギーが利用される。

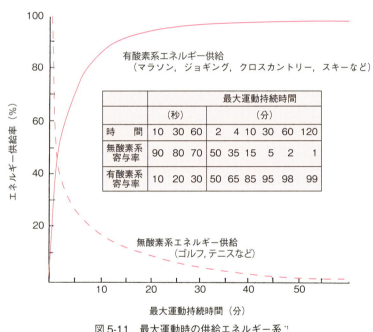

図5-11　最大運動時の供給エネルギー系*1
（細谷憲政，『今なぜエネルギー代謝か』，第一出版）

1）無酸素代謝系（anaerobic system）

運動開始直後，酸素が細胞内に十分届いていない場合に作用する。

① ATP-CP（クレアチンリン酸*2）系

最も単純なATP合成系で，CPの分解にともなって放出されるエネルギーをATPの合成に利用する。

$$ATP \Leftrightarrow ADP + Pi$$
$$CP \rightarrow クレアチン + Pi + エネルギー$$

*2　クレアチンリン酸（CP）は，ATPの再合成に最も急速に反応できる高エネルギーリン酸であり，細胞内のエネルギー産生と消費のバランスを維持するために役立っている。

② 乳酸系

主に筋肉中のグリコーゲンや血中グルコースを無酸素的に分解して乳酸が生じる過程（解糖系）で，ＡＴＰが合成されエネルギーを消費する。この系に作用する無酸素運動には，比較的強度の強い陸上短距離運動やウエイトリフティングなどの瞬発的な運動がある。

2）有酸素代謝系（aerobic system）

運動開始後，数分で細胞内にある程度の酸素が取り込まれた状況下で作用する。この系に働く有酸素運動とは，呼吸により酸素を取り込みながら，体内の脂肪（トリグリセリド）を燃焼させてATPを合成し，エネルギーとして利用する運動をいう。その際，遊離脂肪酸が増加するにともなって呼吸商（表5-2）が減少し，それに相当する糖質も消費されるため筋グリコーゲンが枯渇して，血中グルコースに対する需要が高まる。比較的強度が低く，長時間持続して行うウォーキング，軽度なジョギングやエアロビックダンス，サイクリング，水泳などの運動がある。

*1 自転車エルゴメーターやトレッドミルは，実験的に筋作業を負荷（運動負荷テスト）して，そのときの仕事量を知り，健康度を判定するための装置である。前者は，自転車をこぐことにより，後者は動く歩道を歩くことにより測定される。

*2 すぐれたマラソン選手や長距離ランナーの骨格筋はSO線維で，スプリンターのそれはFG線維で占められている。

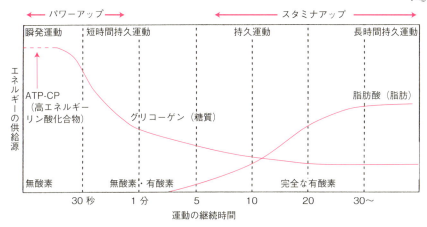

図5-12 運動継続時間によりエネルギーの供給源は変化する
（中坊幸弘・山本茂編，『栄養科学シリーズNEXT 栄養学各論』，講談社サイエンティフィク）

（2）最大酸素摂取量（maximum volume of oxygencuptake: $\dot{V}_{O_2 max}$）

自転車エルゴメーターやトレッドミル[*1]を用いて1分間あたりに身体の中に取り入れることのできる酸素量を測定することができる。これが，最大酸素摂取量であり，運動の強度が増加しているにもかかわらず酸素摂取量がプラトーになっている最大値のことである。有酸素運動の能力を示す1つの指標として用いられ，この値はマラソンなど持久力の要求される種目の選手では非常に大きい。

（3）健康を増進するための運動

運動は，瞬発力を高める運動と持久力を高める運動に分類され，その特徴が大きく異なるが，それは身体の部位や働きにより骨格筋[*2]を構成している筋線維のタイプが異なるためである。染色性の違いから赤筋と白筋に，収縮特性の違いから速筋と遅筋に分類される。おもに瞬発力を

表5-11 骨格筋線維タイプの分類

	骨格筋線維のタイプ		
染色性	赤筋		白筋
収縮特性	遅筋	速筋	
	SO	FOG	FG
収縮速度	遅い	速い	速い
持久力	疲れにくい	疲れにくい	疲れやすい
張力	小さい	やや大きい	大きい
直径	細い	細い	太い
毛細血管	多い	多い	少ない
ミオグロビン	多い	多い	少ない
酸化系酵素活性	高い	高い	低い
解糖系酵素活性	低い	高い	高い

（上田伸男，藤田幹雄ほか，スポーツと脂質代謝，JJPEN, 20（1），1998）

高める運動は無酸素性代謝系に関わる白筋，持久力を高める運動は有酸素性代謝に関わる赤筋（SO: slow-twitch oxidative 線維）により行われる（表 5-12）。白筋である FG（fast-twitch glycolytic）線維は，強度の高い持久性の運動により FOG（fast-twitch oxidative glycolytic）線維へ移行し安静時代謝を亢進させる。これがレジスタンス運動（resistance exercise）であり，1 回の運動で消費するエネルギーは小さいが日数を重ねて筋肉を刺激し，体に抵抗を与えて除脂肪量を増量することにより安静時代謝を亢進するものである。腕立て伏せ，ダンベル体操，鉄棒運動などがある。したがって，最近では，健康を増進するための運動は，1 回の運動で大きなエネルギー消費をともない心肺機能を高めて体脂肪をより多く利用する有酸素運動と，上記のレジスタンス運動（抵抗付加運動）をうまく組み合わせて消費エネルギーを高めることが重要であるといわれている。

表 5-12 身体活動量と運動量の基準

全体の方向性	個人差を踏まえ，強度や量を調整し，可能なものから取り組む 今よりも少しでも多く身体を動かす		
対象者†1	身体活動		座位行動
高齢者	歩行またはそれと同等以上の強度の）身体活動を 1 日 40 分以上（1 日約 6,000 歩以上）（=週 15 メッツ・時以上）	運動 有酸素運動・筋力トレーニング・バランス運動・柔軟運動など多要素な運動を週 3 日以上【筋力トレーニング†2 を週 2～3 日】	座りっぱなしの時間が長くなりすぎないように注意する（立位困難な人も，じっとしている時間が長くなりすぎないように，少しでも身体を動かす）
成人	歩行またはそれと同等以上の強度の）身体活動を 1 日 60 分以上（1 日約 8,000 歩以上）（=週 23 メッツ・時以上）	運動 息が弾み汗をかく程度以上の（3 メッツ以上の強度の）運動を週 60 分以上（=週 4 メッツ・時以上）【筋力トレーニングを週 2～3 日】	
こども（※身体を動かす時間が少ないこどもが対象）	（備考）・中強度以上（3 メッツ以上）の身体活動（主に有酸素性身体活動）を 1 日 60 分以上行う・高強度の有酸素性身体活動や筋肉・骨を強化する身体活動を週 3 日以上行う・身体を動かす時間の長短にかかわらず，座りっぱなしの時間を減らす。特に余暇のスクリーンタイム†3 を減らす。		

†1 生活習慣，生活様式，環境要因等の影響により，身体の状況との個人差が大きいことから，「高齢者」「成人」「こども」について特定の年齢で区切ることは適切でなく，個人の状況に応じて取組を行うことが重要であると考えられる。
†2 負荷をかけて筋力を向上させるための運動。筋トレマシンやダンベルなどを使用するウエイトトレーニングだけでなく，自重で行う腕立て伏せやスクワットなどの運動も含まれる。
†3 テレビや DVD を観ることや，テレビゲーム，スマートフォンの利用など，スクリーンの前で過ごす時間のこと。
（厚生労働省：健康づくりのための身体活動・運動ガイド 2023）

一方，「健康づくりのための身体活動・運動ガイド 2023」では，身体活動（生活活動および運動）*1 と座位行動の基準が示された。運動の一部において筋力トレーニングを週 2～3 日取り入れること，できるだけ座りっぱなしを避けることが推奨されている。身体活動・運動の量が多い者は，少ない者と比較して循環器病，2 型糖尿病，がん，ロコモティブシンドローム，うつ病，認知症等の発症・罹患リスクが低いことが報告されている。

成人・高齢者それぞれの主な推奨事項は以下のとおりである。
成人の推奨事項
・強度が 3 メッツ以上の身体活動を週 23 メッツ・時以上行う。具体的には，歩行またはそれと同等以上の強度の身体活動を 1 日 60 分以上行う（1 日約 8,000 歩以上に相当）。

---

*1 身体活動：骨格筋の収縮を伴い，安静時よりも多くのエネルギー消費を伴う身体の状態。「生活活動」と「運動」に分けられる。

生活活動：日常生活における労働，家事，通勤・通学などの身体活動。

運動：スポーツなど，特に体力の維持・向上を目的として計画的・意図的に実施し，継続性のある身体活動。

メッツ（MET: metabolic equivalent）：運動強度の指標で，その強さを安静時の何倍に相当するかで表す単位。当該身体活動におけるエネルギー消費量を座位安静時代謝量（酸素摂取量で約 3.5 mL/kg/分に相当）で除したもの。座って安静にしている状態が 1 メッツ，普通歩行が 3 メッツに相当する。
【身体活動の量からエネルギー消費量への換算方法】
○身体活動の量〔メッツ・時〕に体重〔kg〕を乗じるとエネルギー消費量〔kcal〕に換算できる。
例 1：80 kg の人が，卓球（4 メッツ）を 1 時間行った場合のエネルギー消費量は

4（メッツ）× 1（時間）× 80（kg）
= 320 kcal

ただし，体重減少を目的とし，体脂肪燃焼に必要なエネルギー消費量を求めるには，安静時のエネルギー消費量を引いた値を算出する必要がある。したがって，前述の例は，次のように計算することができる。
例 2：（4 メッツ－1 メッツ）× 1（時間）× 80（kg）= 240 kcal

したがって，体重 80 kg の人が卓球を 1 時間した場合のエネルギー消費量は，実際には，240 kcal しか増えていないことに注意する。

・強度が3メッツ以上の運動を週4メッツ・時以上行う。具体的には，息が弾み汗をかく程度の運動を週60分以上行う。
・筋力トレーニングを週2～3日行う（週4メッツ・時の運動に含めてもよい）。

高齢者の推奨事項

・強度が3メッツ以上の身体活動を週15メッツ・時以上行う。具体的には，歩行またはそれと同等以上の強度の身体活動を1日40分以上行う（1日約6,000歩以上に相当）。
・筋力・バランス・柔軟性など多要素な運動を週3日以上行う。
・筋力トレーニングを週2～3日行う（多要素な運動に含めてもよい）。

高齢者の身体機能には個人差があり，推奨量を達成できなくても，少しの身体活動でも死亡率の低下が期待できる。特に活動量が少ない人ほど効果が大きいため，自分に合った範囲で身体活動を増やすことが重要である。

（4）運動と栄養素等摂取量

どのような身体活動でも，体を動かすことによりエネルギーの消費量が増え，生体機能が変化してからだが作られていくが，効果的な運動を継続するためには適切な食生活を営む必要がある。とくに，エネルギー源となる栄養素や組織を増強する栄養素などの補給が重要である。

1）エネルギー

摂取エネルギーと消費エネルギーが同じであることが大前提である。

2）糖　質

運動の開始時には糖質が利用され，時間の経過とともに脂肪の利用が高まる（図5-12）が，体内に貯蔵されているグリコーゲンの量には限界があるため，途中で糖質を補給する必要がある。この際には，糖質をエネルギーに転換するために必要なビタミンB_1，B_2，ナイアシンなどの要求量も増加する。一般に，持久性能力（スタミナ）は筋グリコーゲンと相関し，これは糖質の摂取量に影響されるといわれている[*1]。

3）たんぱく質

たんぱく質は身体を構成し，酵素やホルモンなどの合成をはじめ，運動による筋肉の肥大，強化，修復などに利用される。たんぱく質の必要量は，運動による消費エネルギーの増加にともなって増えるが，とくに必須アミノ酸をバランス良く含む良質たんぱく質の補給が重要である。運動性貧血は，筋肉の肥大がヘモグロビンの生成を上回るために生じるもので，良質のたんぱく質と鉄分を十分に供給する。

4）脂　質

脂質は皮下脂肪として蓄えられ，長時間運動時のエネルギー源として

---

*1 近年，競技時に最高のコンディションを確保するため，試合1週間前に筋グリコーゲンを枯渇させた後，再び糖質を多量に摂取して，もとのレベル以上に筋グリコーゲンを蓄積するグリコーゲンローディング（glycogen loading）という食事法が開発されている。

有効であるほか，必須脂肪酸の供給，脂溶性ビタミンの吸収促進，衝撃の防護，内臓の保持と固定，保温などさまざまな働きを持つ。しかし，とり過ぎは，肥満や高脂血症を招く危険性が高いので，脂肪エネルギー比は25％以下であることが望ましい。また，飽和脂肪酸（S）：一価不飽和脂肪酸（M）：多価不飽和脂肪酸（P）の比率は3：4：3，n-6系/n-3系多価不飽和脂肪酸の比は4：1程度が望ましいとされている。

5）無機質（ミネラル）

カルシウム，マグネシウム，リンなどの金属は筋肉や神経の興奮性，細胞膜の透過性などの機能維持に必要である。発汗が多い時には，水分，ナトリウム，カリウム，塩素などの損失が多いため，それらを補給する必要があるが，食塩は過剰摂取にならないように注意する。さらに，運動負荷時には，鉄の必要量および損失量が増加するため十分に補給をする。また，微量元素のサプリメントを用いる場合には，正しい知識を持って適切に使用することが必要である。

6）ビタミン

運動によりエネルギー代謝は亢進し，それにともないエネルギー産生に不可欠な各種ビタミンの必要量も増加する。また，ビタミンCは，激しい運動によるストレスにより必要量が増加すると考えられることから十分な供給が必要であり，運動性貧血の予防にも有効である。

7）水　分

スポーツによる大量の発汗は，体水分の損失を通して体温の恒常性維持に重要であるが，過度の水分損失は熱失神，熱けいれん，熱射病などの熱中症の危険性を生じる。したがって，運動の前後，ならびに運動中に水分や電解質を補給（消費エネルギー1 kcalあたり1 mL）することは持久性運動能力の亢進やグリコーゲンの回復に有効である。

*1　ウルトラマラソン（ultra marathon）とは，100 km以上の超長距離を走るマラソン競技である。

表5-13　運動強度と水分摂取量のめやす

	運動強度		水分摂取量のめやす	
運動の種類	運動強度（最大強度の％）	持続時間	競技前	競技中
トラック競技，バスケット，サッカーなど	75～100％	1時間以内	250～500 mL	500～1,000 mL
マラソン，野球など	50～90％	1～3時間	250～500 mL	500～1,000 mL/1時間ごと
ウルトラマラソン[*1]，トライアスロンなど	30～70％	3時間以上	250～500 mL	500～1,000 mL/1時間ごと必ず塩分を補給

（注）
1. 温度条件によって変化するが，発汗による体重減少の70～80％の補給を目標とする。気温の特に高いときには15～30分ごとに飲水休憩をとることによって，体温の上昇がいくぶん抑えられる。
2. 水温は5～15℃が望ましい。
3. 組成はまず口当たりがよく飲みやすいものとする。それには，0.2％程度の食塩と5％程度の糖分を含んだものが適当である。

（森本武利，熱暑順化と熱中症，平成5年度日本体育協会スポーツ医・科学報告スポーツ活動時における熱中症事故予防に関する研究第3報，6-12，1993）

演習問題

1. 生体エネルギーと代謝に関する記述である。最も適当なものはどれか。1つ選べ。（2022年）
   (1) 電子伝達系は，コエンザイム A（CoA）を含む。
   (2) 電子伝達系では，二酸化炭素が産生される。
   (3) 脱共役たんぱく質（UCP）は，熱産生を抑制する。
   (4) ATP 合成酵素は，基質レベルのリン酸化を触媒する。
   (5) クレアチンリン酸は，高エネルギーリン酸化合物である。

2. 生体エネルギー源と代謝に関する記述である。最も適当なものはどれか。1つ選べ。（2024年）
   (1) ヒトは，独立栄養生物である。
   (2) クレアチンリン酸は，高エネルギーリン酸化合物である。
   (3) ATP の産生は，同化の過程で起こる。
   (4) 電子伝達系では，二酸化炭素が産生される。
   (5) 脱共役たんぱく質（UCP）は，ATP の産生を促進する。

3. 「健康づくりのための身体活動・運動ガイド2023」に基づき，高齢者に推奨される身体活動量である。正しいのはどれか。1つ選べ。（独自問題）
   (1) 強度が 3 メッツ以上の身体活動を週 15 メッツ・時以上行う。
   (2) 強度が 1.5 メッツ以上の身体活動を週 10 メッツ・時以上行う。
   (3) 1 日 8,000 歩以上歩くことを推奨する。
   (4) 筋力トレーニングは週 1 日だけ行えばよい。
   (5) 身体活動の種類に関係なく，1 日 20 分以上動けばよい。

4. 運動・スポーツと栄養管理に関する記述である。最も適当なものはどれか。1つ選べ。（2024年）
   (1) グリコーゲンローディングは，瞬発力を必要とする短時間の競技に適している。
   (2) 運動後のたんぱく質と炭水化物の摂取は，筋損傷の回復に効果的である。
   (3) 溶血性貧血の主な原因は，銅の摂取不足である。
   (4) 瞬発力を必要とする短時間の競技直前には，高脂肪食を摂取する。
   (5) 女性アスリートの 3 主徴は，葉酸の十分な摂取により予防できる。

5. 習慣的な持久的運動による生理的変化に関する記述である。最も適当なものはどれか。1つ選べ。（2022年）
   (1) インスリン抵抗性は，増大する。
   (2) 血中 HDL コレステロール値は，低下する。
   (3) 安静時血圧は，上昇する。
   (4) 骨密度は，減少する。
   (5) 最大酸素摂取量は，増加する。

ミネラル（無機質）

6-1　ミネラルの必要性を考える

　人体に含まれる約60種の元素の分布割合は，海水中のそれと類似している。このことは，海水中の豊富な元素を利用して，原始たんぱく質が人に進化したことを物語っている。人体の96％は，酸素，炭素，水素（炭水化物，脂質，たんぱく質に共通に含まれる）と，窒素（主に，たんぱく質に含まれる）の四元素である。残りの4％を占める元素が，ミネラル（無機質）[*1]である（図6-1）。

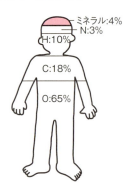

図6-1　体内の元素組成（成人）

　ミネラルは，体内存在量が多くて生理機能が明らかになっている多量ミネラルと，成人において10g以下しか存在しない微量ミネラルに分けられる。表6-1には，体内分布と働き，主な欠乏症，存在量を示した。

　微量ミネラルのうち，体内での生理作用が明らかになっている，鉄，銅，亜鉛，マンガン，ヨウ素，コバルト，セレン，クロム，モリブデンは，必須微量元素といわれる。近年，飼料からの除去法や分析法が進化したことから，動物実験では，スズ，ニッケル，バナジウム，リチウム

*1　日本食品標準成分表では，550℃で加熱して有機物と水分を除いた残りの大部分を灰分とし，食品中の無機質総量の目安としている。2010（平成22）年に公表された「日本食品標準成分表2010」（科学技術庁資源調査会編）以降，日本人の食事摂取基準に基準値のあるヨウ素，セレン，クロム，モリブデンおよびビオチンの成分値が記載されている。

などの栄養学的意義が明らかになりつつある。人工栄養療法[*1]によって発生する微量栄養素欠乏症も確認されており，必須元素はさらに増えるものと思われる。

ミネラルの多くは，吸収や排泄，貯蔵など代謝系の高い応答性によって栄養状態を維持しつつ，他の栄養素と関連しながら生理作用や酵素反応，あるいは代謝調節作用に深く関わっている。それゆえ，食事あるいはサプリメントなどから，欠乏でも過剰でもない栄養状態を導くための適正な摂取が行われなければならない[*2]。さらにミネラルは，栄養素の化学形態，食事構成，摂取した人の栄養生理状態によって，摂取した後の生体利用効率（bioavailability）が大きく変動するので，効率のよい摂取法を選択することも大切である。

[*1] 腸管の機能障害や嚥下困難などのため食物を口から摂取できず，栄養状態維持ができない人に施される。静脈栄養法（parenteral nutrition : PN）や経腸栄養法（enteral nutrition : EN）がある。

[*2] 「日本人の食事摂取基準（2025年版）」より，18～29歳女性におけるミネラルの摂取基準量を表6-2に示した。

6-2 ミネラルは体内のどこに分布しているか

ミネラルの約83％は骨格に，約10％が筋肉に，残りは他の器官や血液に存在する（表6-1）。その主な機能を次に示す。

表6-1 体内でのミネラルの分布と働き（体内存在割合を基準にして）

	元素	分布	体内での働き	欠乏症	体内存在割合(%)
多量ミネラル[†1]	Ca	骨格・歯	骨の石灰化，血液凝固 筋や神経の情報伝達	骨粗しょう症 テタニー，てんかん	1.0～1.5
	P	骨格・歯，生体膜，核酸	ATP，補酵素成分	骨疾患	
	K	細胞内液	細胞内液の浸透圧 筋や神経の情報伝達	筋無力症，不整脈	
	S[†2]	毛髪，爪	たんぱく質の構造維持		0.05～0.4
	Na	細胞外液	細胞外液の浸透圧	筋肉痛，熱けいれん	
	Cl[†2]	細胞外液	細胞外液の浸透圧		
	Mg	骨格，筋肉，心臓，神経	酵素の活性化，体温・血圧の調節	心臓疾患	
微量ミネラル[†1]	Fe	血液，肝臓	酸素の運搬貯蔵，酸化還元反応	鉄欠乏性貧血	0.005～0.006
	F[†2]	歯，骨格	う歯の予防	う歯	
	Zn	筋肉，肝臓，血液，骨格	酵素成分，核酸代謝，細胞分裂	皮疹，味覚異常	
	Cu	肝臓，脳，心臓，筋肉，骨格	酵素成分，ヘム合成 酸化還元電子伝達	貧血，毛髪異常	痕跡
	Mn	肝臓，腎臓，膵臓，骨格	骨形成，酵素の活性化	骨病変，成長障害	
	I	甲状腺	甲状腺ホルモン構成	甲状腺腫	
	Se	肝臓，膵臓	抗酸化作用	心臓疾患，克山病	
	Mo[†3]	肝臓，腎臓	酵素成分	成長遅延	
	Cr[†3]	肝臓	糖質代謝，コレステロール代謝	耐糖能低下	
	Co[†2]	肝臓，腎臓	ビタミンB_{12}成分，ヘム合成	悪性貧血	

†1：食事からの摂取量で分類すると，1日当たり100 mg以上のものは多量ミネラル，100 mg未満のものは微量ミネラルである。後者のうち，F以外は必須微量元素である。

†2：非必須栄養素であるF，含硫アミノ酸を構成するS，塩化ナトリウムを構成するCl，ビタミンB_{12}を構成するCoを除く，5種類の多量ミネラルと，8種類の微量ミネラルについて，食事摂取基準が定められている。

†3：人工栄養療法時に出現し，普通食での欠乏症は報告されていない。

表6-2 18〜29歳女性におけるミネラルの食事摂取基準　〜「日本人の食事摂取基準（2025年版）」より抜粋〜

元素	多量ミネラル					微量ミネラル							
	Ca	P	K	Na#1	Mg#2	Fe#3		Zn	Cu	Mn	I#4	Se	Mo	Cr
単位	mg/日										μg/日			
						月経あり	なし							
EAR*1	500 +0*3 +0*4			600 [1.5]*2 〃*3 〃*4	230 +30 +0	5.0 +2.0/+7.0*5 +1.5	7.0	6.0 +0.0/+2.0 +2.5	0.6 +0.1 +0.5		100 +75 +10	20 +5 +5	20 +0 +2.5	
RDA*1	650 +0 +0				280 +40 +0	6.0 +2.5/+8.5 +2.0	10.0	7.5 +0.0/+2.0 +3.0	0.7 +0.1 +0.6		140 +110 +140	25 +5 +20	25 +0 +3.5	
AI*1		800 〃	2,000 〃							3.0 〃				10 〃
UL*1	2,500	3,000						35	7	11	3,000	350	500	500
DG*1			2,600≦ 〃	[<6.5] 〃										

#1：高血圧および慢性腎臓病（CKD）の重症化予防のための食塩相当量の量は，男女とも 6.0 g/日未満とする。
#2：通常の食品以外からの摂取量の耐容上限量は，成人の場合 350mg/日とする。それ以外の通常の食品からの摂取の場合，耐容上限量は設定しない。
#3：耐用上限量は設定されていないが，貧血でない場合，妊娠ならびに授乳の有無にかかわらず，鉄サプリメント等の過剰な利用は控えるべきである。
#4：妊婦と授乳婦の耐容上限量は，2,000 μg/日とする。

*1：食事摂取基準における栄養素の指標である（付表参照）。EAR；推定平均必要量(estimated average requirement)、RDA；推奨量(recommended dietary allowance)，AI；目安量(adequate intake)，UL；耐容上限量(tolerable upper intake level)，DG；目標量(tentative dietary goal for preventing life-style related diseases)の略称である。
*2：【 】は，食塩相当量（g/日）を示す。
*3：赤字の，+数字は妊婦の付加量を示し，〃は非妊娠時と同量を意味する。
*4：黒字の，+数字は授乳婦の付加量を示し，〃は非妊娠時と同量を意味する。
*5：赤字の，+数字/+数字は妊婦の，初期/中期・後期における付加量を示す。

（1）生体組織の構成成分としてのミネラル

1）難溶性の塩として骨や歯の構成成分になる

　　カルシウム，リン，マグネシウムなど

2）生体内の有機化合物と結合して構成成分になる

　　リン脂質のリン，ヘモグロビンの鉄，含硫アミノ酸のイオウなど

（2）生体機能の調節に関与するミネラル

1）イオンの形で体液に溶けて pH や浸透圧を調節する

　　カリウム，ナトリウム，カルシウム，マグネシウム，リンなど

2）イオンの形で神経，筋肉，心臓の興奮性を調節する

　　カリウム，ナトリウム，カルシウム，マグネシウム，リンなど

3）生理活性物質の構成成分となる

　　鉄，銅，ヨウ素，亜鉛，マンガン，モリブデンなど

4）酵素の賦活剤となる

　　マグネシウム，銅，亜鉛、マンガン，カルシウムなど

6-3 ミネラルの働きと欠乏・過剰について

（1）多量ミネラル

1）カルシウム（Calcium, Ca）

カルシウムは人体に最も多く存在するミネラルで、成人体重の約2％（50 kgの成人で約1 kg）を占める。その99％は、リン酸塩やヒドロキシアパタイトとして、骨や歯など人体を支える構築材料になる[*1]。残りの約1％は血液や細胞に存在する。血液中のカルシウムは、貯蔵庫である骨からの溶出や沈着によって恒常的に9～10 mg/dLに保たれ（図6-2）、筋肉や神経の適度な興奮性の維持[*2]、脳や神経の正常機能の維持、血液凝固など、生命維持に必要な機能調節を行っている。

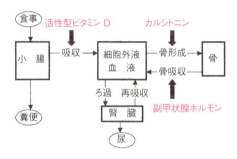

図6-2　生体内のカルシウム代謝

吸収と代謝　カルシウムは胃液中の塩酸によって水溶性になった後、小腸上部では能動輸送で、下部では受動輸送によって吸収される。吸収率は、要求量の増大する成長期、妊娠・授乳期や欠乏時に高く、同時に尿中排泄量は低下する。一方、ビタミンD[*3]欠乏、閉経期、高齢期では吸収効率は低くなる。

吸収を促進する因子としては、ビタミンD、乳糖、アミノ酸のリシンやアルギニンが知られている。一方、リン酸塩、シュウ酸、フィチン酸、過剰の脂肪は、カルシウムと不溶性の塩をつくって吸収を阻害する[*4]。また、カルシウムとリンの摂取比率は、1：2から2：1の間が望ましい。

カルシウムを多く含む食品を表6-3に示す。牛乳・乳製品に含まれるカルシウムの吸収率は30～40％と比較的高く[*5]、野菜では10％以下である。一方、魚の骨、海藻、豆腐[*6]などは、含有量は多いが吸収率は両者の中等度であるとされる。牛乳・乳製品の摂取量が少ない日本人の2023（令和5）年国民健康・栄養調査における20歳以上男女1人1日当たりのカルシウム平均摂取量は、509 mgにすぎない。「日本人の食事摂取基準（2025年版）」（表6-2、付表8）には1歳以上に推定平均必要

[*1] 骨芽細胞が骨にカルシウムを沈着する「骨形成」と、破骨細胞が骨からカルシウムを溶出する「骨吸収」とがある。これらを約3ヵ月単位で繰り返して、骨を再構築している（図6-2）。

[*2] 神経系において抑制的に働く性質から、カルシウム摂取が精神安定に効果的であるといった表現がなされているが、血液中のカルシウム濃度は厳密に保たれており、摂取した食品によっておきる血液中カルシウム濃度の変動は、速やかに調整される。したがって、食品中のカルシウムが、神経系に直接作用し安定化するとは考えられない。

[*3] 魚類、卵類、きのこ類（天日干し）などから摂取できる。また、日光浴によって浴びる紫外線の力で、皮膚下に存在する7-デヒドロコレステロールから生合成される。摂取あるいは生合成されたビタミンDは肝臓と腎臓で活性化されて活性型ビタミンDとなり、腸管からカルシウムを能動的に吸収させるだけでなく、骨形成に関与する。近年、紫外線による皮膚がんの発生を懸念して乳幼児の日光浴の是非が検討されており、食物からのビタミンD摂取が推奨されるようになってきた。

[*4] 野菜などに含まれるシュウ酸、穀類や豆類などに含まれるフィチン酸（イノシトール六リン酸）は、ミネラルと結合して吸収を妨げる。不溶性の食物繊維とともに、生体利用効率を低下させる代表的食品成分である。

[*5] 牛乳・乳製品に含まれる乳糖（ラクトース）や、カゼイン由来のホスホペプチド（CPP）は、カルシウムの吸収を促進する。

[*6] 凝固剤の異なる豆腐のカルシウム含有量は、日本食品標準成分表に記載されていないが、種類によって大きく異なる。凝固剤が硫酸カルシウムならカルシウム、天然にがりの塩化マグネシウムならマグネシウムが多い。グルコノデルタラクトンではいずれも補給されない。

表6-3 カルシウムの多い食品

食品名	100 g中のCa量(mg)	1回に食べる目安量(g)	目安量中のCa量(mg)
加工品，干しえび	7,100	8	568
さば類缶詰，水煮	260	80	208
からふとししゃも，生干し・焼き	380	60	228
普通牛乳	110	200	220
生揚げ	240	80	192
こまつな，葉・ゆで	150	70	105
ごま，いり	1200	8	96
ほしひじき，ステンレス釜・油いため	110	70	77

（日本食品標準成分表（八訂増補2023年））

量と推奨量，ならびに18歳以上に耐容上限量[*1]が設定され，積極的かつ継続的な摂取が推奨されている。

欠乏症 骨は常に代謝されているので，成長期のカルシウム摂取不足では骨の発育障害が起こる。また，30歳代後半から，加齢に伴って骨のカルシウム含量は減少する。特に女性においては，閉経後に骨粗しょう症[*2]が多くみられる。骨粗しょう症の予防には，「できるだけ多くの骨量[*3]を蓄え，できるだけ失わないようにすること」が重要である。そのために，i）十分なカルシウム摂取，ii）活性型ビタミンDの確保，iii）運動の習慣化[*4]が必要である。さらに，成長期においては，カルシウムのみならず，骨を作るたんぱく質やリン・マグネシウムを十分摂取することも必要である。

代謝異常などでカルシウム欠乏に陥ると，副甲状腺肥大，腸内細菌叢の異常，神経過敏症などの症状が起きる。幼児では神経が興奮して，テタニー（筋肉のけいれん）を起こす。

2）マグネシウム（Magnesium, Mg）

マグネシウムは人体に約0.05％存在し，その60％程度がカルシウムとともにリン酸塩あるいは炭酸塩の形で歯や骨に存在し，残りは，筋肉や神経，脳，体液などに電解質として含まれる。マグネシウムは，300種類以上の酵素の活性化に必要である。また，細胞膜の透過性，筋収縮，神経興奮伝達などに，直接作用する。

吸収と代謝 マグネシウムは，カルシウム同様に小腸で吸収されるが，過剰のカルシウム・リンによって吸収阻害を受ける。腎臓を通して排泄され，尿細管によって再吸収される。

欠乏症 マグネシウムは葉緑素（クロロフィル）に含まれるため，表6-4に示すように緑黄色野菜や海藻類などの植物性食品に広く分布しており，通常は不足しない[*5]。しかし慢性的に不足すると，循環器疾患，なかでも虚血性心疾患を起こしやすい。とくに，カルシウム／マグネシウムの摂取比率が2未満の場合は発症しやすく，マグネシ

[*1] 耐容上限量とは，過剰摂取によって健康障害をおこすリスクがないとみなされる，習慣的な摂取量の上限を示している。

[*2] 骨量（骨塩量，または，それを面積で割って示した骨密度をさす）は，成長期，なかでも思春期に増加し，20～30歳代に最大骨塩含量（peak bone mass）に達し，加齢とともに減少する。

[*3] 閉経を迎えると，骨吸収を抑制する女性ホルモンであるエストロゲンの減少にともない骨量が低下し，空洞化がすすむ。もろくて骨折しやすくなるため，高齢社会における"寝たきり"増加の誘因となる。大豆たんぱく質に含まれるイソフラボンは，エストロゲン様の骨吸収抑制作用を持つため，摂取がすすめられる。

[*4] 骨に対する負荷刺激が減少すると，骨量が減少する（宇宙飛行士や長期入院患者）。適度な運動による骨への負荷刺激は，骨へのカルシウム沈着を促進する。

[*5] 「日本人の食事摂取基準（2025年版）」（付表22）では，1歳以上に推定平均必要量と推奨量が設定されている。一方，通常の食品以外からの摂取の場合に限って，耐容上限量（成人で350 mg/日，小児で5 mg/kg体重/日）が設定されている。

表6-4 マグネシウムの多い食品

食品名	100 g 中の Mg 量(mg)	1回に食べる目安量(g)	目安量中の Mg 量(mg)
アーモンド,乾	290	30	87
そば,ゆで	27	200	54
糸引き納豆	100	40	40
刻み昆布	720	5	36
バナナ,生	32	100	32
ほしひじき,ステンレス釜・油いため	44	70	31
ほうれんそう,葉・通年平均・ゆで	40	70	28
あさり,缶詰・水煮	46	40	18

(日本食品標準成分表(八訂増補 2023 年))

ウムの摂取量を増やすことが大切である。慢性下痢,たんぱく質欠乏症,慢性アルコール中毒,人工栄養療法などによって欠乏すると,神経・精神障害やテタニーが起こる。

3) リン (Phosphorus, P)

リンは,カルシウムについで多く体内に含まれる無機質で,成人体重の約1%を占めるが,その約85%は,カルシウムやマグネシウムとともに骨や歯などの硬組織に存在する。残りは,リン脂質,リンたんぱく質などとして細胞の構成成分となったり,高エネルギーリン酸化合物(例,アデノシン三リン酸:ATP)の形で,生命維持や運動のためのエネルギーを細胞内に貯える。また,遺伝情報を担う核酸にも含まれる。リン酸塩となって,血液の pH や体液の浸透圧を調節するほか,細胞内の情報伝達にも関与する。

吸収と代謝 生体内でのリンは,リン酸としての腸管からの吸収,骨への沈着と溶出,および腎臓からの再吸収によって調節されている。

欠乏症 表6-5に示すように,リンは多くの食品や加工食品に含まれるので,摂取不足による欠乏症はほとんどみられない。しかし近年,日本では食品添加物[*1]を含む加工食品の利用増加にともない,食事からのリン酸塩の過剰摂取[*2]が問題視されている。リンの過剰摂取は,カルシウム吸収を阻害することから,カルシウム摂取量の少ない日

表6-5 リンの多い食品

食品名	100 g 中の P 量(mg)	1回に食べる目安量(g)	目安量中の P 量(mg)
からふとししゃも,生干し・焼き	450	60	270
さば類缶詰,水煮	190	80	152
普通牛乳	93	200	186
とうもろこし,ポップコーン	290	60	174
ぶた[大型種肉],もも・皮下脂肪なし・焼き	270	60	162
プロセスチーズ	730	20	146
ぶた,ボンレスハム	340	40	136
調理済流通食品類,チャーハン	56	200	112

(日本食品標準成分表(八訂増補 2023 年))

*1 食品添加物中のリン化合物には,22種の無機化合物と7種の有機化合物がある。なかでも,ポリリン酸塩やメタポリリン酸塩などの縮合リン酸塩は多目的に使われている。たとえば,アイスクリームの気泡保持,ゼリーやプリンの変色防止,缶詰の結品析出防止,練り製品の結着,チーズの乳化と硬さの調整などがある。

*2 「日本人の食事摂取基準(2025年版)」(表6-2,付表23)では,目安量ならびに,18歳以上には耐容上限量 3,000 mg/日が設定されている。

本においては注意が必要である。

4）ナトリウムと塩素（Sodium, Na ； Chlorine, Cl）

ナトリウムは，細胞外液に陽イオンとして存在し，浸透圧の維持，pHの調節などに関与する。水分平衡を保つ働きによって，細胞外液量や循環血液量を維持している。

一方，塩素は陰イオンとして，細胞外液の浸透圧やpHの調節のほか，胃液の塩酸成分としてたんぱく質分解酵素ペプシンの活性化（ペプシノーゲン→ペプシン）などに関与する。

吸収と代謝 ナトリウムと塩素の多くは食塩の形で摂取され，ともに小腸からすばやく吸収される。

多量の食塩を摂取すると体液の浸透圧が高まるため，それにともない口渇感が増して水分摂取量が増加し，摂取した水分とともに多くのナトリウムが尿中に排泄される。ナトリウムは主として，レニン・アンジオテンシン・アルドステロン系の調節を受け，腎尿細管で再吸収されて生体内濃度を保つが，汗にも多く含まれるため，発汗量の多いときには補充が必要な場合もある。

欠乏症 ナトリウム不可避損失量から換算される1日当たりの食塩の最少必要量は1.5 g以下であり，通常の食生活をおくる限り欠乏症は生じない。糖尿病や利尿薬の服用，下痢や嘔吐，発汗や火傷などによってナトリウムを多く損失すると，倦怠感，食欲不振，嘔吐，意識障害などを生じる。

ナトリウムの過剰摂取と高血圧との関連が，疫学調査や動物実験によって明らかにされている。ただし，高血圧の発症には遺伝的要因が関連するので，減塩だけでは改善しない人もいる。また，食塩の過剰摂取は，胃がんなどの促進因子としても報告されている。日本人の塩味に対する嗜好はいぜん強く，1日平均摂取量は9.5 g（2023年国民健康・栄養調査）である[*1]。塩分の多いハム，ソーセージ，即席ラーメンなどの加工食品あるいは弁当や外食中のナトリウムに注意すべきである（表6-6）。

*1 食事摂取基準（2025年版）における食塩相当量の目標量は，15歳以上の男性で7.5 g/日未満，12歳以上の女性で6.5 g/日未満である。さらに，高血圧および慢性腎臓病（CKD）の重症化予防のためには男女とも6.0 g/日未満と設定しており，さらなる減塩の必要性を示している。

表6-6 ナトリウムの多い食品

食品名	100 g中のNa量(mg)	1回に食べる目安量(g)	目安量中のNa量(mg)
即席中華めん，油揚げ味付（日清チキンラーメン）	2500	85	2125
調理済流通食品類，チャーハン	510	200	1020
漬物，キムチ	1100	80	880
カレールウ	4200	20	840
すけとうだら，からしめんたいこ	2200	30	660
魚肉ソーセージ	810	70	567
からふとししゃも，生干し・焼き	770	60	462
ぶた，ボンレスハム	1100	40	440

（日本食品標準成分表（八訂増補2023年）

5）カリウム（Potassium, K）

カリウムの大部分は，イオンとして筋肉や臓器の細胞内液に存在する。細胞外に多いナトリウムとともに，浸透圧やpHの維持，血圧の調節，神経刺激の伝達，筋肉の収縮，水分保持などに関与する。また，カリウムには，高血圧症の発症原因のひとつであるナトリウムの尿中への排泄を促進して，血圧を下げる働きがある。

吸収と代謝 カリウムは，小腸で吸収され全身の組織に取り込まれる。体内量は，副腎皮質ホルモンの調節を受け，腎臓での再吸収によって維持されている。腎機能障害や副腎皮質機能不全では，高カリウム血症になり，神経伝達が停止して筋肉が収縮しなくなり，心拍動停止などになることもある。

欠乏症 表6-7に示すようにカリウムは多くの食品に含まれるため，欠乏症はほとんどみられない。

表6-7 カリウムの多い食品

食品名	100g中のK量(mg)	1回に食べる目安量(g)	目安量中のK量(mg)
さつまいも，皮なし・焼き	500	150	750
えだまめ，冷凍	650	70	455
刻み昆布	8200	5	410
バナナ，生	360	100	360
かつお，春獲り・生	430	80	344
ほうれんそう，葉・通年平均・ゆで	490	70	343
普通牛乳	150	200	300
ぶた[大型種肉]，もも・皮下脂肪なし・焼き	450	60	270

（日本食品標準成分表（八訂増補2023年））

高血圧症予防のためには，ナトリウムに対するカリウムの比率を高くすることが望ましい[*1]。カリウムを多く含むいも類，野菜類，果物類は，茹でこぼすと損失するので，調理の工夫が必要である[*2]。茹で汁ごと摂取する味噌汁などには，塩分濃度を控えカリウムを含む食品を多く用いる。

6）イオウ（Sulfur, S）

イオウは，メチオニン・システインのような含硫アミノ酸の構成成分として，毛髪や爪の構造たんぱく質（ケラチン）などのほか，体内のすべての細胞に存在している。ビタミンB_1・ビオチンなどのビタミンや，胆汁の成分であるタウリン，さらにグルタチオンやインスリンなどもイオウを含み，生体内で重要な生理作用に関わっている。また，軟骨や腱の細胞間物質を構成するムコ多糖類であるコンドロイチン硫酸にも含まれている。

イオウは，たんぱく質（とくに動物性たんぱく質）として摂取され，含硫アミノ酸として吸収されるので，たんぱく質が十分摂取されていれば，欠乏症はみられない。

[*1] 「日本人の食事摂取基準（2025年版）」（付表21）には，生活習慣病である高血圧の一次予防のために，目標量（下限）が3歳以上に設定されている。なお，腎臓に問題のない高血圧患者に対しては，食塩のかわりに塩化カリウムがすすめられることがある。

[*2] 腎機能が低下しカリウム制限が必要な場合には，茹でこぼす・水にさらす・水気をしぼるなどの工夫をする。

> **コラム** ミネラルの栄養状態と QOL
>
> 　生体内のミネラルが欠乏あるいは過剰になると，臨床症状を伴う。現代日本の抱える問題は，臨床症状が起きないため本人に自覚はないものの，境界域である潜在的な欠乏あるいは過剰（半健康状態）に陥っている人が増えていることである。半健康状態においては，生活の質（quality of life：QOL）の低下が懸念される。若い女性の多くが，食事をぬいたり無理なダイエットを試みているが，体重でなく，生活の質を下げてはいないかどうか，気をつけたいものである。
>
> 　また，微量ミネラルの場合は，潜在的過剰域が狭いため過剰毒性レベルにすぐ達しやすい。食事のかわりにサプリメントなどを多用して中毒症を導くことのないよう，食品から自然な形で摂取することに努めたい。
>
>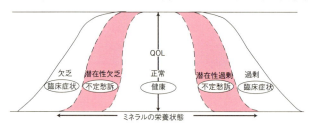
>
> ミネラルの栄養状態と QOL

（2）微量ミネラル

　微量ミネラルとは表 6-1 で鉄以下に示したような，1 日の摂取量が 100 mg 以下であり，生体内存在量が明らかに少ない元素をさす。なかでも，F（フッ素）を除く，生物が正常に成長し生体機能を維持するのに欠かせない 9 種を，必須微量元素とよぶ。微量ミネラルの欠乏症は，土壌や水など生育環境の影響を受けた植物性食品や食品加工の過程で過剰精製を受けた食品の習慣的摂取，生体利用効率を低下させる食品成分との食べ合わせ，吸収・代謝の阻害，あるいは人工栄養療法などによって引き起こされる。「日本人の食事摂取基準（2025 年版）」において，マンガンとクロムには目安量，それ以外には推定平均必要量と推奨量について，妊婦，授乳婦への付加すべき量とともに細かく設定されている。一方，耐容上限量はすべての微量ミネラルに設定されている（表 6-2，付表 6，付表 24〜27）。

1）鉄（Iron, Fe）

　鉄は，成人男性（体重 70 kg）で約 4 g，女性はその 70 % しか存在しない。遷移金属元素である鉄が遊離型で存在すると細胞に障害を及ぼすので，主に，生理作用を持つ鉄たんぱく質（機能鉄），あるいは，貯蔵たんぱく質（貯蔵鉄）の鉄として存在する。

　前者は体内総鉄量の約 70 % を占め，赤血球のヘモグロビン，筋肉のミオグロビン，細胞内のチトクロームなど，酸素の運搬と貯蔵に役立ち，また酵素成分として生体内の酸化還元反応を行う。残り 30 % の後者としては，肝臓・脾臓・骨髄中のフェリチンとヘモシデリン，血液中のトランスフェリンがあり，鉄の貯蔵と運搬を行う。

吸収と代謝　鉄は小腸上部で可溶化され粘膜上皮細胞へ取り込まれるが，その吸収率は低く，かつ生体内の鉄の栄養状態に適応して変動する。小腸粘膜細胞内で一部がフェリチンとなるほかは，血液中のトランスフェリンと結合した形で肝臓・脾臓・骨髄などへ運搬される。フェリチンとトランスフェリンの鉄飽和度や生成量などで，吸収率を調節している。鉄はくり返し再利用されるので，体外排泄量は1日当たり 0.9 mg にすぎない。

欠乏症　鉄欠乏によりヘモグロビンが不足し，鉄欠乏性貧血を生じる。成長期の男女や月経（1日当たりに平均化すると約 0.63 mg の鉄を損失）を有する女性に起きやすく，鉄の摂取不足，吸収能の低下，また，妊娠による需要の増大などが原因である[*1]。食欲不振，倦怠感，心拍数の増加などが起き，指の爪がスプーン状に変化することもある。

鉄を多く含む食品を表 6-8 に示す。食品中の鉄の大部分は，ヘム鉄[*2]と非ヘム鉄[*3]である。摂取量，とくに，ヘム鉄の摂取量増加，吸収促進因子や阻害因子[*4]とのバランスに心がけることが必要である。同時に，ヘモグロビン生成に必要なたんぱく質やビタミンなどもバランスよく含む食事を摂取することが大切である。

表 6-8　鉄の多い食品

食品名	100 g 中の Fe 量(mg)	1回に食べる目安量(g)	目安量中の Fe 量(mg)
あさり，缶詰・水煮	30.0	40	12.0
ぶた，スモークレバー	20.0	50	10.0
生揚げ	2.6	80	2.1
かつお，春獲り・生	1.9	80	1.5
こまつな，葉・ゆで	2.1	70	1.5
ほうれんそう，葉・通年平均・ゆで	0.9	70	0.6
うし[乳用肥育牛肉]，もも・皮下脂肪なし・焼き	1.7	60	1.0
鶏卵，全卵・生	1.5	60	0.9

（日本食品標準成分表（八訂増補 2023 年）

2）銅（Copper, Cu）

銅は，人体に約 100 mg しか存在しないが，肝臓，脳，腎臓，脾臓，骨髄などの組織に広く分布する。銅は，ヘモグロビンを合成する鉄の代謝に必須であり，不足すると貧血が生じる。また，スーパーオキシドジスムターゼなどの銅含有酵素として生理作用に関与する。

小腸から吸収された銅は，肝臓に取り込まれ，血中のセルロプラスミン銅として各組織に運搬される。排泄は胆汁を介して行われ，再吸収はほとんどみられないという。

銅は，表 6-9 に示すように，かきなどの貝類，甲殻類，豆類，種実類などに含まれ，通常，不足は生じないが，人工栄養療法における報告がある。未熟児の銅欠乏や吸収障害では，貧血，メンケス病（Menkes：

[*1]　「日本人の食事摂取基準（2025年版）」では女性の場合，月経の有無による推定平均必要量と推奨量の分類，ならびに妊婦の初期か中期・後期，授乳婦への付加量が詳細に設定されている。耐容上限量は設定していないが，貧血でない場合には，鉄サプリメントなどの過剰摂取は控えることを推奨している（表 6-2，付表 24）。

[*2]　ヘム鉄は，ヘモグロビンやミオグロビンなどを多く含む赤身の魚肉や畜肉から摂取でき，吸収率がよい。

[*3]　非ヘム鉄は，食物から摂取される鉄の約 90 % を占め，卵，豆類，緑黄色野菜などに含まれるが，吸収率が低い。非ヘム鉄の多くは3価鉄なので，ビタミンCを同時に摂取し，溶解性の高い2価鉄に還元すると吸収率が上昇する。

[*4]　代表的な吸収促進因子は，ビタミンCである。阻害因子は，卵黄のホスビチン，茶やコーヒーに含まれるタンニン酸が特に有名であり，いずれも鉄と結合して吸収率を低下させる。貧血，とくに鉄剤を服用している人は，食事の前後1時間位の間，茶やコーヒーは控えるのが望ましい。

> **コラム** 思春期女性のPMSと潜在性鉄欠乏状態

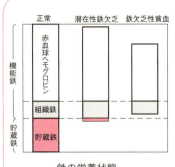

鉄の栄養状態

月経の開始前3～4日間に，「腹部膨満感や乳房痛」「不安定な気分や落ち込み」などを感じたことはないだろうか。こういう不定愁訴をPMS（premenstrual syndrome：月経前症候群）といい，ホルモンバランスの変動などとともに，潜在性鉄欠乏との関連が検討されている。

鉄の栄養状態は，現代においても重要な健康問題である。日本の思春期女性においては，鉄欠乏性貧血者よりも潜在性鉄欠乏者がはるかに多い。潜在性鉄欠乏では，血清鉄のレベルを維持するために貯蔵鉄が利用され，不足する。この状態では，貧血は起こさないものの，月経前に精神的あるいは身体的不定愁訴を多く訴えやすくなるようだ。

潜在性鉄欠乏は，フェリチンやトランスフェリン鉄飽和度を測定しなければ把握できない。ヘモグロビンを測定する通常の貧血検査では判定できず，治療の対象にもならない。食事や休養といった生活習慣を改善して潜在性鉄欠乏に陥らない工夫が必要である。

ねじれ毛病）が起きる。メラニン生成に関与する酵素チロシナーゼの補因子である銅が欠乏すると，毛や皮膚の色素異常が生じる（表6-2，付表25参照）。

表6-9 銅の多い食品

食品名	100g中のCu量(mg)	1回に食べる目安量(g)	目安量中のCu量(mg)
ほたるいか，ゆで	2.97	30	0.89
カシューナッツ，フライ・味付け	1.89	30	0.57
ぶた，スモークレバー	0.92	50	0.46
干しえび	5.17	8	0.41
たらばがに，水煮缶詰	0.58	70	0.41
えだまめ，冷凍	0.42	70	0.29
糸引き納豆	0.60	40	0.24
ココア	3.80	6	0.23

（日本食品標準成分表（八訂増補2023年）

3）亜鉛（Zinc, Zn）

亜鉛は，血液，肝臓，腎臓，脾臓，筋肉などに含まれ，200種類以上の酵素作用に関与している。遺伝子の複製や修復に関与するDNAポリメラーゼやRNAポリメラーゼ，抗酸化酵素，栄養素の代謝と関連の深いアルカリフォスファターゼ，さらにアルコール脱水素酵素，炭酸脱水素酵素などに含まれる。

フィチン酸による亜鉛の吸収阻害はよく知られている[*1]。また亜鉛は，唾液中のガスチン[*2]にも含まれており，欠乏すると味蕾細胞の数が減少して味覚が低下する。近年，軽度の亜鉛欠乏による味覚障害が，日本でも増加する傾向にある。

かきをはじめ，亜鉛を含む食品を表6-10に示した。フィチン酸など

[*1] フィチン酸を含む未発酵パンを主食とする中東地域で，亜鉛欠乏による成長発育障害が見られた。

[*2] 耳下腺から分泌される亜鉛含有たんぱく質の約3％を占める。味蕾細胞を刺激し，発達させ，味覚を敏感にするといわれるが，その機序は明らかでない。

表 6-10　亜鉛の多い食品

食品名	100 g 中の Zn 量(mg)	1 回に食べる 目安量(g)	目安量中の Zn 量(mg)
かき，養殖・水煮	18.0	40	7.2
たらばがに，水煮缶詰	6.3	70	4.4
うし[乳用肥育牛肉]，もも・皮下脂肪なし・焼き	6.4	60	3.8
カシューナッツ，フライ・味付け	5.4	30	1.6
からふとししゃも，焼き	2.4	60	1.4
こめ[水稲めし]，はいが精米	0.7	150	1.1
えだまめ，冷凍	1.4	70	1.0
生揚げ	1.1	80	0.9

（日本食品標準成分表（八訂増補 2023 年）

の亜鉛吸収阻害因子を含む植物性食品を多く摂取している場合は，摂取量を増やすことが必要である。また，人工栄養療法で欠乏症状が多発したことから，亜鉛を強化した輸液が開発された。人乳に比べ亜鉛の生体利用効率の低い人工乳にも，亜鉛添加がされている（表 6-2，付表 24 参照）。

4）マンガン（Manganese, Mn）

マンガンは，ピルビン酸カルボキシラーゼや抗酸化酵素に含まれるほか，糖や脂質の代謝における酵素の活性化や骨形成などに関与する。

マンガンの吸収率は低いが，尿中への排泄量もきわめて少ない。表 6-11 に示すように，含有量は微量であるが，穀類，種実，野菜など植物性食品に広く分布している。とくに茶葉に多く含まれるので，抹茶はよい給源である。通常は欠乏症も過剰症も起こらないが，人工栄養療法における欠乏症と，マンガン取り扱い作業者における過剰症の報告がある（表 6-2，付表 25 参照）。

表 6-11　マンガンの多い食品

食品名	100 g 中の Mn 量(mg)	1 回に食べる 目安量(g)	目安量中の Mn 量(mg)
玉露，浸出液	4.60	150	6.90
ふだんそう，葉・ゆで	4.85	70	3.40
パインアップル，生	1.33	100	1.33
こめ[水稲めし]，はいが精米	0.68	150	1.02
くるみ，いり	3.44	30	1.03
生揚げ	0.78	80	0.62
モロヘイヤ，茎葉・ゆで	1.02	50	0.51
あさり，缶詰・水煮	1.24	40	0.50

（日本食品標準成分表（八訂増補 2023 年）

5）ヨウ素（Iodine, I）

人体に存在する約 20 mg のヨウ素の多くは甲状腺に含まれ，甲状腺ホルモン（トリヨードチロニン，チロキシン）の生成に用いられる。

食物から摂取されたヨウ素は小腸でよく吸収され，ほとんどが尿中に排泄される。日本では海藻類や魚類を摂取するので欠乏症はまれであり，

*1 成人の耐容上限量は 3,000 μg/日であるが，妊婦のヨウ素過剰への感受性の高さや母乳のヨウ素濃度を加味し，妊婦および授乳婦では 2,000 μg/日に設定されている。

過剰摂取[*1]による甲状腺腫がこんぶの産地で報告されている。しかし，世界では，海から遠く土壌中のヨウ素含量の低い内陸地帯で欠乏症が多く発生しており，ヨウ素添加塩やヨードオイルなどを用いて，欠乏症予防に努めている。欠乏すると，甲状腺はヨウ素を血液から集めようとして肥大する（甲状腺腫）。また甲状腺機能障害が起こると，幼児では知能・からだの発育不全や成長障害を起こし，成人では基礎代謝量が低下し，無気力，眠気やうとうと状態などに陥る（表 6-2，付表 26 参照）。

6）フッ素（Fluorine, F）

歯，骨，皮膚などに含まれ，う蝕予防に効果がある。歯を形成するヒドロキシアパタイトがフッ化アパタイトになると安定化して，有機酸による歯の腐蝕を防ぐことができる。飲料水中のフッ素濃度が高い地域では，う蝕発生率が低いことが報告されていることから，歯磨き粉やうがい水にフッ素を添加したり，乳歯にフッ化物を直接塗布することが試みられている。

しかし，飲料水中の含有量が 3 ppm 以上になると，小児では歯の表面に斑状やしま状の白濁が現れる斑状歯が発生する。

7）コバルト（Cobalt, Co）

コバルトを活性中心にもつビタミン B_{12} は，赤血球の成熟過程における補酵素として作用する。コバルトが欠乏すると，ビタミン B_{12} 欠乏時と同様に，悪性貧血を生じる。

葉菜類，畜肉および臓器（肝臓や腎臓）に含まれるので，欠乏症はほとんど起きないが，極端な菜食主義者やアルコール中毒患者にみられる場合がある。

8）セレン（Selenium, Se）

セレンは，抗酸化物質であるグルタチオンペルオキシダーゼの構成成分である。この酵素は赤血球に存在し，過酸化水素や過酸化脂質を分解して，生体膜を安定に保つ働きをしている。また生体内で，水銀やカドミウムなどの有毒性重金属と拮抗し，毒性を低減させるといわれる。近年，甲状腺機能調節酵素や精子の運動性維持に関連するセレン含有たんぱく質が見出され，抗酸化作用以外の働きが検討されている。

魚肉，獣鳥肉，こむぎ，だいずなどが給源であるが，植物性食品中のセレン含量は土壌による影響を受ける。日本では欠乏症はみられないが，土壌のセレン含有量の低い中国の克山（ケシャン）県で，心筋壊死をともなう心疾患が発生し，克山病と名づけられている。一方で，土壌のセレン含有量の高い地域では，セレン中毒による脱毛やつめの変形がみられる（表 6-2，付表 26 参照）。

コラム　代謝調節に欠かすことができないミネラル

活性酸素による酸化ストレスは，DNA，たんぱく質，細胞膜の損傷や過酸化脂質の生成などを引き起こし，生体成分に障害を生じて疾病の発症や老化を促進させる。これらを防御・修復するために働く酵素である，スーパーオキシドジスムターゼ（superoxide dismutase：SOD）にはマンガン，銅，亜鉛が含まれている。グルタチオンペルオキシダーゼ（glutathione peroxidase：POD）にはセレンが存在していることから，これらのミネラルは，抗酸化作用をもつ微量栄養素といわれる。

また，呼吸酵素の中，細胞内での内呼吸（酸素消費と炭酸ガス発生）を行う酸化還元酵素として，オキシダーゼ（oxidase）や，レダクターゼ（reductase）がある。鉄や銅はシトクロムオキシダーゼに含まれ，モリブデンは NADPH デヒドロゲナーゼやキサンチンオキシダーゼに含まれる。

一方，甲状腺ホルモンのトリヨードチロニン（T3）は 3 個のヨウ素を，チロキシン（T4）は 4 個含み，エネルギーやたんぱく質合成などの代謝率を亢進させる，重要な働きを持つ。

9）クロム（Chromium, Cr）

クロムは，体内組織に広く存在して糖質代謝に関わるほか，脂質やたんぱく質代謝に関与する。

食品中のクロム含量は，収穫された土壌や河川・海水のクロム含量に影響される。ビール酵母はよい給源である。必要量は微量であり，人工栄養療法での欠乏症が主である。欠乏すると，耐糖能の低下，角膜疾患のほか，糖尿病，高コレステロール血症，動脈硬化症などを引き起こす。過剰症では，クロム取り扱い作業者の呼吸器障害が知られている（表6-2，付表27参照）。

10）モリブデン（Molybdenum, Mo）

モリブデン含有酵素として，すべての動植物の組織中で，酸化還元反応に関与している。乳製品，豆類，穀類，レバーなどが給源であり，ヒトでの欠乏症は人工栄養療法時の発生例のみである（表6-2，付表27参照）。

11）その他の元素[1]

人以外の高等動物では，ケイ素，スズ，ニッケル，バナジウム，ヒ素の欠乏症状から必須性がほぼ確定し，超微量元素（痕跡元素）とよばれるようになった。今後，人における生理作用が明らかになれば，人に対する必須微量元素が増える可能性がある。

鉛，水銀，カドミウムなどの重金属類は，食品や飲料水を汚染して中毒をおこす有害物質であることが知られており，摂取には注意したい。

[1] その他の元素名と略号を以下に示す。ケイ素（Silicon, Si），スズ（Tin, Sn），ニッケル（Nickel, Ni），バナジウム（Vanadium, V），ヒ素（Arsenic, As），鉛（Lead, Pb），水銀（Mercury, Hg），カドミウム（Cadmium, Cd）。

6-4 水を考える

水は，生体内で物質代謝を行う場として重要である。成人体重の約60％が水であり[2]，生体内に最も多く存在する分子である。生命を保つために必要不可欠な物質であり，人は絶水状態では，数日間しか生存できないといわれる。

（1）水の機能

水は，細胞の中に存在する細胞内液と，細胞外に存在する細胞外液（血液や細胞間液）に分けられ，細胞内外で交流している。多くの物質を溶かす力が強い水は，生命活動の基本である酵素反応の場となっている。水の生体内の働きとしては，i）栄養素の消化や吸収，ii）栄養素の代謝反応，iii）物質の生体内輸送（血液など）や排泄（汗や尿など），iv）体液・血液のpH調節や浸透圧の維持，などがある。さらに，比熱[3]や気化熱[4]が大きいことから，v）発汗作用による体温の維持・調節をも行っている。

[2] 成長期で物質代謝が盛んな乳幼児では，代謝の場となる水分がより多く必要で，新生児や乳児で体重の70～75％，胎児では83～98％に及ぶ。

[3] 1gの水を15℃から16℃に上げるのに必要な熱量を示す。

[4] 常温（20～30℃）で，1gの水が蒸発するさいに奪う熱量のことで，0.58 kcalである。

*1 各栄養素1 g 当たり，脂質 1.07 mL，糖質 0.56 mL，たんぱく質 0.41 mL である。100 kcal あたりでは，各栄養素とも平均 12 mL 程度となる。

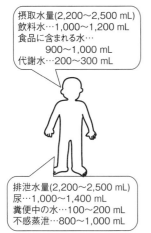

摂取水量(2,200〜2,500 mL)
飲料水…1,000〜1,200 mL
食品に含まれる水…
　　　　　900〜1,000 mL
代謝水…200〜300 mL

排泄水量(2,200〜2,500 mL)
尿…1,000〜1,400 mL
糞便中の水…100〜200 mL
不感蒸泄…800〜1,000 mL

図 6-3　水の出納（成人）

（2）水の出納

図 6-3 に示すように，人の生体内における水の出納は平衡が維持されている。摂取する水は，飲食物から摂取する約 2,000 mL 以外に，栄養素が体内で酸化的に代謝される際に生じる代謝水[*1] の約 300 mL がある。

一方，身体から失われる水としては，腎臓から尿として排泄される量が最も多いが，摂取した水分量に適応して排泄量を大きく変動させ，体内水分量の恒常性を保っている。このうち 400〜500 mL は，栄養素の代謝老廃物を排泄するために必要な不可避尿といわれ，尿量がこれよりも少ない場合は病的な状況である。また，無意識のうちに，皮膚表面から発散する水や呼気中に水蒸気として失われる水を不感蒸泄といい，約 1,000 mL を失う。さらに，消化液として消化管に分泌される大量の水分（1日当たり 7,000〜8,000 mL）は再吸収され，糞便へは約 100 mL が排泄されている。

水だけを失う不感蒸泄とは異なり，汗にはミネラルが含まれたまま排泄される。高温下で激しい運動を続けると，1 時間当たり 1 L 以上もの発汗量になることもある。運動などの著しい発汗時には，ミネラルを含む水を十分に補給することが必要である。

（3）脱水と浮腫

1）脱　水

水にミネラルが溶出してイオン化した状態の電解質を含む体液は，生体の恒常性を保つために必須なものである。脱水とは，生体内の体液量が不足している状態をあらわす。

水の過剰な排泄や摂取不足の場合，水欠乏（高張）性脱水を生じる。細胞外液の Na イオン濃度が上昇して高張液になるため，細胞内液の水が細胞外へ移行する。口渇，嘔吐，濃縮尿などがみられるので，0.45％低張性食塩水を補給する。

一方，大量発汗，嘔吐や下痢，利尿剤の服用などにより大量の体液を排出した後に水分のみを補給した場合，塩欠乏（低張）性脱水になる。細胞外液の Na イオン濃度が減少し低張液になるため，細胞内へ水が移行して細胞内浮腫になる。口渇はないが，倦怠感，嘔吐，けいれんなど著しい症状が特徴で，0.9％生理食塩水を補給する。

成長期で物質代謝が盛んな乳幼児は，発汗量が多い。一方高齢者は，排尿回数を懸念して飲水量を減らす傾向があるだけでなく，口渇感の認識が遅くなる。さらに腎臓での尿の濃縮機能は，乳幼児では未熟であり，高齢者では低下しているため，老廃物の排泄に通常より多くの水分を必要とし脱水に陥りやすいので，注意が必要である。

2）浮　腫

排泄能力を上回る多量の飲水や輸液によって体内に残存した水や，循環障害や腎障害で排泄能力が低下したために溜まった水を，組織間に過剰に貯留した状態を浮腫という。組織間液が増え，皮膚を指で押してもくぼんだままで，すぐ元の状態に回復しない。下肢や眼瞼（まぶた）に多くみられる。

6-5　電解質による調節

体重の60％を占める体液の内，40％は細胞内液，20％は細胞外液である（図6-4）。体液には，電解質が解離した陽イオンと陰イオンが含まれるが，細胞内液（主にK^+, HPO_4^{2-}）と細胞外液（主にNa^+, Cl^-, HCO_3^-）では組成が異なり，体内水分の分布の正常化や，細胞内外の浸透圧変動の平衡化をすすめるだけでなく，一定のpHを保持して酸・塩基平衡のバランスをとる働きをする。特にNaイオンは体液量や浸透圧の調節に必須で，食塩摂取量と腎臓からの排出量で調節される。

体内での酸・塩基平衡は，pH7.40±0.05の範囲に維持されている。生体内で酵素が十分に機能するためにも至適pHの維持は必須条件であることから，血液における緩衝系（炭酸-重炭酸系，リン酸塩系，たんぱく質系），肺からの二酸化炭素の排泄，腎臓での重炭酸イオンの排泄と再吸収によって，体液の酸・塩基平衡の調節を行っている。

動脈血のpHが7.35を下回るとアシドーシス（acidosis），7.45以上になるとアルカローシス（alkalosis）になり，6.8以下あるいは7.8以上では死に至る。体内で最も多く産生される酸性物質は，細胞呼吸に伴って生じる二酸化炭素と，栄養素の代謝産物（アミノ酸，乳酸，ピルビン酸，ケトン体など）である。それぞれ肺と腎臓から排出するが，酸性物質の過剰な産生や，肺炎や腎不全などでの処理能力が低下しているとアシドーシスになる。前者を呼吸性アシドーシス，後者を代謝性アシドーシスという。糖尿病によるケトン体の蓄積も，激しい下痢に伴ったアルカリ性の消化液に含まれる重炭酸イオンの喪失も代謝性アシドーシスになる。一方，二酸化炭素の過剰排泄は呼吸性アルカローシス，アルカリ性の薬物などの過剰摂取や嘔吐に伴う酸性物質（胃液）の過剰排泄は，代謝性アルカローシスを引き起こす。

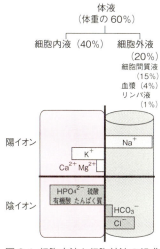

図6-4　細胞内液と細胞外液の組成

演習問題

1. 血中カルシウム濃度の低下時にみられる生体応答に関する記述である。最も適当なのはどれか。1つ選べ。（2024 年）
   (1) カルシウムの腸管吸収率が下がる。
   (2) 活性型ビタミン D の産生が抑制される。
   (3) 骨吸収が促進される。
   (4) 尿細管でのカルシウムの再吸収が抑制される。
   (5) カルシトニンの分泌が促進される。

2. 鉄代謝と栄養に関する記述である。最も適当なのはどれか。1つ選べ。（2023 年）
   (1) ヘム鉄は，植物性食品に含まれる。
   (2) 非ヘム鉄は，二価鉄に還元されて吸収される。
   (3) 体内総鉄量に占める機能鉄の割合は，貯蔵鉄より低い。
   (4) 鉄は，主にトランスフェリンと結合して貯蔵される。
   (5) 鉄欠乏では，血中ヘモグロビン値が血中フェリチン値より先に低下する。

3. 微量ミネラルに関する記述である。最も適当なのはどれか。1つ選べ。（2022 年）
   (1) 鉄は，グルタチオンペルオキシダーゼの構成成分である。
   (2) 亜鉛は，甲状腺ホルモンの構成成分である。
   (3) 銅は，スーパーオキシドジスムターゼ（SOD）の構成成分である。
   (4) セレンは，シトクロムの構成成分である。
   (5) クロムは，ミオグロビンの構成成分である。

4. 電解質に関する記述である。最も適当なのはどれか。1つ選べ。（2022 年
   (1) 電解質の分布は，細胞外液と細胞内液で同じである。
   (2) 血液の pH は，炭酸・重炭酸緩衝系によって調節されている。
   (3) 血液の pH は，6.35 〜 6.45 の範囲に調節されている。
   (4) アルカローシスは，血液が正常範囲から酸性に傾く状態である。
   (5) 血中ナトリウム濃度の上昇は，血漿浸透圧を低下させる。

5. 低張性脱水に関する記述である。最も適当なのはどれか。1つ選べ。（2024 年）
   (1) 血漿ナトリウムイオン濃度が上昇する。
   (2) 血漿浸透圧が上昇する。
   (3) 血圧が低下する。
   (4) 細胞内液量が減少する。
   (5) 尿量が増加する。

7 ビタミン

7-1 ビタミンの必要性を考える

（1）ビタミンの概念

ビタミン（vitamin）を栄養学的立場から見ると，「非常に微量ながらも人および動物の栄養状態に影響を及ぼし，ほとんどの場合に動物体内では生合成されないために外部から摂取しなければならない必須の有機化合物[*1]」と定義できる。体成分の構成材料やエネルギー源となる三大栄養素（たんぱく質，脂質，炭水化物）と違い，生体内の代謝をはじめ種々の器官系の生理現象において潤滑油的な役割を演じている。

このようにビタミンは，一部の例外を除いて体内では合成されず，また合成されたとしても必要量を満たすことができないので，日常の食物から補給しなければならない栄養素である。

現在，栄養学的立場から認識されているビタミンはおよそ13種類であり，その他にいくつかのビタミンに近い因子（ビタミン様作用物質）が知られている。これらすべてのビタミンの化学構造が同定され，そのうえ化学合成も可能となり，最近では医療分野をはじめ食品分野などでも栄養補助成分（サプリメント[*2]）として非常に廉価で供給され利用されている。

ビタミンは溶解性の違いから，水溶性ビタミンと脂溶性ビタミンに分けられている。そして発見の順序あるいは機能の特徴を表すアルファベットが付与されてきた（表7-1，7-2）。表7-2のビタミンB_1からビタミンB_{12}までのものは，総称してビタミンB群ともよばれる。

[*1] 炭素原子を含む化合物をいう（ただし，一酸化炭素，二酸化炭素，炭素塩を除く）。有機化合物の成分元素は主として炭素，水素，酸素，窒素，イオウからなっている。有機化合物の特徴は，①空気で完全に燃えて気体になるものが多いが，最近では燃えにくいものもある。②水に溶けにくいものが多い。③一般に電気，熱の不導体である。

[*2] 日本では，ビタミンやミネラルなどの栄養成分は医薬品や医薬部外品として販売されている。厚生労働省では，1999年から委員会を設け，いわゆる栄養補助食品の扱いについて審議しているが，定義については現在のところ定められていない。米国で1994年に公布された法律（DSHEA）による定義では「栄養補助食品は食事を補充するためのたばこ以外の製品で，ビタミン，ミネラル，ハーブまたは他の植物，アミノ酸，その他の栄養成分のうちの1つ以上を含むもの」としている。

表7-1　脂溶性ビタミンの種類とその機能，欠乏症など

名　称	IUPAC-IUB による常用名	機能：関与する代謝	欠乏症	多く含まれる食品
ビタミンA	レチノール（retinol） レチナール（retinal） レチノイン酸またはビタミンA酸（retinoic acid）	視覚（レチノイン酸を除く），骨，粘膜の正常維持（ムコ多糖類の合成）	夜盲症，角膜乾燥症，成長阻害	（ビタミンA） 魚の肝，魚油，バター，卵黄 （プロビタミンA） ほうれんそう，トマト，にんじん
プロビタミンA	カロテン（carotene）			
ビタミンD：D_2 　　　　：D_3 プロビタミンD	エルゴカルシフェロール（ergocalciferol） コレカルシフェロール（cholecalciferol） エルゴステロール（ergosterol） デヒドロコレステロール（dehydrocholesterol）	活性型（$1\alpha,25$-ジヒドロキシコレカルシフェロール）となってCa^{2+}（P）の腸管吸収，Ca^{2+}動員	くる病，骨軟化症	魚の肝，魚肉，バター，卵黄，しいたけ
ビタミンE	トコフェロール（tocopherol） トコトリエノール（tocotrienol）	生体内抗酸化作用	不妊症，筋萎縮症（ネズミ），脳軟化症（ニワトリヒナ）など	植物油，卵，バター，肝
ビタミンK：K_1 　　　　：K_2	フィロキノン（phylloquinone:K） メナキノン（menaquinone:MK）	プロトロンビンおよび血液凝固に関するVII，IX，X因子，骨たんぱくたんぱく質の合成	血液凝固阻害	緑黄色野菜，トマト，海草，肝

（2）栄養素としてのビタミン

　食事中に含まれるビタミンが欠乏したり，また全く含まれていない場合には，そのビタミン特有の欠乏症状が現れる。

　欠乏症を未然に防ぐための指針となる摂取量は，いままでも「日本人の食事摂取基準」の中で示されてきた。ビタミンは，他の栄養素と同様に，生体が正常な機能を維持するためには，常に一定の必要量が摂取されていなければならない。ビタミンは必要量が微量であり，また，その必要量に関しては性や年齢などによって違いが見られる。

　多くのビタミンに関するヒトでの研究では，被験者にビタミン欠乏食を摂らせ欠乏症状が出現したのち，回復実験で一定期間のビタミン投与を行い，欠乏症状が軽快することを確認し，欠乏症状を予防するに足る（欠乏の回避）量を求めてきた。日本人の食事摂取基準（2025年版）では，生後11か月以下の月齢においては，ビタミンB_1，ビタミンB_2，ナイアシン，ビタミンB_6，ビタミンB_{12}，葉酸，パントテン酸，ビタミンC，ビタミンE，ビタミンKには，「目安量」を設定し，ビタミンAおよびビタミンDには，「目安量」および「耐容上限量」を設定している。また1歳以上では，脂溶性および水溶性ビタミンの多くに，「推定平均必要量」や「推奨量」を設定し，それらを算定するに足る科学的根拠がないビタミンD，ビタミンE，ビタミンK，パントテン酸，ビオチンにつ

*1　健康障害をもたらすリスクがないとみなされる習慣的な摂取量の上限を与える量として過剰摂取による健康障害の回避を目的として，日本人の食事摂取基準（2015年版）より，「耐容上限量」（tolerable upper intake level）を設定している。食事摂取基準の各指標のうち「推定平均必要量」は，不足リスクが50％，「推奨量」は2〜3％，「耐容上限量」以上を摂取した場合には過剰摂取による健康障害が生じる潜在的なリスクが存在することを示しており，「推奨量」と「耐容上限量」の間の摂取量では，不足のリスクおよび過剰摂取による健康障害が生じるリスクがともにゼロに近いことを示すことになる。

表 7-2 水溶性ビタミンの種類とその機能, 欠乏症など

名 称	IUPAC-IUB による常用名	補酵素	機能：関与する代謝	欠乏症	多く含まれる食品
ビタミン B_1	チアミン (thiamin)	チアミンピロリン酸 (TPP) またはチアミン二リン酸 (TDP)	糖質, 分岐脂肪酸代謝	脚気, 多発性神経炎, ウェルニッケ脳炎	穀物胚芽, 酵母, 豆類, 肝, 芋
ビタミン B_2	リボフラビン (riboflavin)	フラビンモノヌクレオチド (FMN), フラビンジヌクレオチド (FAD), フラビンペプチド	生体酸化	舌炎, 口角炎, 皮膚炎など	牛乳, 卵, 酵母, 緑黄色野菜, 肝, 肉
ビタミン B_6	ピリドキシン (pyridoxine:PN) ピリドキサール (pyridoxal:PL) ピリドキサミン (pyridoxamine:PM)	ピリドキサールリン酸 (PLP), ピリドキサミンリン酸 (PMP)	アミノ酸代謝	皮膚炎 (ネズミ), 貧血 (サルなど)	酵母, 豆, 穀類, 肝, 肉
ナイアシン	ニコチン酸 (nicotinic acid) ニコチンアミド (nicotinamide)	ニコチンアミドアデニンジヌクレオチド (NAD), ニコチンアミドアデニンジヌクレオチドリン酸 (NADP)	生体酸化	ペラグラ, 黒舌病 (イヌ)	肉, 肝, 豆, 葉菜, 小麦胚芽, 酵母
パントテン酸	パントテン酸 (pantothenic acid)	CoA, ホスホパンテテイン (酵素またはたんぱく質と共有結合)	アシル基転移 (脂質, 糖質代謝)	皮膚炎 (ニワトリ)	肉, 肝, 牛乳, 種子類, 大麦, 胚芽米
ビオチン	ビオチン (biotin)	酵素タンパク質と共有結合	CO_2 の結合, 転移 (脂肪酸, 糖質代謝)	皮膚炎 (ネズミ)	肝, 肉, 牛乳, 酵母, 卵黄, 野菜, 穀類
葉酸またはフォラシン	葉酸 (folic acid または pteroyl glutamic acid)	テトラヒドロ葉酸 (H_4PteGlu)	C_1 単位転移 (核酸, アミノ酸代謝)	悪性貧血	緑葉, 肝, 酵母, キノコ
ビタミン B_{12}	シアノコバラミン (cyanocobalamin) ヒドロキソコバラミン (hydroxocobalamin)	アデノシルコバラミンまたはメチルコバラミン (ビタミン B_{12} 補酵素)	異性化反応, メチル化反応, 脱離反応など (脂肪酸, アミノ酸代謝)	悪性貧血	肝, 卵黄, 魚肉
ビタミン C	アスコルビン酸 (ascorbic acid)	−	ヒドロキシル化反応 (アミノ酸代謝)	壊血病	果物, 野菜, 芋類

いては,「目安量」が設定されている。なお 1 歳以上においても一部の
ビタミンには,「耐容上限量」を設定している。

（3）ビタミン発見・研究の歴史

ビタミンの発見・研究の歴史とは, ビタミン欠乏症研究の歴史のこと
と言える。

脚気（ビタミン B_1 欠乏）, ペラグラ（ナイアシン欠乏）, 壊血病（ビ
タミン C 欠乏）, くる病（ビタミン D）, 悪性貧血（ビタミン B_{12} 欠乏）
などは, 5 大ビタミン欠乏症と言われるが, 多くの科学者達の努力の結
果が集まり, 新たなビタミンが発見されるに従い, 多くの欠乏症が克服
され, それらの代謝と生命現象との関係が少しずつ解き明かされてきた。

ところでビタミンは, 1912 年にフンク Funk（ポーランド 1884～

*1 微生物の1つで，真菌植物の子嚢菌類に属する。多くは細胞内に多数の核をもち，その間にしきりがない。酵母は，ぶどう糖・しょ糖のような単・少糖類を利用して分解する能力をもち，嫌気的条件下では二酸化炭素とエタノールを，好気的条件下では二酸化炭素と水とを生成する。

*2 アンモニア（NH_3）の水素原子 H が炭化水素基 R に置換したものをいい，R の数により 1 級アミン（R_1-NH_2），2 級アミン（R_1R_2＞NH），3 級アミン（R_1R_2＞N-R_3）という。脂肪族アミンとは R が脂肪族のものをいい，R が芳香族であれば芳香族アミンという。アミンは種々の生理作用を示し，食品中に多量生成された場合は＜アレルギー様中毒＞の原因となる。特にヒスタミンなどが有害である。

1967：米ぬか・酵母[*1]からの有効成分の抽出）によって命名された名称である。一方，日本の鈴木梅太郎（1874～1943）は，1910 年に米ぬか中から有効成分を分離して，オリザニンと名づけた。その後アイクマン Eijkuman（オランダ 1858～1930）も同様成分の米糠中の存在を推定していた。彼らが抽出した成分は，塩基性の一種のアミン[*2]と考えられ，生命に必要なアミンという意味で「vitamine」と名付けられたのである。ところがその後 1915 年に，マッカラム McCollum（アメリカ 1879～1968）は従来の栄養素の他に，成長・繁殖に必要な脂溶性と水溶性の副栄養素の存在を指摘し，ドラモンド Drummond（イギリス）により，アミンの意味を除外した上で，栄養学上不可欠な因子という意味の総称として，改めて「e」を取って「vitamin」としたのである（1920）。現在ではがん，循環器疾患，糖尿病などの生活習慣病などに対するビタミンの作用機序が注目され，老年者におけるビタミン代謝の研究や，加齢・老化の機序に対するビタミンの作用などの研究が進められている。

表 7-3 ビタミン発見・研究の流れ

ビタミン B_1	(1911)	ビタミン K	(1935)
ビタミン E	(1924)	ビタミン D	(1936)
チアミン	(1926)	ニコチン酸・ニコチンアミド	(1937)
アスコルビン酸	(1928)	パントテン酸	(1938)
ビタミン A	(1931)	ビタミン B_6	(1938)
リボフラビン	(1933)	葉酸	(1942)
ビオチン	(1935)	ビタミン B_{12}	(1948)

また近年，わが国では国民の栄養状態が改善され，ビタミン欠乏症を呈する者は減少しており，先進諸国と言われる国々においても過去の疾患となりつつある。しかし，全く問題がなくなったわけではなく，潜在性ビタミン欠乏症という状態にある者がかなり存在するという報告も見られる。顕在性ビタミン欠乏症（従来のビタミン欠乏症）と潜在性ビタミン欠乏症の違いは，図 7-1 に示したように氷山に例えられる。ビタミン欠乏症に見られる典型的な症状は出ないが，血液中のビタミン濃度が低いという者が潜在性欠乏症に当てはまると考えられる。

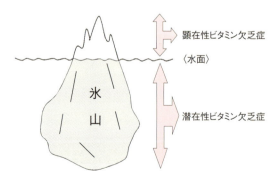

図 7-1　顕在性ビタミン欠乏と潜在性ビタミン欠乏症とその関係

これは、ビタミン欠乏症が起こるほどにはビタミンが欠乏していないが、身体機能を正常に保つために十分な量が得られておらず、臨床症状的には疲労感や倦怠感、不眠、食欲不振、抵抗力・免疫力の低下など、いわゆる不定愁訴を訴えることが多いと思われ、食生活や身体状況などの何らかの変化により顕在性ビタミン欠乏症に陥ることもあると考えられる。

7-2 各脂溶性ビタミンの働きと欠乏・過剰について

（1）ビタミン A

1）概　要

ビタミン A は**レチノール**（retinol）とも言われ、一般的には動物のみに存在する。代表的な構造としては、A_1 系と言われる全トランス-レチノールと A_2 系の全トランス-3-デヒドロレチノールがある。またそれぞれにアルコール型、アルデヒド型、カルボン酸型の3つの型がある（図7-2）。また海産動物には A_1 系、淡水産動物には A_2 系のものが多く含まれている。

	A_1 系（全-トランス-レチノール）	A_2 系（全-トランス-3-デヒドロレチノール）
アルコール型	(1) レチノール　　$C_{20}H_{30}O$	(4) 3-デヒドロレチノール　　$C_{20}H_{28}O$
アルデヒド型	(2) レチナール　　$C_{20}H_{28}O$	(5) 3-デヒドロレチナール　　$C_{20}H_{26}O$
カルボン酸型	(3) レチノイン酸　$C_{20}H_{28}O_2$	(6) 3-デヒドロレチノイン酸　$C_{20}H_{26}O_2$

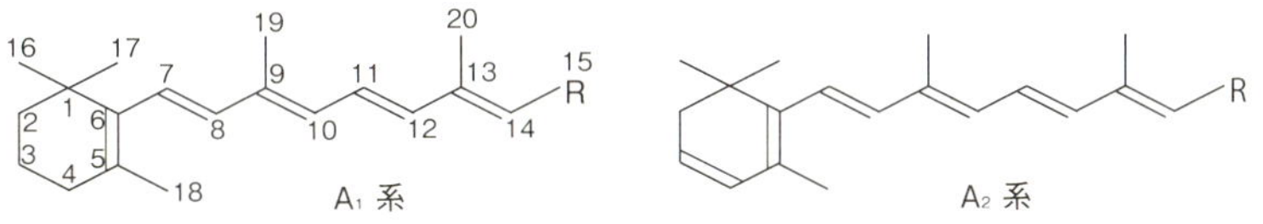

(1) R=CH$_2$OH
(2) R=CHO
(3) R=COOH

(4) R=CH$_2$OH
(5) R=CHO
(6) R=COOH

図7-2　ビタミン A の構造上の違い

一方、**プロビタミン A** の代表的な物質とされている **β-カロテン** は、主ににんじんやかぼちゃなどの高等植物[*1]中などに存在する。地球上の存在量は莫大な量になると推定されている。

ビタミン A 効力[*2]の多い食品は、レバー、うなぎ、あなご、しゅんぎく、にんじん、さつまいも、かぼちゃ、ほうれんそう、こまつな、ブロッコリーなどである。

2）働　き

食物中に含有されるビタミン A は脂溶性ビタミンという性質上、脂

*1　種子植物・シダ植物のように、維管束があり根・茎・葉など体制の高度に分化した植物の総称。

*2　ビタミン A 効力の1国際単位（IU）とは、全トランスレチノール 0.3 μg（全トランスレチノールアセテート 0.344 μg）あるいは全トランスβ-カロテン 0.6 μg の示す効力と等しい。しかし、五訂日本食品成分表では、レチノールとカロチンが別々に表示されるようになった。従来のビタミン A 効力はなくなり、レチノール当量とされ、レチノール（μg）の表示とカロテン当量（μg）の表示に分けられた。

*1 RBP（retinol-binding protein）と略される。ビタミンA（レチノール）を輸送するたんぱく質で，肝細胞で合成される。181個程度のアミノ酸からなる1本のポリペプチド鎖であり，分子量21000，沈降定数2.3Sの低分子たんぱく質で，糖質を含まない。

質と共に小腸の粘膜上皮細胞においてレチノールとして吸収される。吸収後，肝臓に取り込まれ，一定量（約90%）が貯蔵される。残りはレチノール結合たんぱく質*1（retinol-binding protein，RBP）と結合し，血液によって各組織に運ばれ，主として角膜，皮膚，粘膜などの上皮組織のタンパク質と結合し，組織を健全に保持する働きをしている。また成長促進や生命維持，糖たんぱく質・糖脂質の生合成，形態形成（細胞増殖・分化の抑制），免疫機構の維持などに働いている。

生体内におけるビタミンA，プロビタミンAの存在形態相互関係とレチノイン酸の代謝について図7-3に示す。

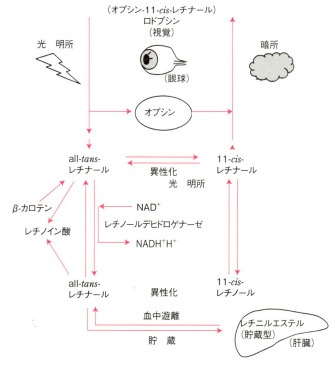

図7-3 ビタミンA，プロビタミンAなどの代謝簡略図

3）欠乏と過剰

ビタミンA欠乏症で最初に起こることは，夜盲症*2（night blindness）である。体内においてビタミンAの異性体である11-シス-レチナールは，目の網膜にあり光を感知する桿体細胞*3のアポたんぱく質であるオプシン（opsin）と結合し，視物質ロドプシン（rhodopsin）という赤色色素になる。したがって，ビタミンAが欠乏して血液中のビタミンAが低下すると，ロドプシンが生成されなくなり，暗順応*4ができずに夜盲症となる。そしてこの欠乏状態が続くと，角膜に変化が起き，ひどい場合は失明する。さらに加えて皮膚にも異常が生じ，角化が起こったり，粘膜が乾燥し，病原菌などに対して抵抗性が失われ感染症に罹患しやすくなる。

*2 網膜の視細胞のうち，桿体の機能障害があり，光覚の減弱または暗順応遅延を示す病態。小口病，網膜色素変性症などに伴う先天性夜盲と，ビタミンA欠乏によって生じる後天性夜盲などがある。後者は光のエネルギーを電気のエネルギーに変換し，視覚中枢に刺激を送って物を認識することができるロドプシンが不足することによる。ロドプシンとはビタミンA（レチノール）のアルデヒド型であるレチナールを発色団とするカロテノイドたんぱく質である。

*3 網膜に存在し，うす暗いところで明暗を感じる夜間視の受容器（視細胞）である。ヒトの1眼には約$1.2×10^8$個あり，錐体細胞よりはるかに多い。黄斑部（眼球後極にある直径2mmの非常に高度な分解能を有する部位）中心部の中心窩では桿体細胞がなく，錐体細胞のみが感覚線維と1対1の対応をしている。

*4 明所から暗所に入ると初めは見えにくいが，しばらくすると，暗所に順応して見えるようになること。暗順応は主に桿体細胞が関与する。

一方，ビタミンAには過剰症が存在する。その過剰症には急性中毒と慢性中毒がある。急性中毒症状は，脳脊髄液圧の上昇に伴う幼小児での泉門の膨張，成人での後頭部の疼痛，その他粘膜の落屑などである。慢性中毒は，頭蓋内圧亢進，筋肉痛，疲労などである。

> **コラム** デートとビタミンAの関係
>
> 最近では，ビデオレンタルショップなどが多くでき，チケットを買って映画館まで行って映画を見るような機会も少なくなった。しかし，デートなどの際に映画館を選んだなら，次のことを試してみよう。暗反応に関しては前述したが，暗い館内に入ってもすぐには暗反応は起こりにくいものである。そういうときは，入館する少し前から，片目を閉じて片方の手のひらで覆ってみる。そして館内に入り，その手を取ったら閉じた方の眼が暗がりでもよく見えることに気づくだろう。これは，明るい場所でも目を閉じて手で覆うことで暗反応を起こしておけるというものである。これなら，館内でつまずいたりすることはないであろう。ただし，そのためには日頃からビタミンAを含む食品の摂取を心がけることである。

(2) ビタミンD

1) 概　要

ビタミンDは，カルシフェロール（calciferol）とも言われ，プロビタミンDの紫外線照射[*1]によって生成するすべての抗くる病因子（antirachitic factor）のことを言う。ビタミンDには側鎖構造が異なるビタミンD_2〜D_7があるが，これらのうち生物効力が高く，かつ自然界でもその分布が多いのは，D_2とD_3の2種類のみである。一般にビタミ

*1 紫外線は，約3800Å（380 nm）より短くX線にいたるまでの波長の電磁波をいう。太陽光・殺菌灯・アーク灯から放射される光に含まれる。多くの色素は紫外線で化学変化を起こし退色し，日焼けやビタミンD生成作用などがある。紫外線照射不足がおこるとビタミンDが生成されず，骨基質カルシウムの沈着障害がおこるため，骨の軟化と発育障害（くる病など）がおこる。

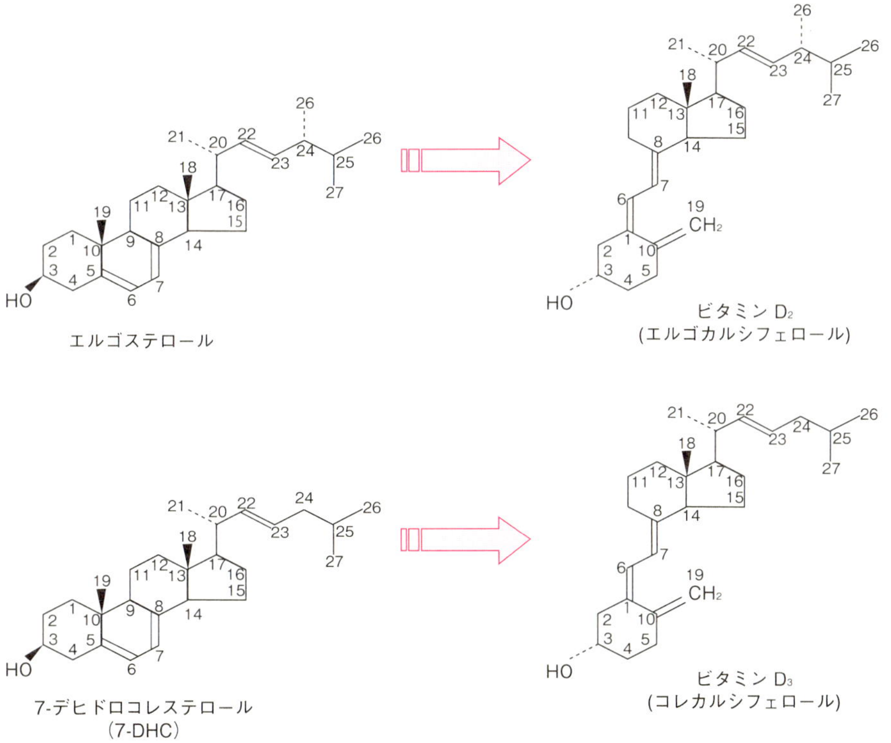

図7-4　紫外線によるプロビタミンDからビタミンDの生成に伴う化学構造の変化

ンDというときには，ビタミンD_2（エルゴステロール→エルゴカルシフェロール）とビタミンD_3（7-デヒドロコレステロール（7-DHC）→コレカルシフェロール）のことを指す（図7-4）。

ビタミンDが多く含まれている食品としては，うなぎ，回遊魚などをはじめ，干ししいたけやきくらげなどがある。

2）働き

ヒトを含む哺乳動物に対して，ビタミンD_2もビタミンD_3もほぼ同様の生理活性を示す。肝臓で作られた7-DHCから紫外線を受けた皮膚において生成されたビタミンD_3および経口的に摂取されたビタミンD_3は，最初に肝臓で25位が水酸化されて25-ヒドロキシコレカルシフェロール（25-OH-D_3）となり，次に腎臓で1位の水酸化を受け1α-25-ジヒドロキシコレカルシフェロール（1α,25-(OH)$_2$-D_3）となる。これがビタミンD_3の最終的な活性型構造（**活性型ビタミンD**）とされる。

活性型ビタミンDは，甲状腺のC細胞から分泌されるカルシトニンや副甲状腺から分泌される副甲状腺ホルモン（PTH）と相互に作用しあいながら，骨塩[*1]動員や小腸でのカルシウム輸送，血清カルシウムの恒常性維持などに働いている。すなわち活性型ビタミンDは，その標的器官となる十二指腸においてカルシウムの吸収を，また小腸全域におい

*1　骨は，有機成分のコラーゲンでできた骨母質に，骨塩が沈着して形成されている。骨塩は，カルシウム，リン酸塩，および水酸基からなり，これに少量のマグネシウム，ストロンチウム，重炭酸塩，フッ素が含まれる。

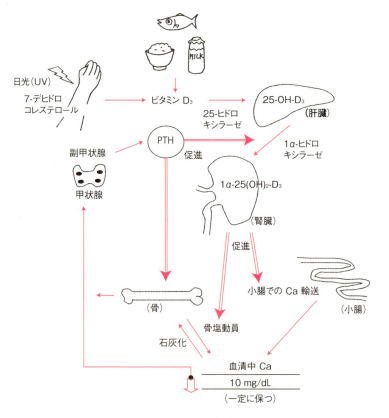

図7-5　ビタミンDの活性代謝とその生理作用

てリン酸の吸収を促進する役目を果たす。さらに別の標的組織である骨組織において血液中へのカルシウムやリンの動員を促進し，血清中のカルシウムとリン酸の濃度を高め，最終的には骨の形成を促進する働きを持つ（図 7-5）。

3）欠乏と過剰

ビタミン D が欠乏した場合には，骨の石灰化障害によって乳幼児や小児ではくる病[*1]（rickets），成人では骨軟化症[*2]（osteomalacia）になるとされるが，これらは同様の症状である。また，最近問題視されている閉経期の女性や高齢者に見られる骨粗鬆症[*3]（osteoporosis）も，ビタミン D の摂取不足が一因の場合がある。一般に日本人の普通の食生活では，ビタミン D 欠乏症は見られない。一方，ビタミン D の過剰摂取による障害も重要であり，過剰状態になるとカルシウム動員が激しくなり，血清中のカルシウムとリン酸が増加し，軟骨組織の石灰化や腎臓・筋肉などにカルシウムの沈着が見られ，腎臓はカルシウムを排泄するための負担が強くなりすぎて腎不全となる場合も出てくる。

（3）ビタミン E

1）概　　要

ビタミン E は，トコフェロール（tocopherol）ともいう。この語源は「tocos」がギリシャ語の「子供を産む」，「phero」は動詞で「力を与える」と言う意味で，この物質がアルコールであることから語尾に「ol」をつけたものである。緑葉植物，海藻類，甲殻類，魚類，高等動物など自然界全体に広く分布している。化学構造的には，トコールおよびトコトリエノールの同族体があり，それぞれ α，β，γ，δ の 4 種類で計 8 種類

トコフェロール	トコール	分子式	分子量	トコトリエノール		分子式	分子量
$\alpha -$	5,7,8-トリメチル-	$C_{29}H_{50}O_2$	430.71	$\alpha -$	5,7,8-トリメチル-	$C_{29}H_{44}O_2$	424.67
$\beta -$	5,8-ジメチル-	$C_{28}H_{48}O_2$	416.69	$\beta -$	5,8-ジメチル-	$C_{28}H_{42}O_2$	410.64
$\gamma -$	7,8-ジメチル-	$C_{28}H_{48}O_2$	416.69	$\gamma -$	7,8-ジメチル-	$C_{28}H_{42}O_2$	410.64
$\delta -$	8-メチル-	$C_{27}H_{46}O_2$	402.66	$\delta -$	8-メチル-	$C_{27}H_{40}O_2$	396.61

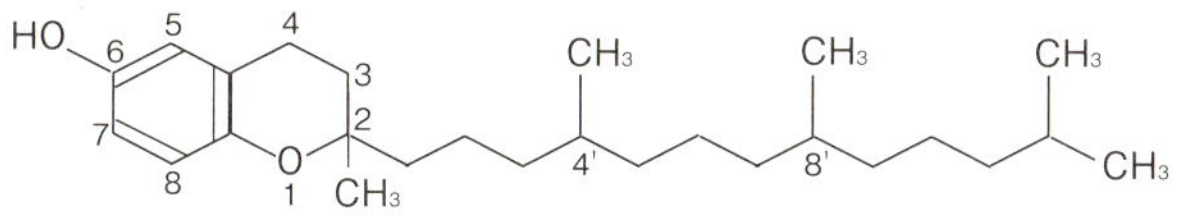

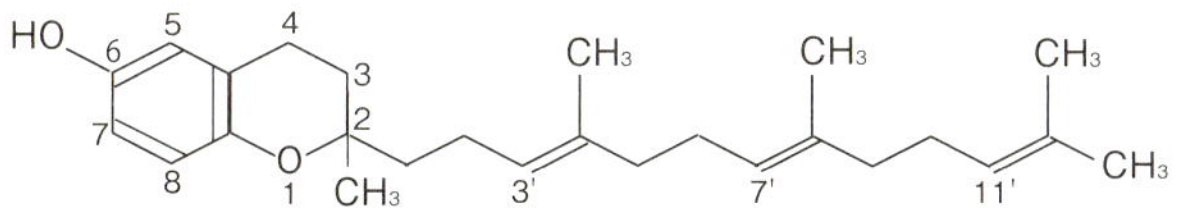

*1　ビタミン D 欠乏により，腸管からのカルシウム・リンの吸収障害を起こし，その結果おこる化骨障害。身長が伸びず（侏儒，こびと），脊柱わん曲，下肢骨わん曲（X 脚や O 脚），胸部変形（鳩胸）などをきたし，骨折を起こしやすい。小児に多く，また日光に当たる機会の少ない雪国に多い。

*2　骨の石灰化障害により類骨組織の増加する病態を総称している。ビタミン D 欠乏やその他種々の代謝性疾患により惹起される。幼児や小児期の骨の発育期におこると，骨の発育障害や変形が顕著となり，くる病とよばれる。それに対し成人発症のものを骨軟化症とよぶ。ビタミン D 欠乏，吸収不良症候群，腎・尿細管異常やその他の成因による。

*3　加齢とともに骨にあらわれる萎縮症で，骨折を起こしやすい状態である。更年期以降の婦人に生じやすいのはエストロゲン分泌の減少によるが，成長ホルモン・甲状腺ホルモン・副腎皮質ホルモンの過剰によって若年者に生ずることもある。

図 7-6　ビタミン E の同族体分類と誘導体

の誘導体が存在する（図7-6）。

これらのうち，体内に対してビタミンEとして生理活性[*1]が強いのは，$α$-トコフェロールであり，生体組織においてトコフェロール全体の約90％を占めている。$α$-型の生理活性値を100とすると$β$-型は50前後，$γ$-型は10前後，$δ$-型は1以下であり，これらの積算合計値をビタミンE効力あるいは$α$-トコフェロール当量（$α$-tocopherol equivalent, $α$-TE, mg）として表される。

2）働き

トコフェロールは，動・植物界に広く分布しているが，特に含有量が高いのは，小麦胚芽油，大豆油，トウモロコシ油，綿実油，タラ肝油などで，すべて$α$-トコフェロールであり，天然ビタミンEの原料となる。

ビタミンEの主たる生理作用は，油脂などの脂溶性物質酸化反応を抑制することである。生体内のビタミンEは，脂溶性であるため広く生体膜に分布し，生体膜を構成するリン脂質中不飽和脂肪酸の過酸化反応および関連のフリーラジカルの過剰な生成を抑制する。この生理活性を示すためには，ビタミンEが一定濃度以上存在することが必要である。

3）欠乏と過剰

様々な報告を見ても，ビタミンE欠乏のヒトは非常にまれである。1955年にアメリカにおいてビタミンEの欠乏症についてヒトにおける状況解明のための欠乏実験が行われたが，明確な結果を得ることはできなかった。ただ赤血球の過酸化水素に対する溶血[*2]亢進が見られた。また1965年頃の未熟児保育において，ビタミンE欠乏症の症状として以下の7点が見受けられた。i）血清ビタミンE値の低下，ii）赤血球過酸化水素溶血の亢進，iii）貧血，iv）赤血球寿命[*3]の短縮，v）血小板増多，vi）浮腫[*4]，vii）湿疹である。

一方，ビタミンEの耐容上限量[*5]を設定するにあたって，ビタミンE効力を持つ$α$-トコフェロールは，低出生体重児において補充投与すると出血傾向が上昇することも報告されているが，乳児にはこれまで耐容上限量に関するデータがほとんどないことなどから食事摂取基準2025では，耐容上限量は設定されなかった。それ以外には，年齢に応じて示されている。

（4）ビタミンK

1）概　要

血液の凝固に関係するビタミンということから凝固を意味するドイツ語「Koagulation」の頭文字を取ってビタミンKと名付けられた。天然に存在するビタミンKは2種類に大別される（図7-7）。1つはビタミンK_1で，フィロキノン（phylloquinone）とよばれ，緑葉野菜に多量に

[*1] 細胞あるいは細胞集団等で産生された物質が何らかの生理作用を及ぼす力のこと。

[*2] 赤血球が破れ，血色素（ヘモグロビン）などの内容が赤血球外に出ること。原因として，①抗原抗体反応によるもの，②物理的・化学的・生物学的要因の2つに大別される。溶血が生体内で強く起こると，貧血と黄疸が現れる（溶血性黄疸）。

[*3] 赤血球の寿命は平均120日であり，寿命が終わると，肝・脾・骨髄などで捕捉され分解される。毎日，全血液の0.8～1％，約30～50mLの赤血球が更新される。

[*4] 組織の細胞間，とくに皮下のそれに水分が異常に蓄積した状態をいう。たんぱく質欠乏症・腎疾患などによる血漿たんぱく質濃度の低下や，心不全による毛細血管圧の上昇は浮腫の原因となる。

[*5] 健康障害非発現量（no observed adverse effect level : NOAEL）のこと。「日本人の食事摂取基準（2025）」において策定された食事摂取基準には，「健康障害が発現しないことが知られている習慣的な摂取量」の最大値とされている。

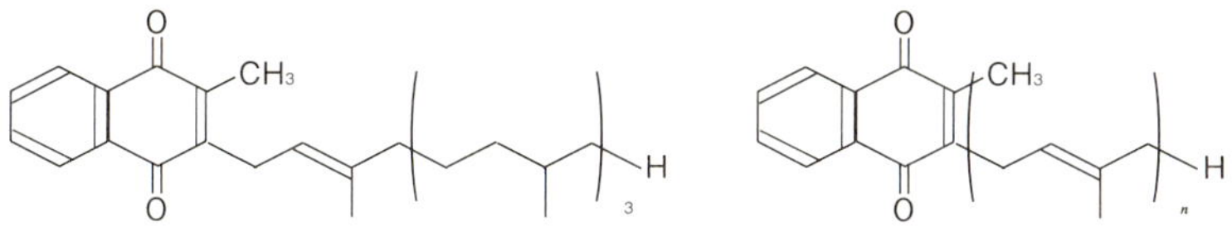

7 ビタミン

フィロキノン
（ビタミン K_1）

メナキノン-n
（ビタミン K_2）

図 7-7　ビタミン K_1 とビタミン K_2 の化学構造

含有されている。同一の野菜でも陽の当たる外側の葉の方が内側の葉に比べて K_1 の含有量が多いとされる。緑葉野菜以外では、マーガリン、植物油、豆類（黄粉、味噌、納豆など）、海藻類（あまのり、ひじき、わかめなど）、魚介類（さば、あわび、さざえなど）にも少量含まれている。もう 1 つは、腸内細菌が合成する K_2 で、メナキノン（menaquinone）とよばれる。一般にビタミン K とは、ビタミン K_1 とメナキノン-4 のことをいい、両者の活性はほぼ等しい。

2）働　　き

ビタミン K は血液凝固因子である II 因子（プロトロンビン）、VII 因子（proconvertine）、X 因子（Stuart 因子）などの肝臓での生成に必要であり、ビタミン K の欠乏により凝固時間が長くなり出血傾向を来すこととな

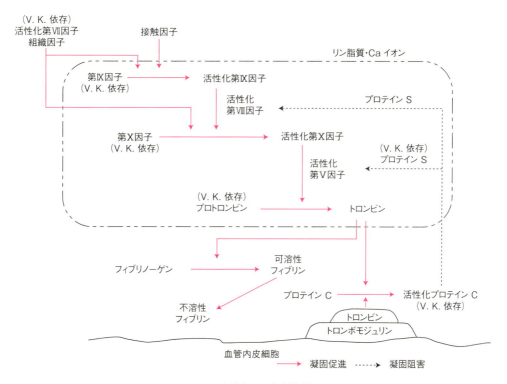

図 7-8　血液凝固の抑制機構

（日本ビタミン学会編、『ビタミンハンドブック①脂溶性ビタミン』、85、1989 を改変）

る（図7-8）。

生体内のメナキノン類は，食事から摂取されるものの他に，腸内細菌が産生する調査のメナキノン類と，組織内でフィロキノンから酵素的に変換し生成するメナキノン-4がある。通常の食生活では，ビタミンK欠乏症は発症しない。

3）欠乏と過剰

ビタミンK欠乏症の中で問題とされるのは，新生児（特発性）出血症，乳児ビタミンK欠乏性出血症，手術後の患者などである。とくに新生児では，出生時におけるビタミンKの備蓄が少ないことに加えて腸内細菌叢[*1]も未熟なため腸内細菌が合成するK_2の供給を期待できない。また新生児では，成人に比べビタミンKの吸収が悪いことや母乳中に含まれるビタミンK含有量が少ないことがあり，出生直後に授乳量が少ないとビタミンK欠乏に陥ることがある。そのため最近では出生直後にビタミンKを投与して予防に努めている。

*1 腸内の細菌集団。菌叢は年齢や個人により多少変動するが，ビフィズス菌（*Bifidobacterium*）その他で，グラム陰性の大腸菌群も含まれており，腸内細菌総数は10^{11}〜10^{12}個/g腸内容物である。消化，吸収，栄養，毒素，免疫，がん化など，健康や寿命と深く関わっていると言われる。

7-3 各水溶性ビタミンの働きと欠乏・過剰について

（1）ビタミンB₁

1）ビタミンB₁の概要

ビタミンの発見・研究の歴史の始まりを飾ったのがビタミンB_1であり，日本でも鈴木梅太郎によって1910年に発見された最初のビタミンで，**チアミン**（thiamin）と言う名前を持つ。ビタミンB_1は，生体内や食品中では主としてビタミンB_1と3種類のビタミンB_1リン酸エステルとして存在しており，食品の中では主に穀類などに遊離の状態で含まれている（図7-9）。

ビタミンB_1は水溶液の中ではきわめて不安定で，熱，アルカリ，化

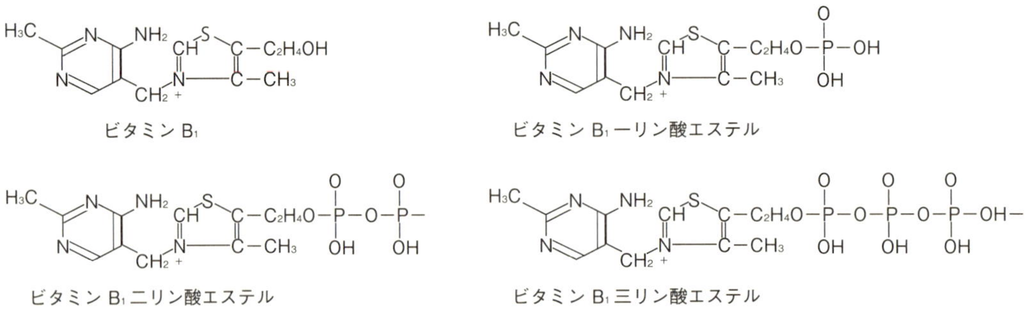

図7-9　ビタミンB_1の4つの型

7 ビタミン

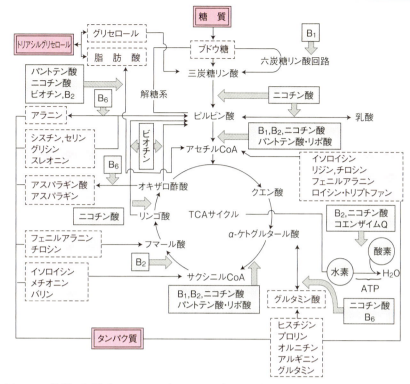

図7-10 糖質，脂質（トリアシルグリセロール）およびたんぱく質の代謝とビタミンB群との関係略図
内藤　博・吉田　勉編, 前川昭男，「栄養学（1）食品と栄養」, 有斐閣（1979）
（本書の統一上「トリグリセリド」を「トリアシルグリセロール」に変更した。）

学物質などにより容易に分解される。有機塩基なので各種の塩化物を形成することができる。それにはビタミンB_1の塩酸塩，硝酸塩あるいはロダン酸塩などの形があり，結晶化されて製剤に利用される。

2）働　き

ビタミンB_1は主として空腸部分で吸収されるが，水溶性ビタミンでもあるため体内にはあまり蓄積されない。過剰に体内に入ったビタミンB_1の大部分は尿中へ排泄される。ビタミンB_1は，生体において糖質代謝酵素の補酵素として活躍するが，構造としてはビタミンB_1二リン酸エステル（TDP）であり，これが生体内の通常の形で，活性型ビタミンB_1と言われる。ビタミンB_1についての生体内における各存在型の相互変換を図7-10に示した。

生体内での生理作用としては，ペントースリン酸サイクル中でのトランスケトラーゼ，ピルビン酸と$α$-ケトグルタル酸の酸化的脱炭酸に関与するピルビン酸脱水素酵素や$α$-ケトグルタル酸脱水素酵素などの補酵素となる（図7-11）。

3）欠乏と過剰

ビタミンB_1の欠乏症には，脚気とウエルニッケ脳症がある。前者は

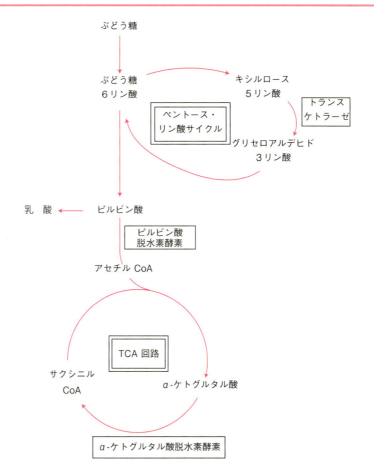

図 7-11　ビタミン B_1 二リン酸の関与する代謝経路

末梢神経を標的組織としていて，日本・中国・東南アジアなどの米穀を主食とする国々に多発し，後者は中枢神経を標的組織として欧米先進国に多発しているという違いがある。この理由は，よくわかっていない。日本でも近年局所的に脚気が発生しているが，自覚症状として，全身倦怠感，疲労感，運動による動悸，息切れ，手足のしびれ，下肢のむくみ，食欲不振などがある。

（2）ビタミン B_2

1）概　　要

ビタミン B_2 は リボフラビン（riboflavin）と言われ，発育ビタミンとも呼ばれ，主として生体内酸化還元反応や酸素添加反応に作用する酵素（フラビン酵素）の補酵素となって，エネルギーの生産，物質代謝，薬物代謝に関与するビタミンである。

摂取する食事にビタミン B_2 が欠乏すると，体内における FAD（図 7-12）が減少するため酸化反応に支障をきたす。また FAD は，補酵素として体内代謝における水素の転移反応（電子伝達系[*1]）に関与しているため，不足した場合はエネルギー産生を低下させることになり成長期の

[*1] 酵素による一連の酸化還元反応系で，この系により水素の酸化，すなわち電子の移動伝達を行い，そこから得られる自由エネルギーを使って ATP が生成される。この際，水素は最終的に酸素と結合して水となる。この反応系はミトコンドリア内膜に存在し，ナイアシンを含むたんぱく質，フラビンたんぱく質，非ヘム鉄たんぱく質，ユビキノンなどの水素運搬体を含む。TCA サイクルなどで引き抜かれた水素を酸化する重要な酵素系である。

子供では発育不良が顕著に現れる。ビタミンB_2は天然に広く存在しており，レバー，さば，かれい，牛乳，納豆，鶏卵などに多く含まれている。紫外線には不安定である。

2）働　　　き

生体内においてビタミンB_2の大部分は，フラビン酵素の補酵素として作用するフラビンモノヌクレオチド（FMN）およびフラビンアデニンジヌクレオチド（FAD）であり，リボフラビン（RF）はごく少量である（図7-12）。また少量ではあるが，ミトコンドリアに存在するコハク酸脱水素酵素，ジメチルグリシン脱水素酵素，サルコシン脱水素酵素などの酵素と共有結合型のリボフラビンとして働くものもある。

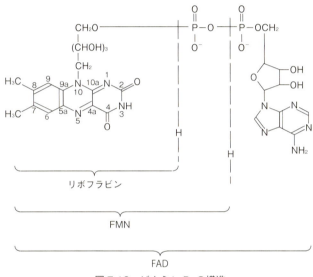

図7-12　ビタミンB_2の構造

3）欠乏と過剰

ビタミンB_2が欠乏することにより，目の各種症状（眼精疲労・流涙など）や口唇炎（口唇の腫脹・浮腫・びらん・潰瘍など），口角炎，舌炎，皮膚炎などが見られる。

またこの他にもビタミンB_2は他のビタミンの代謝とも関連し，欠乏はビタミンB_6の活性型（ピリドキサールリン酸）の組織内レベルの低下，ジヒドロリポアミド[*1]やテトラヒドロ葉酸の再生抑制，ナイアシン欠乏（トリプトファンからの生合成低下）などを引き起こす。

(3) ビタミンB_6

1）概　　　要

ビタミンB_6はネズミの抗皮膚炎因子として発見された。ヒトにおいては日常の食事において欠乏することはないとされるが，ビタミンB_6依存性痙攣など代謝異常に基づく疾病（ビタミンB_6酵素の障害をもつ先天的疾患）を起こすこともあり，ビタミンB_6大量投与により改善さ

*1　ジヒドロリポ酸アミドともいう。リポ酸は2-オキソ酸デヒドロゲナーゼ複合体中のジヒドロリポアミドアセチルトランスフェラーゼと結合し，たんぱく質結合型リポアミドを形成している。例えば，ピルビン酸の酸化的脱炭酸反応で生成する活性アセトアルデヒドが，たんぱく質結合型リポ酸分子のジチオラン環を求核攻撃すると6-アセチルジヒドロリポアミドがまず生成し，引き続きアセチル基がCoAに転移されるとたんぱく質結合型ジヒドロリポアミドとなる。ついでフラビン酵素であるジヒドロリポアミドレダクターゼの基質となって電子をNAD^+に転移し，再酸化されてもとの形に戻る。

れることがある。

ビタミン B_6 化合物は一般的に光，特に紫外線に対して不安定である。

ビタミン B_6 はピリドキシンの生物活性を示すすべての 3-ヒドロキシ-2-メチルピリジン誘導体の総称であるが，図 7-13 に示した 6 つの化合物を基本的にビタミン B_6 と言う。またピリドキシン，ピリドキサール，ピリドキサミンを遊離型（free form）ビタミン B_6 と呼んでいる。

ビタミン B_6 は，種実類，穀類，魚介類，獣鳥肉類，鶏卵，野菜類などに広く存在し，また腸内細菌によっても生産される。

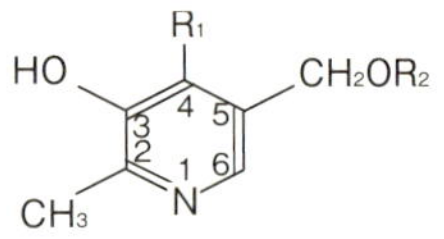

R_1	R_2	名　　称	略称
CH_2OH	H	ピリドキシン	PN
CHO	H	ピリドキサール	PL
CH_2NH_2	H	ピリドキサミン	PM
CH_2OH	PO_3H_2	ピリドキシン 5'-リン酸	PNP
CHO	PO_3H_2	ピリドキサール 5'-リン酸	PLP
CH_2NH_2	PO_3H_2	ピリドキサミン 5'-リン酸	PMP

図 7-13　ビタミン B_6 の化学構造

2）働　　き

ビタミン B_6 の腸管からの吸収機構については，濃度勾配に沿った単純拡散[*1]であることがわかっており，経口摂取されたものや腸内細菌によって生合成されて細胞外に分泌されたものが，腸管から吸収されるのである。

生体内でのビタミン B_6 の存在形態は，ピリドキサール 5'-リン酸（PLP）とピリドキサミン 5'-リン酸（PMP）とであり，この二つで体内総ビタミン B_6 量の約 98％を占める。

ビタミン B_6 の主な生理作用としては，補酵素であるピリドキサール 5'-リン酸の形でアミノ酸代謝（アミノ基転移・脱炭酸・ラセミ化など）に関与する諸酵素の補酵素として働く。またアミノ酸のトリプトファンからナイアシンが生合成されるときに，PLP の存在が必要であることもわかっている。

3）欠乏と過剰

ビタミン B_6 の欠乏症状として幼小児では痙攣発作，成人では脂漏性皮膚炎，口唇炎，舌炎などがある。日本では，健康人で普通の食生活をしている人には典型的な欠乏症状は見られない。しかし発展途上国では，

*1 生体膜を介する受動輸送の一形式。輸送体を仲介しない。単純拡散には膜の脂質に溶解して拡散する脂溶性物質と膜の非特異的な小孔を通して拡散する小さい分子の透過が含まれる。単純拡散の速度は，膜内外での物質の濃度差および膜表面に比例する。

特に幼児においてかなり高率に出現する。

また前述の通り，ビタミンB_6は生体内ではアミノ酸代謝に関連している酵素などの補酵素として活性発現に関連していると考えられるが，詳細はわかっていないことも多い。

ビタミンB_6の大量投与による過剰症や副作用は見受けられないとされる。

（4）ナイアシン

1）概　　要

ナイアシンはニコチン酸とも呼ばれ，分布は動植物全体に広く，主に動物の肝臓・肉・植物では豆，生野菜などに多量に存在している。構造は簡単で，ピリジン核の3位の炭素原子にカルボキシル基が結合したピリジン-3カルボン酸である（図7-14）。性質として光，熱，酸やアルカリに対して安定である。

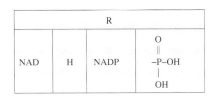

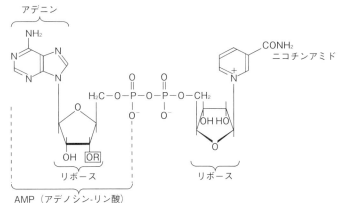

図7-14　ナイアシン，ナイアシンアミド，NAD(P)の構造

また体内において，必須アミノ酸のトリプトファンからキヌレニンを経て3-ヒドロキシキヌレニンが生成され，PLPの存在下でキヌレニナーゼが作用し，中間代謝物を経てナイアシンが生合成される（図7-15）。このトリプトファンからナイアシンが生合成される率を，トリプトファン-ナイアシン転換率という。ヒトの場合は食物から摂取されたトリプ

トファンがナイアシンに転換される重量比は 1/60 の量と低いが，たんぱく質としての摂取量が多いため無視できない量である。そこで，食品中に含まれるナイアシン量と，トリプトファンから体内合成されるナイアシン量とを合計して**ナイアシン当量**とする。すなわち，1 ナイアシン当量とは 1 mg のニコチン酸，1 mg ニコチンアミド，または 60 mg のトリプトファンのことである。

2）働　　き

ナイアシンは体内において容易にアミド化されニコチンアミド（ナイアシンアミド：ビタミン効力はナイアシンと同等）となり，NAD（**ニコチンアミドアデニンジヌクレオチド**の略称：NAD^+ ＜還元型は NADH ＞）や NADP（**ニコチンアミドアデニンジヌクレオチドリン酸**の略称：$NADP^+$ ＜還元型は NADPH ＞）に変換され，多数の酸化還元酵素の補酵素などとして作用している。

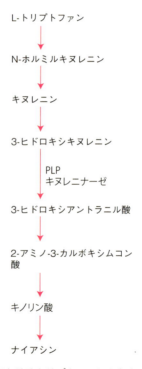

図 7-15　体内におけるトリプトファンからナイアシンへの変化

3）欠乏と過剰

ナイアシンの代表的な欠乏症である**ペラグラ**（pellagra）は，「荒れた皮膚（pelle agra）」というイタリア語に由来している。18 世紀のイタリアやスペインなどに多発し，伝染病のように思われていた。19 世紀にはフランスで，また 20 世紀初頭のアメリカにおいて特にトウモロコシを主食とする南部地方で，爆発的な発生を見た。トウモロコシの主要なたんぱく質であるゼインにはトリプトファンの含量が少なく，生体内で

の生合成量が不足したためと考えられている。ペラグラは，「3D症状」を呈することが知られているが，3Dとは皮膚炎（dermatitis），下痢（diarrhea），痴呆（dementia）のことで，これらが症状として出現しやすい。

またナイアシンの多量摂取は，皮膚紅潮，掻痒感，胃腸障害が起こると言われるが，ニコチンアミドの場合はそのような症状は現れない。

（5）パントテン酸

1）概　要

パントテン酸（pantothenic acid）は，生物界に広く認められることから命名された。新鮮な野菜類には広く存在しており，また腸内細菌によっても合成される。パントテン酸は，D-ジメチルジオキシ酪酸（パントイン酸）とβ-アラニンが結合したアミド化合物で，ビタミンB群の一つとされる。

2）働　き

パントテン酸は，天然ではその大部分が各種の化合物と結合して存在し（十数種類），パントテン酸単体またはパンテテインにまで分解されてから，単純拡散によって腸管で吸収される。パントテン酸は，体内では補酵素である**コエンザイムA**（coenzyme A：CoA）の形で種々の栄養素の代謝に関連し，大切な役割を担っている（図7-16）。特に，糖質代謝の中間体であるピルビン酸のアセチル基とコエンザイムAで構成される**アセチル-CoA**は，TCA回路への進入物質であり，糖質のみならずたんぱく質や脂質にとっても大変重要な物質である。

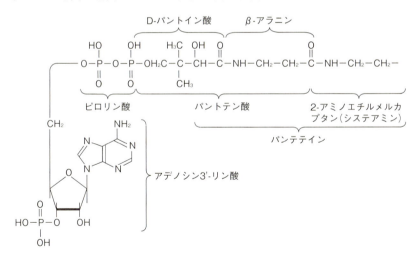

図7-16　コエンザイムAの構造

3）欠乏と過剰

一般にヒトにおいては，通常の食生活で欠乏することはない。パントテン酸が不足すると，アセチルコリンやステロイド性ホルモン生成能の

*1 各腎臓の真上にある内分泌臓器で，ヒト成人では1個の重量が3〜4gある。灰白色の髄質（副腎髄質）と茶褐色の皮質（副腎皮質）からなる。皮質はステロイドホルモンを，髄質はカテコールアミン（p.144）を合成分泌する。

低下，副腎*1の障害などが起こる。また臨床症状としては体重減少，皮膚炎，脱毛などが認められる。

（6）ビオチン

1）概　　要

ビオチン（biotin）は，当初ビタミンH（Haut：ドイツ語で皮膚の意）と命名された。

ビオチンの水溶液は，熱，光，酸には安定である。生体内では，リシンのε-アミノ基とアミド結合をしたビオシチンとして，生体組織に広く分布する（図7-17）。

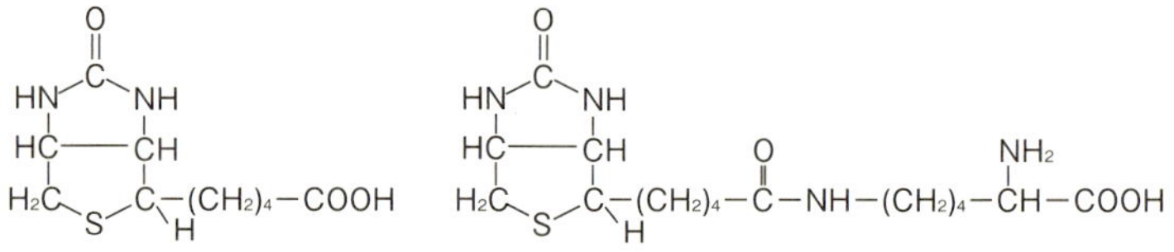

図7-17　ビオチンとビオシチンの構造

ビオチンは，レバー，かき（貝），鶏肉，ピーナッツ，キャベツなどの食品をはじめとするいろいろな食品に含まれ，腸内細菌によっても合成されている。

2）働　　き

ビオチンは生体内においてカルボキシラーゼの補酵素として炭酸固定反応，炭酸転移反応，脱炭酸反応に不可欠で，糖新生や脂肪酸代謝あるいは分岐鎖アミノ酸代謝などと深く関係している。

また卵白に含まれる糖たんぱく質であるアビジン（avidin）はビオチンと強く結合するため，同時に摂取するとビオチン-アビジン複合体をつくって，回腸からのビオチン吸収が阻害される。

3）欠乏と過剰

一般に通常の食事をしている場合には，ビオチン欠乏は起こらないとされるが，前述したように，生の卵白を大量摂取するとビオチン欠乏によって生じる湿疹や皮膚炎などが現れることもある。欠乏の臨床的症状としては，主に皮膚炎，脱毛，神経障害などが見られる。またビオチン代謝異常症に対してビオチンを多量に経口摂取をした報告もあるが，毒性や副作用についてのデータは見あたらない。

（7）葉酸またはフォラシン

1）概　　要

葉酸はビタミンB群の一つであり，最初にほうれんそうの葉から単離されたため，ラテン語の「folium」にちなんでfolic acidと名付けられた。そのためフォラシン（folacin）とも呼ばれる。葉酸は，プテリン

骨格にパラアミノ安息香酸とグルタミン酸が結合した化学構造を持ち，プテロイルモノグルタミン酸（PGA：pteroylglutamic acid）ともいわれ，葉酸活性を持つ一連の誘導体の総称である（図7-18）。葉酸は腸内細菌によっても合成され，食品では緑黄色野菜，果物，豆類，レバー，小麦胚芽，肉類などに広く分布しており，通常の食生活では欠乏することはほとんどない。

2) 働　　き

葉酸は空腸から吸収され，肝臓で，主として活性を持つ還元型補酵素のテトラヒドロ葉酸となり，ホモシステインからメチオニン生成への反応に関与する。またDNAとRNAに関連するプリン・ピリミジン塩基の合成，ヘモグロビン骨格に関連するポルフィリン核の生成，などに不可欠な成分として作用する。

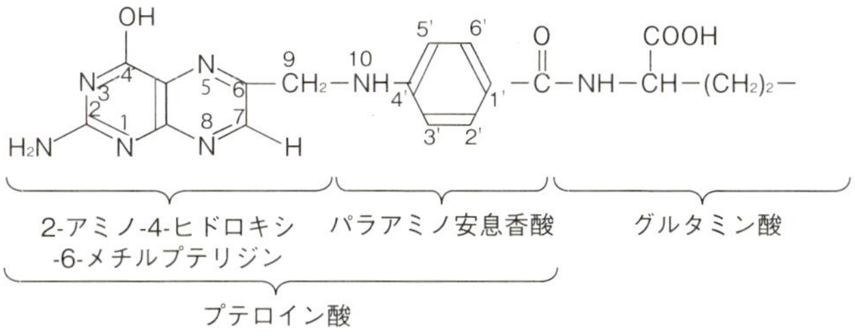

図7-18　葉酸の構造

3) 欠乏と過剰

葉酸欠乏症は，DNA・RNA合成や分解系，たんぱく質合成あるいは細胞分化に影響を与えるとされ，重篤な葉酸欠乏では巨赤芽球性貧血[*1]を呈する。その他の症状として，心悸亢進，息切れ，易疲労性，めまい，舌炎，口角炎，鬱病などの精神神経症状などを伴うこともある。体内に貯蔵されている量は3〜4ヵ月間程度の摂取不足に耐えうる量であるので，摂取不足により起こる葉酸欠乏症は段階的に進行する。

また妊娠中には，細胞分裂が盛んとなるが，欧米では，受胎前後における葉酸不足による神経管障害の発生予防のためにも葉酸補給が有効と指摘されている。

(8) ビタミンB_{12}

1) 概　　要

ビタミンB_{12}はビタミンの中でも歴史が浅く，発見・研究史の最後を飾るビタミンとして出現した。ビタミンB_{12}は，分子量が大きく，加熱にも強いが，直射日光には弱くて不活化される。

ビタミンB_{12}と言えば，シアノB_{12}を示すが，生体内で実際に働く型は，アデノシルB_{12}とメチルB_{12}であり，いずれも金属元素コバルトを含む安定した有機コバルト化合物である（図7-19）。

---

*1　ビタミンB_{12}あるいは葉酸の欠乏によっておこる貧血（悪性貧血）で，原因不明のものと，妊娠，裂頭条虫症，胃腸疾患，肝疾患，スプルーなどの原因によるものがある。

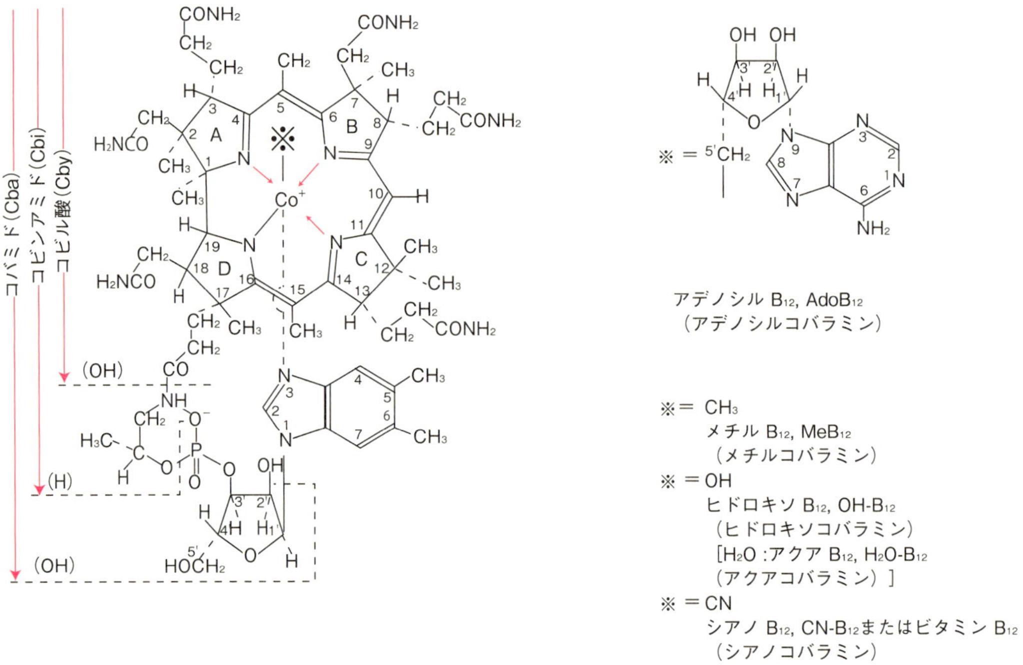

図7-19 ビタミンB_{12}の構造

ビタミンB_{12}が含まれる食品は，動物性食品が主で，レバーをはじめ，あさり，しじみ，かき，はまぐりなどの貝類に多く存在し，植物性食品にはほとんど存在しない。

2）ビタミンB_{12}の働き

ビタミンB_{12}は，生体内では二つの補酵素型すなわちアデノシルB_{12}とメチルB_{12}に変換される。前者は異性化（グルタミン酸ムターゼ，メチルマロニル-CoAムターゼなど），脱離（ジオールデヒドラーゼ，グリセロールデヒドラーゼなど），転移（L-βリジンムターゼ，オルニチンムターゼなど），還元（リボヌクレオチドレダクターゼ）などの反応に作用し，後者はメチオニン生成，メタン生成，酢酸生成などの反応に作用する。

ビタミンB_{12}はその吸収と輸送に大きな特徴を持つ。ビタミンB_{12}が経口的に摂取されると，まず口腔内で唾液中のRたんぱく質（ハプトコリン：図中のR）に吸着し，嚥下[*1]後は胃内で，胃底部および胃体部の粘膜壁細胞から胃液中に分泌される内因子（intrinsic factor: IF）に吸着する。ビタミンB_{12}は，酸性下においてはIFよりもRたんぱく質に結合する性質を持つため，胃液中では主としてRたんぱく質-B_{12}複合体を形成し，IFは遊離の型で存在する。その後，Rたんぱく質-B_{12}複合体は膵臓の酵素の作用を受けてビタミンB_{12}を離し，回腸において，IFと結合する。IF-B_{12}複合体を形成したB_{12}は，レセプターに吸着し小腸粘膜上皮細胞から吸収される（図7-20）。

*1 口腔内にある食塊あるいは液体を胃に送り込む運動で，口腔→咽頭（I期），咽頭→食道入口（II期），食道入口→胃噴門（III期）に分けられる。I期は意識的に行われるが，II期以降は咽頭粘膜などに食塊などが触れることによって反射的に行われる無意識的な運動で，延髄にある嚥下中枢によって統率され嚥下反射といわれる。

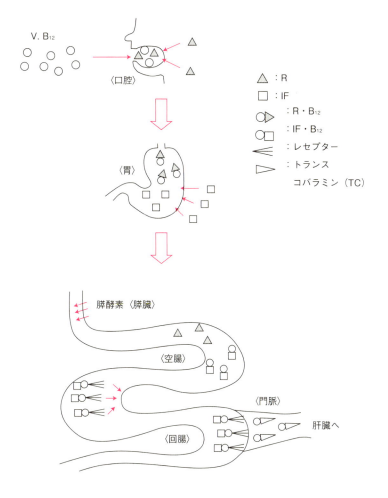

図 7-20 ビタミンB_{12}の吸収と体内輸送

3）欠乏と過剰

現代のわが国において，健康人の一般的な食生活ではビタミンB_{12}が欠乏することはないと考えられるが，吸収不全によって欠乏が引き起こされる場合はある。前述したように，ビタミンB_{12}の吸収には胃から分泌されるIFを必要とするので，胃が正常であることが吸収を行う上で大切である。とくに，消化管（特に胃）切除者や萎縮性胃炎の高齢者の場合には，注意が必要となる。欠乏により血球成分などの成熟不足（赤芽球系，白血球系，血小板系など）による悪性貧血などが起こる。また，知覚障害を主とする末梢神経障害が起こることもある。

（9）ビタミンC

1）概　　要

ビタミンCは古くから最も恐れられていた壊血病の予防因子として発見され，アスコルビン酸（L-Ascorbic-acid：AsA）の常用名で知られる。

水溶液は酸性で比較的安定で，熱による破壊もないが，中性やアルカリ性では容易に分解される。L-アスコルビン酸はエノール性の水酸基を持つので強い還元力があり，体内で酸化されるとL-モノデヒドロアスコルビン酸やL-デヒドロアスコルビン酸になる。そして可逆的に，もとの還元型のL-アスコルビン酸に戻ることができる（図7-21）。新鮮な果実や緑黄色野菜などに多く含まれており，最近では各種疾患に対する予防効果の研究が多い。

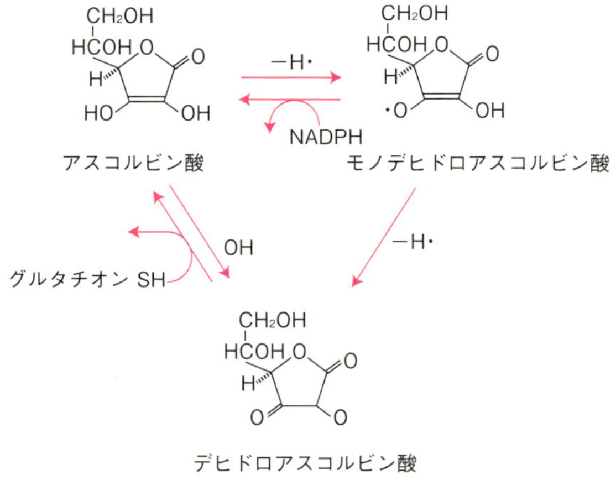

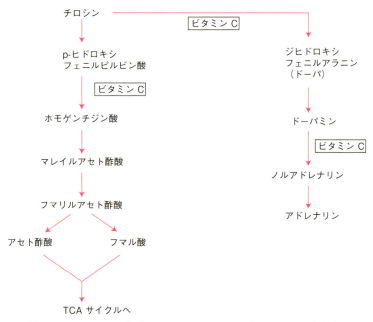

図 7-21　ビタミン C の酸化還元系

2）働　　き

ビタミン C は，生体内における各種の物質代謝に多様に関与している。その中でも重要な生理作用としては，コラーゲン[*1]の生成と保持が

*1　動物界に広く存在する線維性たんぱく質。骨，軟骨，皮膚，腱などの結合組織成分として，体の形態や構造を維持し，また細胞間物質として重要な機能を持つ。ヒトでは体重の 4～6 % を占め，2 g 程度が 1 日に異化分解される。

図 7-22　チロシンの代謝とカテコールアミンとビタミン C の生合成

ある。またチロシンの代謝やカテコールアミン*1 の生合成（図 7-22），生体異物の解毒，ニトロソアミン*2 の生成抑制，鉄の吸収向上など多種多彩な働きを示す。

特にコラーゲンの生成過程では，コラーゲン中の全アミノ酸の 1/4 を占める水酸化されたプロリンとリシン残基の生成に関与しているとされる。

またビタミン C の適正な摂取量は，喫煙をはじめとする各種のストレス，感染，労作，運動のほか，多量のアルコール，経口避妊薬，生体異物などによっても影響を受けることが知られている。喫煙者の血清・白血球中のビタミン C 量や体内のビタミン C 貯蔵量は非喫煙者に比較して低く，代謝回転率も高いことが確認されている。ヘビースモーカーは少なくとも非喫煙者の 2 倍量のビタミン C を摂取することが必要とも言われ，受動喫煙者*3 も摂取量を十分に配慮することが望まれる。

また霊長類（ヒトやサル），モルモット，コウモリなどは，肝臓や腎臓などに L-グルノラクトンオキシダーゼが存在しないので，L-アスコルビン酸を生合成できないが，それ以外のほ乳類では体内においてぶどう糖から合成することができるので，ビタミン C 欠乏症は起こらないとされる。

3）欠乏と過剰

ビタミン C が欠乏すると歯根部が腫脹したり出血したり，ひどい場合は歯肉に色素（紫青色）沈着や歯牙の脱落などをみる**壊血病**（scurvy）になる。また皮膚や粘膜の出血や背部，関節，手足などの疼痛が出現する。そのほか全身倦怠感，さらには感染に対する抵抗力低下なども見られる。近年は，食品中（食肉加工品など）の品質保持のため酸化防止剤（抗酸化性の利用）としても利用されている。

*1 カテコール基をもつアミンの総称で，生理的な物質としては，エピネフリン，ノルエピネフリン，ドーパミンが代表的なものである。一般に交感神経興奮作用を示す。

*2 分子内にニトロソアミンをもつ化合物の総称。多数のニトロソアミンが発がん性を有し，肝臓や食道にがんを発生させる。酸性下で亜硝酸とアミンから生成される。野菜中に含まれる硝酸塩は唾液分泌により口内で亜硝酸に還元され，一方のアミンは食品に含まれるので，胃内でニトロソアミンの合成される可能性がある。

*3 間接喫煙者ともいい，喫煙者と同室する者のことで，その煙（副流煙）をいやおうなく吸入させられて影響を受ける。

演習問題

1．ビタミンの欠乏状態における身体状態に関する記述である。正しいのはどれか。1 つ選べ。（2017 年）
   (1) ビタミン D の欠乏では，骨塩量が減少する。
   (2) ビタミン K の欠乏では，血液凝固の時間が短縮する。
   (3) ビタミン B_1 の欠乏では，乳酸の血中濃度が低下する。
   (4) ビタミン B_{12} の欠乏では，DNA の合成が促進される。
   (5) 葉酸の欠乏では，ホモシステインの血中濃度が低下する。

2．ビタミンに関する記述である。正しいのはどれか。1 つ選べ。（2017 年）
   (1) 脂溶性ビタミンの吸収に，胆汁酸は関与しない。

(2) 脂溶性ビタミンには，腸内細菌が合成するものがある。
(3) 食品中 β-カロテンのビタミン A としての生体利用率は，レチノールの 1/6 である。
(4) ビタミン B_2 は，体内の飽和量を超えると，尿中への排泄量が低下する。
(5) ビタミン B_{12} の吸収に必要な内因子は，十二指腸上皮細胞から分泌される。

3．ビタミンとその欠乏による疾患の組合せである。正しいのはどれか。1つ選べ。（2015 年）
(1) ビタミン A ……… 壊血病
(2) ビタミン D ……… 骨軟化症
(3) ビタミン B_1 ……… くる病
(4) 葉酸 ………… 再生不良性貧血
(5) ビタミン C ……… 夜盲症

4．ビタミンの栄養に関する記述である。誤っているのはどれか。1つ選べ。（2015 年）
(1) エネルギー消費量が多いと，ナイアシンの必要量は増加する。
(2) たんぱく質の摂取量が多いと，ナイアシンの必要量は増加する。
(3) たんぱく質の異化が亢進すると，ビタミン B_6 の必要量は増加する。
(4) 核酸の合成が亢進すると，葉酸の必要量は増加する。
(5) 日照を受ける機会が少ないと，ビタミン D の必要量は増加する。

5．多量ミネラルに関する記述である。正しいのはどれか。1つ選べ。（2015 年）
(1) クロムは，多量ミネラルである。
(2) 副甲状腺ホルモン（PTH）は，骨へのカルシウムの蓄積を促進する。
(3) 血中カルシウムイオン濃度の低下は，骨吸収を促進する。
(4) 体内のリンの 80% 以上は，細胞内液に存在する。
(5) マグネシウムを大量に摂取すると，便秘が誘発される。

6．微量ミネラルに関する記述である。正しいのはどれか。1つ選べ。（2015 年）
(1) 鉄は，ビタミン B_{12} の構成成分である。
(2) 亜鉛の過剰摂取によって，味覚障害が起こる。
(3) 銅は，セルロプラスミンの構成成分である。
(4) ヨウ素は，70 % 以上が肝臓に存在する。
(5) セレンは，スーパーオキシドジスムターゼ（SOD）の構成成分である。

8 栄養と遺伝子

8-1 はじめに

　最近の目覚ましい分子生物学の進歩により、栄養素が遺伝子に影響を及ぼしている事例が集積されつつある。

　私たちヒトの体を構成している細胞は、1つの受精卵から細胞分裂し、同じ遺伝子を持っていても皮膚や髪、筋肉など異なる組織に分化する運命を持つようになる。分化後は、あるたんぱく質の遺伝情報はある時期から読み取られなくなり、また別の遺伝子については活発に読まれるようになるのである。

　また、分化後の栄養素の代謝は組織によって発現する遺伝子や細胞機能が異なるので、同じゲノム情報を持っていながら、違う代謝経路をたどる。

　それぞれの細胞の運命以外に、遺伝情報の発現をコントロールするものとしてホルモンや、さまざまな調節たんぱく質がある。ホルモンの一例をあげると、脳下垂体から分泌された女性ホルモンは、血中に分泌され、血管内を移動し、標的器官である子宮や卵巣にたどりつく。そこで受容体に結合すると、受容体ごと核に移行した後、標的遺伝子の上流のホルモン応答配列に結合する。その結合がスイッチとなり、遺伝情報が読み取られ、RNAポリメラーゼが転写を開始し、たんぱく質の合成のスタートを切るのである（図8-1）。標的器官でない組織では、その受

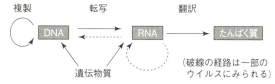

図8-1　遺伝情報の流れに関するセントラルドグマ
田村隆明,「改訂第3版　分子生物学イラストレイテッド」, p.23, 羊土社（2009）

容体が発現していないので，細胞内での挙動は標的器官とおのずから異なってくる。このように，体内に取り入れた栄養素の代謝は，各組織の機能に左右される。

8-2 DNA の基礎

ヒトでは，核にある DNA*1 は，親から受け継いだ約 60 億塩基対の二重らせん構造を持ったひも状の形状で，ヒストンと呼ばれる樽状の構造のたんぱく質に巻き付き，クロマチン構造をとり，さらに分裂期には，染色体構造をとる（図 8-2）。DNA の基本形は，デオキシリボースと呼ばれる５単糖に塩基とリン酸がついた形をしている。塩基にはアデニン（A），グアニン（G），チミン（T），シトシン（C）の四種類が存在している（図 8-3）。これら塩基の遺伝情報は，アミノ酸に変換される場合，３つの塩基が１つのアミノ酸情報を司り，それらは遺伝暗号（コドン）

*1 核外には，ミトコンドリアにも DNA が存在する。

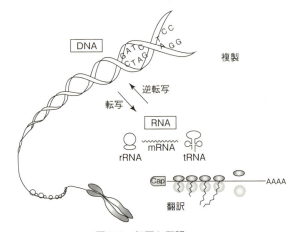

図 8-2　転写と翻訳
田村隆明，山本雅編，牧野泰孝，「分子生物学イラストレイテッド」，p.24，羊土社（1998）を一部改変

図 8-3　塩基対間で形成される水素結合

GCA GCC GCG GCU	AGA AGG CGA CGC CGG CGC	GAC GAU	AAC AAU	UGC UGU	GAA GAG	CAA CAG	GGA GGC GGG GGU	CAC CAU	AUA AUC AUU	UUA UUG CUA CUC CUG CUU	AAA AAG	AUG	UUC UUU	CCA CCC CCG CCU	AGC AGU UCA UCC UCG UCU	ACA ACC ACG ACU	UGG	UAC UAU	GUA GUC GUG GUU	UAA UAG UGA
Ala	Arg	Asp	Asn	Cys	Glu	Gln	Gly	His	Ile	Leu	Lys	Met	Phe	Pro	Ser	The	Trp	Tyr	Val	終止
A	R	D	N	C	E	Q	G	H	I	L	K	M	F	P	S	T	W	Y	V	

図 8-4　遺伝暗号（コドン）

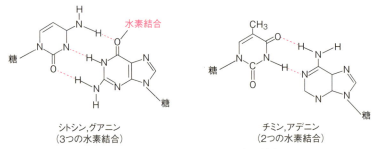

と呼ばれている（図8-4）。

このDNAの配列はその上流にプロモーター配列を有し，必要に応じてRNAを合成し（転写）[*1] それが細胞質に移行すると，リボゾームによりたんぱく質へと合成される（翻訳）[*2]（図8-1，図8-4））。

最近，その塩基の情報の他に塩基にメチル基が挿入されたり，削除されたりすることで，遺伝子の発現が調整されることがわかってきた。また，その遺伝子が巻き付いているヒストンにもアセチル基の挿入や脱落により，遺伝子の発現が調整される事がわかり，それらはエピジェネティックな制御機構（コラム参照）と言われている。

ゲノムには，コドンによる情報を基にして体を形作っている筋肉，皮膚や脳，生命活動を維持するのに欠かせないたんぱく質や酵素類などの基本情報が記録されており，体の設計図と言われる。たんぱく質の中には，栄養素としてのたんぱく質の合成や分解に必要な酵素や，栄養素である炭水化物や脂肪の合成や分解に必要な酵素が含まれ，さまざまなホルモンなどの生理活性物質を合成するための酵素の情報も含まれている。それらの合成は，常に作られているものもあれば，必要に応じて作られるものもある。これらの調整に栄養素が関与している事が少なからずある事がわかってきた。

[*1] 転写とはDNAからRNAを合成する事

[*2] 翻訳とはRNAからタンパク質を作る事

8-3　ビタミンやミネラルと遺伝子

私たちが摂取した栄養素は，小腸から吸収された後，血液により全身に行き渡るが，その機能は2, 3, 4, 6, 7章であげられたように，様々な働きがある。各章で取り上げられた生理作用以外に，ある種の脂肪酸や脂溶性ビタミンA，Dが，細胞の核内で遺伝子の発現調節に直接関わっていることが明らかになった。ビタミンA，Dは以前から多様な生理作用を示し，ホルモン様の作用機序がある事が知られていたが，ビタミンAの場合，多様な生理作用は，ビタミンAから作成するレチノイン酸の転写因子としての働きに負うところが大きい。レチノイン酸はビタミンAが体内でレチノールを経由して変換されて作られる。核内に入ったレチノイン酸はリガンドとして核内受容体複合体を形成し，mRNAの発現や抑制を行っている（図8-5）。レチノイン酸は，細胞内で all trans レチノイン酸，9-cis レチノイン酸として働くが，それらの受容体複合体はホモまたはヘテロダイマーを形成する事で機能する。レチノイン酸受容体はさらに3つのサブタイプがあるので，組み合わせにより他種類の転写因子機能を持ち，多彩な応答が可能になる。ビタミンAの良く知られた機能では，視覚反射，免疫，粘膜の正常維持，細胞分化誘

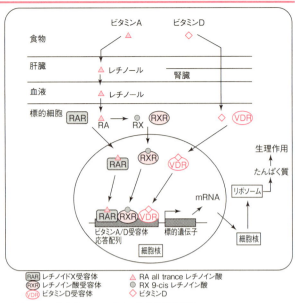

図8-5　ビタミンA，Dによる転写調節
柿沼淳司編著，「分子栄養学」，光生館（2002）をもとに作成

導の調節など多彩な生理作用がある。過剰症では催奇形成があげられる。

ビタミンDの1つである1α,25-デヒドロビタミンD₃の受容体は，レチノイン酸受容体と同様に核内の遺伝子スーパーファミリー[*1]に属し，DNA結合部位のアミノ酸配列は相同性が高い。また，レチノイン酸受容体とヘテロダイマーの形で遺伝子に結合する（図8-5）。ビタミンAもDも脂溶性なので細胞の脂質二重層をくぐり抜け，細胞内にあるそれぞれの受容体に結合し，核に移行し転写因子としての働きをする。

ビタミンA，Dはステロイドホルモンと同様に標的遺伝子の発現調節を正または負に調節する。これは染色体の構造変化やヒストンのたんぱく質の修飾を伴うので，エピジェネティックな作用を伴うともいえる。

ミネラルである亜鉛と鉄に関しても遺伝子との密接な関係がある。亜鉛（Zn）フィンガープロテイン[*2]は20-30アミノ酸に1つ以上の亜鉛が結合する事で安定的な構造を作っている。その働きは，DNAを認識する作用を持ち，遺伝子の転写調節を行っている。結合する遺伝子は遺伝子全体の約3％存在していると考えられている。

鉄の細胞内濃度は遺伝子の発現レベルで厳密に制御されている。その吸収・排泄・貯蔵に関わるものとしてIRE（iron responsive element 鉄応答配列）とIRP（iron regulatory protein 鉄調節たんぱく質）がある。鉄の細胞内濃度が低くなると，トランスフェリン受容体遺伝子の3'側，フェリチン遺伝子の5'側にあるIRE配列にIRPが結合する事で，翻訳が更

[*1] スーパーファミリーとは，似通った構造や機能をもったグループ。

[*2] 亜鉛フィンガープロテイン　亜鉛を結合する部位が2つのβシート構造とαヘリックス構造を持ち，亜鉛の配位により構造が安定する。スーパーファミリーを形成している。

新したんぱく質が作られ，その結果，細胞内の鉄の利用，排泄が抑制され鉄の吸収が高まる方向に働く。鉄の濃度が高い場合は，IRP が IRE から離れ，その反対の反応が起こることで，鉄の取り込みが低下する。

8-4　食生活と遺伝子（時計遺伝子）

食生活すなわち食事内容，摂取時間や回数と遺伝子の関連については，時計遺伝子の発見とその時計遺伝子が支配する遺伝子の発見により，研究が盛んに行われるようになった。睡眠や覚醒，ホルモンの分泌等に概日リズムが存在する事は，以前から知られている。子供や若年層の朝食抜きの増加と相まって，遺伝子レベルのみならず，食生活と学力，体力，生活習慣病や長寿との関連についての研究が，疫学調査なども交えて行われている。

人体に概日リズムが存在している事は時差ボケから経験されるように自明の理である。この概日リズムは，周期を持つ・外界から修正できる・自立的に働くなどの特徴を持つ。ヒトは，朝起きて日の光を浴びると視交叉上核で，目から光が入った事を認識して，時計遺伝子が働き覚醒が起こる。Bmal-1（Brain-Muscle Arnt Like Protein 1）や Clock とよばれる時計遺伝子の働きが，E-box（CACGTG）を有する約数百といわれる遺伝子の発現を促すことで，ヒトは目覚めてからの活動を行えることにある。先にあげた時差ぼけは自分の体内時計と現地の日照時間とのずれが引き起こすもので，概日リズムを形成するメラトニンも時計遺伝子により，コントロールされている。

視交叉上核つまり中枢神経によって発現を誘導される遺伝子を主時計

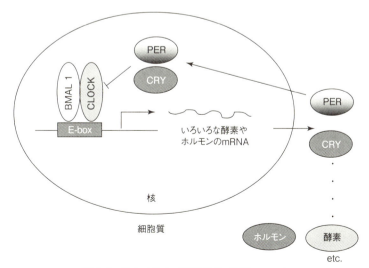

図 8-6　体内時計と時計遺伝子（細胞レベル）
香川泰男編著，「時間栄養学」，140，女子栄養大学出版部（2009）

遺伝子とよび，肝臓等の消化器系の細胞での栄養素の吸収により動く時計遺伝子を，末梢の時計遺伝子とよんでいる。末梢時計の遺伝子は食事に伴って発現機能が変化し，主時計遺伝子の働きに影響を与えると考えられている。

概日リズムがあるのは，時計遺伝子に支配されるたんぱく質の時計遺伝子の中の *Per* と *Cry* が時計遺伝子の負の調整を行っているからである。その2つのタンパク質は，Bmal-1 と Clock が E-box に結合する働きを阻害する。午前中，E-box へ時計遺伝子が働くと，*Per* と *Cry* の合成量も増加する。午後，*Per* と *Cry* のタンパク質量が増加すると Bmal-1 と Clock の阻害作用があるので，Bmal-1 と Clock が E-box に結合できなくなり，時計遺伝子の配下にあるタンパク質の合成量も低下する。同時に，*Per* や *Cry* の合成量も少なくなり，再び Bmal-1 や Clock が E-box に結合できるようになる。この事により，1日のリズムを作ると考えられている（図8-6）。現在は，他にも概日リズムを形成するたんぱく質が複数ある事が示されている[*1]。そしてこの時計遺伝子は菌類，植物，脊椎動物など広く生物界に存在している事がわかってきた。

食生活が関連する病態に関することが研究され，時計遺伝子の Clock を変異させると血中のコレステロールや中性脂肪，グルコース，レプチンの濃度が上昇する事から，時計遺伝子が生活習慣病と密接な関係がある可能性が示唆されている。

朝ご飯抜きでは，小中学生の学力テストの結果や体力測定の結果から好ましくない事がわかっている。

引用　www.mext.go.jp/a_menu/shotou/eiyou/syokuseikatsu/kyouzai05/005.pdf

現在では，肝臓の末梢の時計遺伝子を動かすには，ある程度の量のたんぱく質と炭水化物が必要であるといわれているが，詳細な量については研究段階である。

*1　概日リズムを形成するのは他にも，Per2 Per3 などが関与していると考えられている

コラム　栄養と遺伝子の修飾

近年，栄養と修飾された遺伝子，修飾されたゲノム（エピゲノム）についての研究も盛んに行われ，栄養学と分子生物学は密接に関係しながら，世代を超えたヒトの栄養摂取と生理機能，病態についての研究へと内容を広げている。エピジェネティクスとは，「DNA の塩基配列の変化を伴わず，細胞分裂後も継承される遺伝子機能の変化」と定義する事ができる。

エピジェネティクス研究の契機は，ドイツ占領下のオランダで，当時の低栄養状態で誕生した子供が，かなりの高頻度で成人後糖尿病に罹患した事である。次世代に親の世代の栄養状態が影響するか検討が行われた。その結果，遺伝子の4つの塩基の配列の変化を伴わず，塩基がメチル化，アセチル化，ユビキチン化し，不活性な状態になるなどエピジェネティックな現象である事がわかり，親世代の栄養状態が次世代の健康に影響を与えることが判明し，注目されている。

ヒトの発生初期の栄養状態が影響を与える病態として，2型の糖尿病や脂質異常症などの生活習慣病があげら

れる。これは胎内で低栄養の状態であったため，体が倹約遺伝子を優位にさせて生まれ，生まれてからは通常の食事でも栄養過多となったことが原因となって，生活習慣病を発症させやすくしたと考えられている。

低出生体重児の増加が認められるわが国では一考を要する研究結果である。

生活習慣病は遺伝要因と栄養をはじめとする環境要因が複雑に作用して，発症すると考えられてきたが，胎児期から新生児期における栄養環境が代謝を司る遺伝子のエピゲノムに影響を与え，塩基のメチル化やヒストンのアセチル化などを生じたことが，成人になっても影響を与え，生活習慣病を起こすと考えられるようになった（図8-7）。その概念は DOHaD （Developmental Origins of Health and Disease）と言われている。

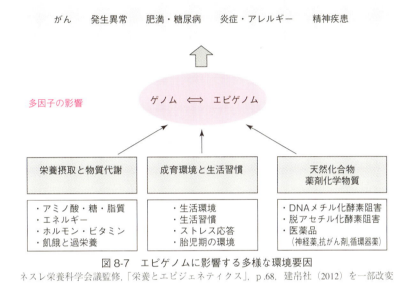

図8-7 エピゲノムに影響する多様な環境要因
ネスレ栄養科学会議監修，「栄養とエピジェネティクス」，p.68，建帛社（2012）を一部改変

コラム 食生活とがん

わが国の死因の第1位はがんであるが，平均寿命の高い先進国では，いずれもそれが社会問題となっている。男女とも約半数ががんに罹患するが，そのうちに亡くなるのはそのうちの3〜4割である。がんは，遺伝子の変異が重なり，正常な機能を発揮しない細胞が増殖し，腫瘍を形成するものである。その変異は一度の細胞へのダメージでおこるものではなく，数度の遺伝子の変異が起こることで異常な細胞になると考えられている。これが，がんの多段階説とよばれているものであるが，それゆえ寿命が長くなっている先進国の国民は，遺伝子の他段階の変異を経験する回数が増えることにもなり，がんが死因の上位になるのは当然のことである。遺伝子の変異は，食品以外に喫煙，紫外線，放射線，ウィルス感染などでおこる。また遺伝子の複製過程などでもおこる。

がんの原因は図8-8に示すように喫煙が圧倒的に多く，それ以外にも過度の飲酒，塩分の多い食事，野菜や果物の摂取不足，エネルギー過多による肥満，痩せすぎなど，食生活が原因となることがわかっている。言い換えるとこれらの生活習慣を注意することで，がんになりにくくなるともいえる。

がんになる可能性として，国際がん研究組織（IARC）では，世界中のがんに関する研究から，多量摂取や摂取が少ないことでがんになる可能性をランクづけしている。

表8-1ではそれらについてまとめてあるが，食の欧米化で摂取量の増えた赤身肉やハム，ソーセージの加工肉は近年大腸がんに罹患する可能性が確実視されている。これは，加工肉に添加する亜硝酸ナトリウムから生成する可能性のある N-ニトロソアミンや加熱により生成するベンゾピレン，ヘテロサイクリックアミンなどがんの発症に関わるものによる。ヒトでは，インスリン抵抗性や肥満，糖尿病，酸化ストレス，肥満などの間接的な機序も影響していると考えられている。また，飲酒は多くのがんの原因となっているが，これはアルコールが代謝されるときに生成するアセトアルデヒドががんの生成に関与するからである。

可能性はそれより低いが，がんになる可能性大の食品は，塩分の多い加工肉，熱い飲料や粥などの調理品とされている。

しかし，食品は正しく摂取するとがんの予防にもなる。表8-1にあるように，食物繊維の多く含む食品により，大腸がんのリスクが低くなるのは確実とされている。また，がんに罹患する可能性を下げるものとして，野菜，果物，カルシウムを多く含む食品，コーヒー，にんにくがあげられている。これらは，食品の持つ抗酸化性により，体内での酸化ストレスを低減することで，遺伝子の変異を防ぐと考えらている。

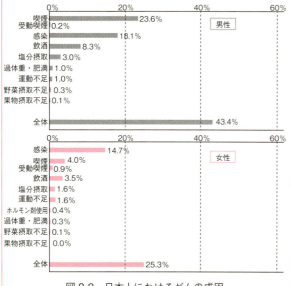

図8-8 日本人におけるがんの成因
Inoue M, et al Burden of cencer attributable to modifiable factors in Japan in 2015, Glob Health Med, 2022; 4(1):26-36 より作成
※棒グラフ注の項目「全体」は，複数のリスク要因が組み合わさってがんになった場合を調整しているため，各項目の単純合計値ではありません。　　　　　　　　（国立がん研究センターがん情報サービス）

表8-1　がんリスクと食品

関連の強さ	リスクを下げるもの	リスクを上げるもの
確　実	●食物繊維を含む食品【大腸がん】	●赤肉・加工肉【大腸がん】 ●飲酒【口腔がん，咽頭がん，喉頭がん，食道がん肝臓がん，大腸がん（男性），乳がん（閉経後）】 ●βカロテンのサプリメントの過剰摂取【肺がん（喫煙者）】 ●アフラトキシン【肝臓がん】 ●飲料水中のヒ素【肺がん】
可能性大	●非でんぷん野菜【口腔がん，咽頭がん，喉頭がん】 ●にんにく【大腸がん】 ●果物【口腔がん，咽頭がん，喉頭がん，肺がん】 ●カルシウムを含む食事（牛乳やサプリメントなど）【大腸がん】 ●コーヒー【肝臓がん，子宮体がん】	●加工肉【胃がん（噴門部以外）】 ●中国式塩蔵魚【鼻咽頭がん】 ●塩蔵食品【胃がん】 ●グリセミック負荷（※）【子宮体がん】 ●飲料水中のヒ素【膀胱がん，皮膚がん】 ●非常に熱い飲み物（65℃以上）【食道がん】 ●飲酒【胃がん（女性），乳がん（閉経前）】

（※）グリセミック負荷：食事の中で摂取される炭水化物の質と量とを同時に示す指標です。血糖を急激に上昇させる食品の摂取量が多い場合や，血糖を緩やかに上昇させる食品であっても摂取量が多い場合は高くなります。

演習問題

1. 核酸に関する記述である。正しいのはどれか。1つ選べ。（2015年）

    (1) RNAは，主にミトコンドリアに存在する。

    (2) tRNA（転移RNA）は，アミノ酸を結合する。

    (3) DNAポリメラーゼは，RNAを合成する。

    (4) cDNA（相補的DNA）は，RNAポリメラーゼによって合成される。

    (5) ヌクレオチドは，六炭糖を含む。

2. アミノ酸・たんぱく質の代謝に関する記述である。正しいのはどれか。1つ選べ。(2015年)

    (1) γ-アミノ酪酸(GABA)は，トリプトファンから生成される。

    (2) アドレナリンは，ヒスチジンから生成される。

    (3) ユビキチンは，必須アミノ酸の合成に関与する。

    (4) プロテアソームは，たんぱく質リン酸化酵素である。

    (5) オートファジー(autophagy)は，絶食によって誘導される。

付表

1. 日本人の食事摂取基準（2025年版）

1 策定の目的

食事摂取基準は，健康増進法に基づき厚生労働大臣が定めるものである。国民の健康の保持・増進，生活習慣病の予防を目的とし，エネルギー（熱量）および栄養素について，その摂取量の基準を示している（図1）。

1　国民がその健康の保持増進を図る上で摂取することが望ましい熱量に関する事項

2　国民がその健康の保持増進を図る上で摂取することが望ましい次に揚げる栄養素の量に関する事項
　イ　国民の栄養摂取の状況からみてその欠乏が国民の健康の保持増進に影響を与えているものとして厚生労働省令で定める栄養素
　　・たんぱく質
　　・n-6系脂肪酸，n-3系脂肪酸
　　・炭水化物，食物繊維
　　・ビタミンA，ビタミンD，ビタミンE，ビタミンK，ビタミンB_1，ビタミンB_2，ナイアシン，ビタミンB_6，ビタミンB_{12}，葉酸，パントテン酸，ビタミンC
　　・カリウム，カルシウム，マグネシウム，リン，鉄，亜鉛，銅，マンガン，ヨウ素，セレン，クロム，モリブデン
　ロ　国民の栄養摂取の状況から見てその過剰な摂取が国民の健康の保持増進に影響を与えているものとして厚生労働省令で定める栄養素
　　・脂質，飽和脂肪酸，コレステロール
　　・糖類（単糖類又は二糖類であって，糖アルコールでないものに限る。）
　　・ナトリウム

図1　健康増進法に基づき定める食事摂取基準

従来，アルコールに関する記述は炭水化物の章でされていたが，2025年版では，エネルギー源になる物質としてエネルギー産生栄養素バランスの章で説明されている。

2 適用期間

令和6年度から開始した健康日本21（第三次）では，「生活習慣の改善，主要な生活習慣病の発症予防・重症化予防の徹底」とともに，「社会生活を営むために必要な機能の維持・向上等」を提唱している。この健康・栄養政策を推進するために，日本人の食事摂取基準（2025年版）は，令和7（2025）年から11（2029）年度の5年間，適用される（図2）。

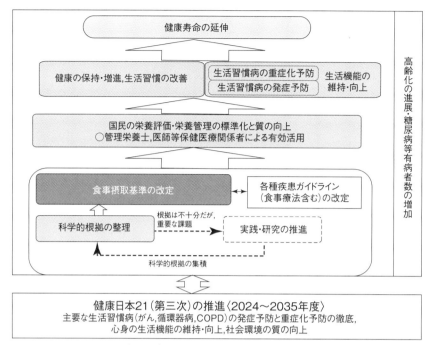

図2 日本人の食事摂取基準（2025年版）策定の方向性

2025年版の「各論3 生活習慣病および生活機能の維持・向上に係る疾患等とエネルギー・栄養素との関連」の節では，従来の生活習慣病（高血圧，脂質異常症，糖尿病，慢性腎臓病(CKD)）に，新たに，生活機能の維持・向上の観点から骨粗鬆症を加え，エネルギー・栄養素との関連を説明している。

3 策定方針

・対象は，健康な個人ならびに集団とする。具体的には，歩行や家事などの身体活動を行っていて体格〔body mass index：BMI，体重(kg)÷身長(m)^2〕が標準より著しくはずれていないものであり，生活習慣病やフレイルに関する危険因子があっても，おおむね自立した日常生活を営んでいる場合は対象に含む。なお，疾患がある，あるいは，疾患に関する高いリスクがある個人ならびに集団への治療を目的とする場合は，食事摂取基準の基本的な考え方に基づいた上で，各疾患別治療ガイドライン等の栄養管理指針を優先する。

・システマティック・レビューの手法を用い，可能な限り科学的根拠に基づいた策定を行うことを基本とした。

・年齢区分と性別に応じた日本人としての平均的な体位を，参照体位（参照身長・参照体重）とした（表1）。健全な発育および健康の保持・増進，生活習慣病等の予防を考える上で，この参照体位を参照値として用い，また，身体活動レベルは「ふつう」を想定して策定した。

・策定時に入手可能であった研究結果等は，日本食品標準成分表（七訂）を用いて算出されたエネルギー量やエネルギー産生栄養素量に基づいていたため，日本人の食事摂取基準（2025年版）における指標値は，日本食品標準成分表（七訂）に基づき計算されたエネルギー・栄養素摂取量に対応している。

付　表

付表1　参照体位（参照身長，参照体重）[1]

性　別	男　性		女　性[2]	
年　齢	参照身長 (cm)	参照体重 (kg)	参照身長 (cm)	参照体重 (kg)
0～5　（月）	61.5	6.3	60.1	5.9
6～11　（月）	71.6	8.8	70.2	8.1
6～8　（月）	69.8	8.4	68.3	7.8
9～11　（月）	73.2	9.1	71.9	8.4
1～2　（歳）	85.8	11.5	84.6	11.0
3～5　（歳）	103.6	16.5	103.2	16.1
6～7　（歳）	119.5	22.2	118.3	21.9
8～9　（歳）	130.4	28.0	130.4	27.4
10～11　（歳）	142.0	35.6	144.0	36.3
12～14　（歳）	160.5	49.0	155.1	47.5
15～17　（歳）	170.1	59.7	157.7	51.9
18～29　（歳）	172.0	63.0	158.0	51.0
30～49　（歳）	171.8	70.0	158.5	53.3
50～64　（歳）	169.7	69.1	156.4	54.0
65～74　（歳）	165.3	64.4	152.2	52.6
75以上　（歳）	162.0	61.0	148.3	49.3
18以上[2]（歳）	（男女計）参照身長 161.0cm，参照体重 58.6kg			

1) 0～17歳は，日本小児内分泌学会・日本成長学会合同標準値委員会による小児の体格評価に用いる身長，体重の標準値をもとに，年齢区分に応じ，当該月齢および年齢区分の中央時点での中央値を引用した。ただし，公表数値が年齢区分と合致しない場合は，同様の方法で算出した値を用いた。18歳以上は，平成30・令和元年国民健康・栄養調査の2か年における当該の性および年齢区分における身長・体重の中央値を用いた。
2) 妊婦，授乳婦を除く。
3) 18歳以上成人，男女合わせた参照身長および参照体重として，平成30・令和元年の2か年分の人口推計を用い，「地域ブロック・性・年齢階級別人口÷地域ブロック・性・年齢階級別国民健康・栄養調査解析対象者」で重み付けをして，地域ブロック・性・年齢区分を調整した身長・体重の中央値を算出した。

4　策定事項

（1）エネルギー

1）指　標

エネルギー収支の結果は，体重の変化やBMI（body mass index）として現れる（図3，4）。健康の保持・増進，生活習慣病予防の観点から考えると，エネルギー摂取量が必要量を過不足なく満たすだけでなく，望ましい体格（BMI）を維持するのにふさわしいエネルギー摂取量（＝エネルギー消費量）であることが重要である。そのため，エネルギーの摂取量および消費量のバランスの維持を示す指標として，BMIを採用した（付表2）。

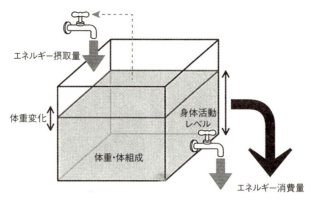

図3 エネルギー出納バランスの基本概念

　体重とエネルギー出納の関係は，水槽に水が貯まったモデルで理解される。エネルギー摂取量とエネルギー消費量が等しいとき，体重の変化はなく，体格（BMI）は一定に保たれる。エネルギー摂取量がエネルギー消費量を上回ると体重は増加し，肥満につながる。エネルギー消費量がエネルギー摂取量を上回ると体重が減少し，やせにつながる。しかし，長期的には，体重変化によりエネルギー消費量やエネルギー摂取量が変化し，エネルギー出納はゼロとなり，体重が安定する。肥満者もやせの者も体重に変化がなければ，エネルギー摂取量とエネルギー消費量は等しい。

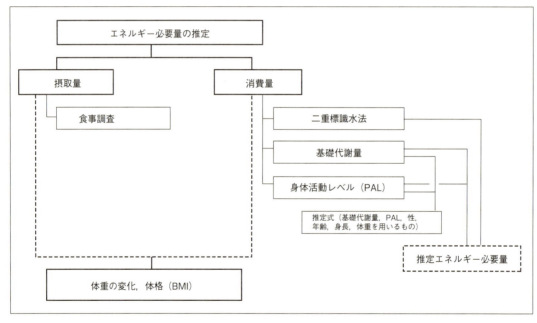

図4　エネルギー必要量を推定するための測定法と体重変化，体格（BMI），推定エネルギー必要量との関連

付表2　目標とするBMIの範囲（18歳以上）[†1, †2]

年齢（歳）	目標とするBMI（kg/m²）
18～49	18.5～24.9
50～69	20.0～24.9
65～74 [†3]	21.5～24.9
75以上 [†3]	21.5～24.9

†1　男女共通。あくまでも参考として使用すべきである。
†2　上限は総死亡率の低減に鑑え，主な生活習慣病の有病率，医療費，高齢者および労働者の身体機能低下との関連を考慮して定めた。
†3　総死亡率をできるだけ低く抑えるためには下限20.0から21.0付近となるが，その他の考慮すべき健康障害等を勘案して21.5とした。

付表2に記された目標とする範囲に対してBMIを評価し、エネルギーの摂取量や供給量を変化させることで、体重管理が可能になる。ただし、生活習慣病の発症予防および重症化予防の観点からは、身体活動量の高い状態でエネルギー収支バランスを保ちながら望ましいBMIを目指すことが、より求められる。

　なお、エネルギー必要量に関する概念の認知、18歳未満に対する指針、エネルギー必要量に依存する他の栄養素摂取量への影響などから、おおよそのエネルギー必要量を設定することが求められ、参考資料として推定エネルギー必要量（estimated energy requirement：EER）を示している（付表3、4）。WHOの定義によればエネルギー必要量とは、「ある身長・体重と体組成の個人が、長期間に良好な健康状態を維持する身体活動レベルのとき、エネルギー消費量との均衡が取れるエネルギー摂取量」であり、比較的短期間の場合には「そのときの体重を保つ（増加も減少もしない）ために適当なエネルギー」と定義される。そこで、対象者あるいは対象集団が、BMIを保つために必要なエネルギー必要量として、「測定した基礎代謝量と身体活動レベルの積」（付表3、4、5）で推定値を算出し、推定エネルギー必要量と呼ぶこととした（参考表（a）、（b））。

付表3　参照体重における基礎代謝基準値（kcal/kg 体重/日）

性別	男性			女性		
年齢（歳）	基礎代謝基準値（kcal/kg 体重/日）	参照体重（kg）	基礎代謝量（kcal/日）	基礎代謝基準値（kcal/kg 体重/日）	参照体重（kg）	基礎代謝量（kcal/日）
1〜2	61.0	11.5	700	59.7	11.0	660
3〜5	54.8	16.5	900	52.2	16.1	840
6〜7	44.3	22.2	930	41.9	21.9	920
8〜9	40.8	28.0	1,140	38.3	27.4	1,050
10〜11	37.4	35.6	1,330	34.8	36.3	1,260
12〜14	31.0	49.0	1,520	29.6	47.5	1,410
15〜17	27.0	59.7	1,610	25.3	51.9	1,310
18〜29	23.7	63.0	1,490	22.1	51.0	1,130
30〜49	22.5	70.0	1,570	21.9	53.3	1,170
50〜64	21.8	69.1	1,510	20.7	54.0	1,120
65〜74	21.6	64.4	1,390	20.7	52.6	1,090
75以上	21.5	61.0	1,310	20.7	49.3	1,020

付表4　年齢区分および身体活動レベル（カテゴリー）別の身体活動レベル基準値（男女共通）

年齢（歳）	身体活動レベル（カテゴリー）		
	低い	ふつう	高い
1〜2	—	1.35	—
3〜5	—	1.45	—
6〜7	1.35	1.55	1.75
8〜9	1.40	1.60	1.80
10〜11	1.45	1.65	1.85
12〜14	1.50	1.70	1.90
15〜17	1.55	1.75	1.95
18〜29	1.50	1.75	2.00
30〜49	1.50	1.75	2.00
50〜64	1.50	1.75	2.00
65〜74	1.50	1.70	1.90
75以上	1.40	1.70	—

付表5　身体活動レベル別にみた活動内容と活動時間の代表例

身体活動レベル[1]	低い 1.50 (1.40〜1.60)	ふつう 1.75 (1.60〜1.90)	高い 2.00 (1.90〜2.20)
日常生活の内容[2]	生活の大部分が座位で，静的な活動が中心の場合	座位中心の仕事だが，職場内での移動や立位での作業・接客等，通勤・買い物での歩行・家事，軽いスポーツのいずれかを含む場合	移動や立位の多い仕事の従事者。あるいは，スポーツなど余暇における活発な運動習慣をもっている場合
中程度の強度（3.0〜5.9メッツ）の身体活動の1日当たりの合計時間（時間/日）[3]	1.65	2.06	2.53
仕事での1日当たりの合計徒歩時間（時間/日）[3]	0.25	0.54	1.00

1) 代表値。（ ）内はおよその範囲。
2) Ishikawa-Takata, et al.(1996)，Black, et al.(2008)を参考に，身体活動レベル（PAL）に及ぼす仕事時間中の影響が大きいことを考慮して作成。
3) Ishikawa-Takata, et al.(2011)による。

参考表（a）の「体重1kgあたりの推定エネルギー必要量」と実体重の積で推定エネルギー必要量を算出できるが，体重の小さな人では過小に，体重の大きな人では過大に算出されることに注意が必要である。参考表（b）は，「体重1kg当たりの基礎代謝量基準値と参照体重と身体活動レベル基準値の積」で算出した推定エネルギー必要量であり，主として給食管理において参照すべき値である。

参考表(a)　体重1kg当たりの推定エネルギー必要量（kcal/kg/日）

性別	男性			女性		
身体活動レベル[1]	低い	ふつう	高い	低い	ふつう	高い
1〜2　（歳）	−	82.4	−	−	80.6	−
3〜5　（歳）	−	79.5	−	−	75.7	−
6〜7　（歳）	59.8	68.7	77.5	56.6	64.9	73.3
8〜9　（歳）	57.1	65.3	73.4	53.6	61.3	68.9
10〜11（歳）	54.2	61.7	69.2	50.5	57.4	64.4
12〜14（歳）	46.5	52.7	58.9	44.4	50.3	56.2
15〜17（歳）	41.9	47.3	52.7	39.2	44.3	49.3
18〜29（歳）	35.6	41.5	47.4	33.2	38.7	44.2
30〜49（歳）	33.8	39.4	45.0	32.9	38.3	43.8
50〜64（歳）	32.7	38.2	43.6	31.1	36.2	41.4
65〜74（歳）	32.4	36.7	41.0	31.1	35.2	39.3
75以上（歳）[2]	30.1	36.6	−	29.0	35.2	−

1) 身体活動レベルは，「低い」，「ふつう」，「高い」の3つのカテゴリーとした。
2) 「ふつう」は自立している者，「低い」は自宅にいてほとんど外出しない人に相当する。「低い」は高齢者施設で自立に近い状態で過ごしている人にも適用できる値である。
注：理想的には，参照体重よりも体重が少ない個人または集団では推定エネルギー必要量はこれよりも多く，参照体重よりも体重が多い個人または集団ではこれよりも少ないことに注意すること。

参考表(b)　推定エネルギー必要量（kcal/日）

性別	男性			女性		
身体活動レベル[1]	低い	ふつう	高い	低い	ふつう	高い
0〜5　（月）	—	550	—	—	500	—
6〜8　（月）	—	650	—	—	600	—
9〜11　（月）	—	700	—	—	650	—
1〜2　（歳）	—	950	—	—	900	—
3〜5　（歳）	—	1,300	—	—	1,250	—
6〜7　（歳）	1,350	1,550	1,750	1,250	1,450	1,650
8〜9　（歳）	1,600	1,850	2,100	1,500	1,700	1,900
10〜11　（歳）	1,950	2,250	2,500	1,850	2,100	2,350
12〜14　（歳）	2,300	2,600	2,900	2,150	2,400	2,700
15〜17　（歳）	2,500	2,850	3,150	2,050	2,300	2,550
18〜29　（歳）	2,250	2,600	3,000	1,700	1,950	2,250
30〜49　（歳）	2,350	2,750	3,150	1,750	2,050	2,350
50〜64　（歳）	2,250	2,650	3,000	1,700	1,950	2,250
65〜74　（歳）	2,100	2,350	2,650	1,650	1,850	2,050
75以上　（歳）[2]	1,850	2,250	—	1,450	1,750	—
妊婦（付加量）[3] 初期					+50	
中期					+250	
後期					+450	
授乳婦　　（付加量）					+350	

1) 身体活動レベルは，「低い」，「ふつう」，「高い」の3つのカテゴリーとした。
2) 「ふつう」は自立している者，「低い」は自宅にいてほとんど外出しない人に相当する。「低い」は高齢者施設で自立に近い状態で過ごしている人にも適用できる値である。
3) 妊婦個々の体格や妊娠中の体重増加量および胎児の発育状況の評価を行うことが必要である。

注1：活用に当たっては，食事評価，体重およびBMIの把握を行い，エネルギーの過不足は体重の変化またはBMIを用いて評価すること。
注2：身体活動レベルが「低い」に該当する場合，少ないエネルギー消費量に見合った少ないエネルギー摂取量を維持することになるため，健康の保持・増進の観点からは，身体活動量を増加させる必要がある。

(2) 栄養素

1) 指　標

栄養素の指標は，3つの目的からなる5つの指標で構成する（図5, 6）。

① 摂取不足の回避を目的とする3種類の指標
② 過剰摂取による健康障害の回避を目的とする指標
③ 生活習慣病の発症予防を目的とする指標

（食事摂取基準では，生活習慣病として，高血圧，脂質異常症，糖尿病及び慢性腎臓病（chronic kidney disease：CKD）を基本するが，その重症化に伴って発症すると考えられる脳血管疾患及び虚血性心疾患も，重症化予防の観点から扱うこととする。）

目的	指標	定義		算定の科学的根拠
摂取不足の回避	推定平均必要量 (estimated average requirement;EAR)	50％の人が必要量を満たす（同時に50％の人が必要量を満たさない）と推定される摂取量	〔栄養素によって「不足」の定義が異なるので、要確認 表6の脚注参照〕	実験研究 疫学研究（介入研究を含む）
	推奨量 (recommended dieatary allowance;RDA)	ほとんどの人（97～98％）の人が充足している摂取量	〔推定平均必要量が設定された栄養素のみ、推定平均必要量 × 推奨量算定係数　として算出〕	
	目安量 (adequate intake;AI)	一定の栄養状態を維持するに十分な摂取量であり、不足状態を示す人がほとんど観察されない摂取量	〔推定平均必要量の設定と推奨量の算定ができない場合に設定〕	十分な科学的根拠が得られず、「推定平均必要量」が設定できない場合
過剰摂取による健康障害の回避	許容上限量 (tolerable upper intake level:UL)	健康障害をもたらすリスクがないとみなされる習慣的な摂取量の上限で、これを超えて摂取すると、過剰摂取によって生じる潜在的な健康障害のリスクが高まると考えられる量	〔十分な科学的根拠が得られない栄養素については設定しない〕	症例報告
生活習慣病の発症予防	目標量 (tentative dietary goal for prevention life-style related diseased:DG)	生活習慣病の発症予防を目的として、現在の日本人が当面の目標とすべき摂取量であり、その疾患のリスクや生体指標の値が低くなると考えられる栄養状態が達成できる量	〔生活習慣病の重症化予防およびフレイル予防と目的として摂取量の基準を設定できる栄養素については、発症予防を目的とした量（目標量）とは区別して示す〕	疫学研究（介入研究を含む）

十分な科学的根拠がある栄養素については、上記の指標とは別に、生活習慣病の重症化およびフレイル予防を目的とした量を設定

図5　栄養素の指標の目的と指標

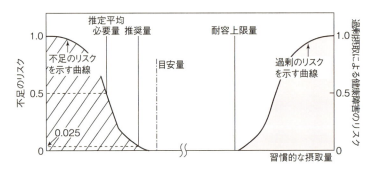

図6　食事摂取基準の各指標（推定平均必要量、推奨量、目安量、耐容上限量）を理解するための概念図

　縦軸は、個人の場合は不足または過剰によって健康障害が生じる確率を、集団の場合は不足状態にある人または過剰摂取によって健康障害を生じる人の割合を示す。
　不足の確率が推定平均必要量では0.5（50％）あり、推奨量では0.02～0.03（中間値として0.025）（2～3％または2.5％）あることを示す。耐容上限量以上を摂取した場合には過剰摂取による健康障害が生じる潜在的なリスクが存在することを示す。そして、推奨量と耐容上限量との間の摂取量では、不足のリスク、過剰摂取による健康障害の生じるリスクがともに0（ゼロ）に近いことを示す。
　目安量については、推定平均必要量および推奨量と一定の関係を持たない。しかし、推奨量と目安量を同時に算定することが可能であれば、目安量は推奨量よりも大きい（図では右方）と考えられるため、参考として付記した。
　目標量は、ここに示す概念や方法とは異なる性質のものであることから、ここには図示できない。

2）策定した食事摂取基準

1歳以上について、基準を作成した栄養素と指標を、付表6に示す。

付表6 基準を策定した栄養素と設定した指標（1歳以上）[†1]

栄養素			推定平均必要量（EAR）	推奨量（RDA）	目安量（AI）	耐容上限量（UL）	目標量（DG）
たんぱく質[†2]			○[†b]	○[†b]	―	―	○[†3]
脂質	脂質		―	―	―	―	○[†3]
	飽和脂肪酸[†4]		―	―	―	―	○[†3]
	n-6系脂肪酸		―	―	○	―	―
	n-3系脂肪酸		―	―	○	―	―
	コレステロール[†5]		―	―	―	―	―
炭水化物	炭水化物		―	―	―	―	○[†3]
	食物繊維		―	―	―	―	○
	糖類		―	―	―	―	―
エネルギー産生栄養素バランス[†2]			―	―	―	―	○[†3]
ビタミン	脂溶性	ビタミンA	○[†a]	○[†a]	―	○	―
		ビタミンD[†2]	―	―	○	○	―
		ビタミンE	―	―	○	○	―
		ビタミンK	―	―	○	―	―
	水溶性	ビタミンB₁	○[†a]	○[†a]	―	―	―
		ビタミンB₂	○[†c]	○[†c]	―	―	―
		ナイアシン	○[†a]	○[†a]	―	○	―
		ビタミンB₆	○[†b]	○[†a]	―	○	―
		ビタミンB₁₂	―	―	○	―	―
		葉酸	○[†a]	○[†a]	―	○[†7]	―
		パントテン酸	―	―	○	―	―
		ビオチン	―	―	○	―	―
		ビタミンC	○[†b]	○[†b]	―	―	―
ミネラル	多量	ナトリウム[†6]	○[†a]	―	―	―	○
		カリウム	―	―	○	―	○
		カルシウム	○[†b]	○[†b]	―	○	―
		マグネシウム	○[†b]	○[†b]	―	○[†7]	―
		リン	―	―	○	○	―
	微量	鉄	○[†b]	○[†b]	―	○	―
		亜鉛	○[†b]	○[†b]	―	○	―
		銅	○[†b]	○[†b]	―	○	―
		マンガン	―	―	○	○	―
		ヨウ素	○[†b]	○[†b]	―	○	―
		セレン	○[†a]	○[†a]	―	○	―
		クロム	―	―	○	○	―
		モリブデン	○[†b]	○[†b]	―	○	―

[†1] 一部の年齢区分についてだけ設定した場合も含む。
[†2] フレイル予防を図る上での留意事項を表の脚注として記載。
[†3] 総エネルギー摂取量に占めるべき割合（％エネルギー）。
[†4] 脂質異常症の重症化予防を目的としたコレステロールの量と，トランス脂肪酸の摂取に関する参考情報を表の脚注として記載。
[†5] 脂質異常症の重症化予防を目的とした量を飽和脂肪酸の表の脚注に記載。
[†6] 高血圧および慢性腎臓病（CKD）の重症化予防を目的とした量を表の脚注として記載。
[†7] 通常の食品以外の食品からの摂取について定めた。
[†a] 集団内の半数の人に不足または欠乏の表情が現れ得る摂取量をもって推定平均必要量とした栄養素。
[†b] 集団内の半数の人で体内量が維持される摂取量をもって推定平均必要量とした栄養素。
[†c] 集団内の半数の人で体内量が飽和している摂取量をもって推定平均必要量とした栄養素。

3) 指標の特性等に応じた留意点

食事摂取基準は，エネルギーや各栄養素の摂取量についての基準を示すものである。しかし，指標の特性や示された数値の信頼度，栄養素の特性，対象者や対象集団の健康状態や食事摂取状況などによって，活用においてどの栄養素を優先的に考慮するかが異なるため，特性や状況を総合的に把握し，その活用の方法を判断することが必要である。

食事摂取基準を活用することで，エネルギー摂取の過不足や，栄養素の摂取不足を防ぐことを基本とし，生活習慣病等の発症・重症化予防を目指す。また，通常の食品以外の食品等，特定の成分を高濃度に含有する食品を摂取している場合には，過剰摂取による健康障害を防ぐ。

栄養素の摂取不足の回避を目的に，十分な科学的根拠が得られる場合には推定平均必要量と推奨量，得られない場合にはその代替指標として目安量が設定されているが，指標によって数値の信頼度が異なることに留意する。また，推定平均必要量と推奨量が設定されている場合でも，諸外国の基準や研究結果を根拠に算定されている場合があり，数値の信頼度が異なることにも留意する。

生活習慣病の発症予防を目的に目標量が設定されているが，生活習慣病の発症予防に関連する要因は多数あり，食事はその一部である。そのため，目標量を活用する場合は，関連する因子の存在とその程度を明らかにし，総合的に考慮する必要がある。例えば，喫煙や運動不足は多くの生活習慣病の危険因子である。栄養面でも，食塩や飽和脂肪酸の過剰摂取など，単一の生活習慣病に複数栄養素が関連していることが多い。それらの存在を確認するとともに，それぞれの因子の科学的根拠の強さや発症に影響を与える程度を確認する必要がある。さらに，対象者や対象集団における疾患のリスクがどの程度で，関連する因子を有している状況やその割合がどれほどかを把握した上で，どの栄養素の摂取量の改善を目指すのかについて，総合的に判断をすることが求められる。食事摂取基準では，目標量のエビデンスレベルを示しているので，適宜参照して目標量を活用することが望ましい。

食事摂取基準を活用して食事を計画する（食品を組み合わせる）場合，最も満たすことが難しい基準に合わせると，比較的基準を満たしやすい他の栄養素の摂取量が推奨量を大きく上回る可能性がある。このような場合，摂取量が耐容上限量に近いほどの多さでない限り，そのまま食事を提供して問題ない。いわゆる健康食品やサプリメントなどではない通常の食品を複数組み合わせた食事で，耐容上限量を超える栄養素摂取量となる可能性は低いからである。

総論に記されている各指標の定義および注意点を熟知した上で各論を理解し，活用することが重要である。

(3) 活用に関する基本的事項

1) 活用の基本的考え方

健康な個人または集団を対象として，健康の保持・増進，生活習慣病等の発症予防および重症化予防のための食事改善に食事摂取基準を活用する場合は，PDCA サイクルに基づく活用に基づく（図5）。まず，摂取量推定（個人あるいは集団を対象とした，各種食事調査による摂取量の把握）によりエネルギー・栄養素の摂取量を推定し，それを食事摂取基準の各種指標と比較して食事評価（ここでは，エネルギーおよび各栄養素の摂取状況の評価と定義する）を行う。ただし，エネルギー摂取量の過不足の評価には，BMI または体重変化量を用いる。

食事評価に基づき，食事改善計画の立案・食事改善を実施し，それらの検証を行う。検証を行う際には，再度摂取量推定を実施し，食事評価を行う。検証結果を踏まえ，計画や実施の内容を改善する。

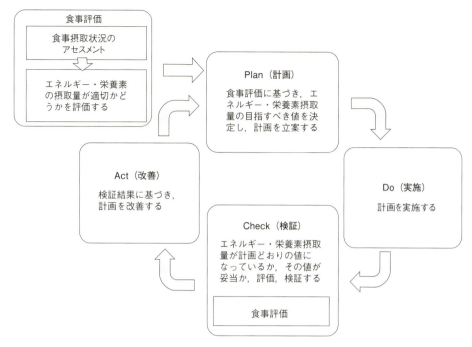

図5 食事摂取基準の活用とPDCAサイクル

食事摂取基準を用いた食事評価の概要は，図6の通りである。

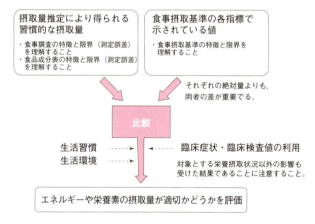

図6 食事摂取基準を用いた食事評価の概要

2) 食事改善を目的とした食事摂取基準活用における相違点〜個人と集団〜

エネルギー・栄養素摂取量を食事摂取基準の指標との比較において，個人の場合は，不足または過剰である可能性の有無，あるいは確率の高低となり，集団の場合は，その集団に不足または過剰である者が存在する可能性の有無，あるいはその割合の大小となる。いずれも，指標に合った摂取状況であるのが好ましいことは同じだが，対象によって，摂取量と食事摂取基準の指標との比較の方法，および比較によってわかることが異なることに留意する必要がある。食事改善を目的として食事摂取基準を用いる場合の基本的事項を，個人（付表7）と集団（付表8）に分けて示す。

付表7 個人の食事改善を目的として食事摂取基準を用いる場合の基本的事項

目 的	用いる指標	食事評価	食事改善の計画と実施
エネルギー摂取の過不足の評価	体重変化量 BMI	・体重変化量を測定 ・測定されたBMIが目標とするBMIの範囲を下回っていれば「不足」，上回っていれば「過剰」のおそれがないか他の要因も含め総合的に判断	・BMIが目標とする範囲内に留まること，またはその方向に体重が改善することを目的として立案 （留意点）定期的に体重を計測記録し，16週間以上フォローを行う
栄養素の摂取不足の評価	推定平均必要量 推奨量 目安量	・測定された摂取量と推定平均必要量および推奨量から不足の可能性とその確率を推定 ・目安量を用いる場合は，測定された摂取量と目安量を比較し，不足していないことを確認	・推奨量よりも摂取量が少ない場合は，推奨量をめざす計画を立案 ・摂取量が目安量付近か，それ以上であれば，その量を維持する計画を立案 （留意点）測定された摂取量が目安量を下回っている場合は，不足の有無やその程度を判断できない
栄養素の過剰摂取の評価	耐容上限量	・測定された摂取量と耐容上限量から過剰摂取の可能性の有無を推定	・耐容上限量を超えて摂取している場合は耐容上限量未満になるための計画を立案 （留意点）耐容上限量を超えた摂取は避けるべきであり，それを超えて摂取していることが明らかになった場合は，問題を解決するために速やかに計画を修正，実施する
生活習慣病の予防を目的とした評価	目標量	・測定された摂取量と目標量を比較。	・摂取量が目標量の範囲内に入ることを目的とした計画を立案 （留意点）発症予防を目的としている生活習慣病と関連する他の栄養関連因子および非栄養性の関連因子の存在と程度を明らかにし，これらを総合的に考慮したうえで，対象とする栄養素の摂取量の改善の程度を判断。また，生活習慣病の特徴から考えて，長い年月にわたって実施可能な改善計画の立案と実施が望ましい

付表8 集団の食事改善を目的として食事摂取基準を活用する場合の基本的事項

目 的	用いる指標	食事評価	食事改善の計画と実施
エネルギー摂取の過不足の評価	体重変化量 BMI	・体重変化量を測定 ・測定されたBMIの分布から，BMIが目標とするBMIの範囲を下回っている，あるいは上回っている人の割合を算出	・BMIが目標とする範囲内に留まっている人の割合を増やすことを目的として計画を立案 （留意点）一定期間をおいて2回以上の体重測定を行い，その変化に基づいて計画を変更し，実施
栄養素の摂取不足の評価	推定平均必要量 目安量	・測定された摂取量の分布と推定平均必要量から，推定平均必要量を下回る人の割合を算出 ・目安量を用いる場合は，摂取量の中央値と目安量を比較し，不足していないことを確認	・推定平均必要量では，推定平均必要量を下回って摂取している者の集団内における割合をできるだけ少なくするための計画を立案 ・目安量では，摂取量の中央値が目安量付近かそれ以上であれば，その量を維持するための計画を立案 （留意点）摂取量の中央値が目安量を下回っている場合，不足状態にあるかどうかは判断できない
栄養素の過剰摂取の評価	耐容上限量	・測定された摂取量の分布と耐容上限量から，過剰摂取の可能性を有する人の割合を算出	・集団全員の摂取量が耐容上限量未満になるための計画を立案 （留意点）耐容上限量を超えた摂取は避けるべきであり，超えて摂取している人がいることが明らかになった場合は，問題を解決するために速やかに計画を修正，実施
生活習慣病の予防を目的とした評価	目標量	・測定された摂取量の分布と目標量から，目標量の範囲を逸脱する人の割合を算出	・摂取量が目標量の範囲に入る人または近づく者の割合を増やすことを目的とした計画を立案 （留意点）発症予防を目的としている生活習慣病と関連する他の栄養関連因子および非栄養性の関連因子の存在とその程度を明らかにし，これらを総合的に考慮したうえで，対象とする栄養素の摂取量の改善の程度を判断。また，生活習慣病の特徴から考え，長い年月にわたって実施可能な改善計画の立案と実施が望ましい

食事摂取基準（付表）

付表9　たんぱく質の食事摂取基準
（推定平均必要量，推奨量，目安量：g/日，目標量（中央値）：%エネルギー）

性別	男性				女性			
年齢	推定平均必要量	推奨量	目安量	目標量†1	推定平均必要量	推奨量	目安量	目標量†1
0～5（月）	―	―	10	―	―	―	10	―
6～8（月）	―	―	15	―	―	―	15	―
9～11（月）	―	―	25	―	―	―	25	―
1～2（歳）	15	20	―	13～20	15	20	―	13～20
3～5（歳）	20	25	―	13～20	20	25	―	13～20
6～7（歳）	25	30	―	13～20	25	30	―	13～20
8～9（歳）	30	40	―	13～20	30	40	―	13～20
10～11（歳）	40	45	―	13～20	40	50	―	13～20
12～14（歳）	50	60	―	13～20	45	55	―	13～20
15～17（歳）	50	65	―	13～20	45	55	―	13～20
18～29（歳）	50	65	―	13～20	40	50	―	13～20
30～49（歳）	50	65	―	13～20	40	50	―	13～20
50～64（歳）	50	65	―	14～20	40	50	―	14～20
65～74（歳）†2	50	60	―	15～20	40	50	―	15～20
75以上（歳）†2	50	60	―	15～20	40	50	―	15～20
妊婦（付加量）　初期†2					+0	+0	―	―†3
中期					+5	+5	―	―†3
後期					+20	+25	―	―†4
授乳婦（付加量）					+15	+20	―	―†4

†1 範囲については，おおむねの値を示したものであり，弾力的に運用すること。
†2 65歳以上の高齢者について，フレイル予防を目的とした量を定めることは難しいが，身長・体重が参照体位に比べて小さい者や，特に75歳以上であって加齢に伴い身体活動量が大きく低下した者など，必要エネルギー摂取量が低い者では，下限が推奨量を下回る場合があり得る。この場合でも，下限は推奨量以上とすることが望ましい。
†3 妊婦（初期・中期）の目標量は13～20%エネルギーとした。
†4 妊婦（後期）および授乳婦の目標量は15～20%エネルギーとした。

付表 10　脂質の食事摂取基準（1）

性　別	脂肪（%エネルギー）				飽和脂肪酸（%エネルギー）[†2,†3]	
	男　性		女　性		男　性	女　性
年齢等	目安量	目標量[†1]	目安量	目標量[†1]	目標量	目標量
0～5（月）	50	—	50	—	—	—
6～11（月）	40	—	40	—	—	—
1～2（歳）	—	20～30	—	20～30	—	—
3～5（歳）	—	20～30	—	20～30	10以下	10以下
6～7（歳）	—	20～30	—	20～30	10以下	10以下
8～9（歳）	—	20～30	—	20～30	10以下	10以下
10～11（歳）	—	20～30	—	20～30	10以下	10以下
12～14（歳）	—	20～30	—	20～30	10以下	10以下
15～17（歳）	—	20～30	—	20～30	9以下	9以下
18～29（歳）	—	20～30	—	20～30	7以下	7以下
30～49（歳）	—	20～30	—	20～30	7以下	7以下
50～64（歳）	—	20～30	—	20～30	7以下	7以下
65～74（歳）	—	20～30	—	20～30	7以下	7以下
75以上（歳）	—	20～30	—	20～30	7以下	7以下
妊　婦			—	20～30		7以下
授乳婦			—	20～30		7以下

†1　範囲については，おおむねの値を示したものである。
†2　飽和脂肪酸と同じく，脂質異常症および循環器疾患に関与する栄養素としてコレステロールがある。コレステロールに目標量は設定しないが，これは許容される摂取量に上限が存在しないことを保証するものではない。また，脂質異常症の重症化予防の目的からは，200 mg/日未満に留めることが望ましい。
†3　飽和脂肪酸と同じく，冠動脈疾患に関する栄養素としてトランス脂肪酸がある。日本人の大多数は，トランス脂肪酸に関する世界保健機構（WHO）の目標（1%エネルギー未満）を下回っており，トランス脂肪酸の摂取による健康への影響は，留意する必要がある。トランス脂肪酸は人体にとって不可欠な栄養素ではなく，健康の保持・増進を図る上で積極的な摂取は勧められないことから，その摂取量は1%エネルギー未満に留めることが望ましく，1%エネルギー未満でもできるだけ低く留めることが望ましい。

付表 11　脂質の食事摂取基準（2）

性　別	n-6系脂肪酸（g/日）		n-3系脂肪酸（g/日）	
	男　性	女　性	男　性	女　性
年齢等	目安量	目安量	目安量	目安量
0～5（月）	4	4	0.9	0.9
6～11（月）	4	4	0.8	0.8
1～2（歳）	4	4	0.7	0.7
3～5（歳）	6	6	1.2	1.0
6～7（歳）	8	7	1.4	1.22
8～9（歳）	8	8	1.5	1.4
10～11（歳）	9	9	1.7	1.7
12～14（歳）	11	11	2.2	1.7
15～17（歳）	13	11	2.2	1.7
18～29（歳）	12	9	2.2	1.7
30～49（歳）	11	9	2.2	1.7
50～64（歳）	11	9	2.3	1.9
65～74（歳）	10	9	2.3	2.0
75以上（歳）	9	8	2.3	2.0
妊　婦		9		1.7
授乳婦		9		1.7

付表 12 炭水化物，食物繊維の食事摂取基準

性別	炭水化物（%エネルギー）		食物繊維（g/日）	
	男性	女性	男性	女性
年齢等	目標量[†1,†2]	目標量[†1,†2]	目標量	目標量
0～5（月）	－	－	－	－
6～11（月）	－	－	－	－
1～2（歳）	50～65	50～65	－	－
3～5（歳）	50～65	50～65	8以上	8以上
6～7（歳）	50～65	50～65	10以上	9以上
8～9（歳）	50～65	50～65	11以上	11以上
10～11（歳）	50～65	50～65	13以上	13以上
12～14（歳）	50～65	50～65	17以上	16以上
15～17（歳）	50～65	50～65	19以上	18以上
18～29（歳）	50～65	50～65	20以上	18以上
30～49（歳）	50～65	50～65	22以上	18以上
50～64（歳）	50～65	50～65	22以上	18以上
65～74（歳）	50～60	50～65	21以上	18以上
75以上（歳）	50～65	50～65	20以上	17以上
妊婦		50～65		18以上
授乳婦		50～65		18以上

[†1] 範囲については，おおむねの値を示したものである。
[†2] エネルギー計算上，アルコールを含む。ただし，アルコールの摂取を勧めるものではない。

付表 13 エネルギー産生栄養素バランス（%エネルギー）

性別	男性				女性			
	目標量[†1,2]				目標量[†1,2]			
		脂質[†4]				脂質[†4]		
年齢等	たんぱく質[†3]	脂質	飽和脂肪酸	炭水化物[†5,6]	たんぱく質[†3]	脂質	飽和脂肪酸	炭水化物[†5,6]
0～11（月）	－	－	－	－	－	－	－	－
1～2（歳）	13～20	20～30	－	50～65	13～20	20～30	－	50～65
3～5（歳）	13～20	20～30	10以下	50～65	13～20	20～30	10以下	50～65
6～7（歳）	13～20	20～30	10以下	50～65	13～20	20～30	10以下	50～65
8～9（歳）	13～20	20～30	10以下	50～65	13～20	20～30	10以下	50～65
10～11（歳）	13～20	20～30	10以下	50～65	13～20	20～30	10以下	50～65
12～14（歳）	13～20	20～30	10以下	50～65	13～20	20～30	10以下	50～65
15～17（歳）	13～20	20～30	9以下	50～65	13～20	20～30	9以下	50～65
18～29（歳）	13～20	20～30	7以下	50～65	13～20	20～30	7以下	50～65
30～49（歳）	13～20	20～30	7以下	50～65	13～20	20～30	7以下	50～65
50～64（歳）	14～20	20～30	7以下	50～65	14～20	20～30	7以下	50～65
65～74（歳）	15～20	20～30	7以下	50～65	15～20	20～30	7以下	50～65
75以上（歳）	15～20	20～30	7以下	50～65	15～20	20～30	7以下	50～65
妊婦 初期					13～20	20～30	7以下	50～65
中期					13～20			
後期					15～20			
授乳婦					15～20			

[†1] 必要なエネルギー量を確保した上でのバランスとすること。
[†2] 範囲に関しては，おおむねの値を示したものであり，弾力的に運用すること。
[†3] 65歳以上の高齢者について，フレイル予防を目的とした量を定めることは難しいが，身長・体重が参照体位に比べて小さい者や，特に75歳以上であって加齢に伴い身体活動量が大きく低下した者など，必要エネルギー摂取量が低い者では，下限が推奨量を下回る場合があり得る。この場合でも，下限は推奨量以上とすることが望ましい。
[†4] 脂質については，その構成成分である飽和脂肪酸など，質への配慮を十分に行う必要がある。
[†5] アルコールを含む。ただし，アルコールの摂取を勧めるものではない。
[†6] 食物繊維の目標量を十分に注意すること。

付表 14　脂溶性ビタミンの食事摂取基準（1）

性別	ビタミンA（μgRAE/日）[†1]								ビタミンD（μg/日）[†4]			
	男性				女性				男性		女性	
年齢	推定平均必要量[†2]	推奨量[†2]	目安量[†3]	耐容上限量[†3]	推定平均必要量[†2]	推奨量[†2]	目安量[†3]	耐容上限量[†3]	目安量	耐容上限量	目安量	耐容上限量
0～5（月）	―	―	300	600	―	―	300	600	5.0	25	5.0	25
6～11（月）	―	―	400	600	―	―	400	600	5.0	25	5.0	25
1～2（歳）	300	400	―	600	250	350	―	600	3.5	25	3.5	25
3～5（歳）	350	500	―	700	350	500	―	700	4.5	30	4.5	30
6～7（歳）	350	500	―	950	350	500	―	950	5.5	40	5.5	40
8～9（歳）	350	500	―	1,200	350	500	―	1,200	6.5	40	6.5	40
10～11（歳）	450	600	―	1,500	400	600	―	1,500	8.0	60	8.0	60
12～14（歳）	550	800	―	2,100	500	700	―	2,100	9.0	80	9.0	80
15～17（歳）	650	900	―	2,600	500	650	―	2,600	9.0	90	9.0	90
18～29（歳）	600	850	―	2,700	450	650	―	2,700	9.0	100	9.0	100
30～49（歳）	650	900	―	2,700	500	700	―	2,700	9.0	100	9.0	100
50～64（歳）	650	900	―	2,700	500	700	―	2,700	9.0	100	9.0	100
65～74（歳）	600	850	―	2,700	500	700	―	2,700	9.0	100	9.0	100
75以上（歳）	550	800	―	2,700	450	650	―	2,700	9.0	100	9.0	100
妊婦（付加量）												
初期					+0	+0	―	―			9.0	―
中期					+0	+0	―	―			9.0	―
後期					+60	+80	―	―			9.0	―
授乳婦（付加量）					+300	+450	―	―			9.0	―

[†1] レチノール活性当量（μgRAE）
＝レチノール（μg）＋β-カロテン（μg）×1/12＋α-カロテン（μg）×1/24＋β-クリプトキサンチン（μg）×1/24＋その他のプロビタミンAカロテノイド（μg）×1/24
[†2] プロビタミンAカロテノイドを含む。
[†3] プロビタミンAカロテノイドを含まない。
[†4] 日照により皮膚でビタミンDが産生されることを踏まえ，フレイル予防を図る者はもとより，全年齢区分を通じて，日常生活において可能な範囲内での適度な日光浴を心掛けるとともに，ビタミンDの摂取については，日照時間を考慮に入れることが重要である。

付表 15　脂溶性ビタミンの食事摂取基準（2）

性別	ビタミンE（mg/日）[†1]				ビタミンK（μg/日）	
	男性		女性		男性	女性
年齢	目安量	耐容上限量	目安量	耐容上限量	目安量	目安量
0～5（月）	3.0	―	3.0	―	4	4
6～11（月）	4.0	―	4.0	―	7	7
1～2（歳）	3.0	150	3.0	150	50	60
3～5（歳）	4.0	200	4.0	200	60	70
6～7（歳）	4.5	300	4.0	300	80	90
8～9（歳）	5.0	350	5.0	350	90	110
10～11（歳）	5.0	450	5.5	450	110	130
12～14（歳）	6.5	650	6.0	600	140	150
15～17（歳）	7.0	750	5.0	650	150	150
18～29（歳）	6.5	800	5.0	650	150	150
30～49（歳）	6.5	800	6.0	700	150	150
50～64（歳）	6.5	800	6.0	700	150	150
65～74（歳）	7.5	800	6.0	700	150	150
75以上（歳）	7.0	800	6.0	650	150	150
妊婦			6.5	―		150
授乳婦			7.0	―		150

[†1] α-トコフェロールについて算定した。α-トコフェロール以外のビタミンEは含んでいない。

付表16 水溶性ビタミンの食事摂取基準（1）

性別	男性 ビタミンB₁ (mg/日)[†1]			女性			男性 ビタミンB₂ (mg/日)[†2]			女性		
年齢	推定平均必要量	推奨量	目安量	推定平均必要量	推奨量	目安量	推定平均必要量	推奨量	目安量	推定平均必要量	推奨量	目安量
0～5（月）	−	−	0.1	−	−	0.1	−	−	0.3	−	−	0.3
6～11（月）	−	−	0.2	−	−	0.2	−	−	0.4	−	−	0.4
1～2（歳）	0.3	0.4	−	0.3	0.4	−	0.5	0.6	−	0.5	0.5	−
3～5（歳）	0.4	0.5	−	0.4	0.5	−	0.7	0.8	−	0.6	0.8	−
6～7（歳）	0.5	0.7	−	0.4	0.6	−	0.8	0.9	−	0.7	0.9	−
8～9（歳）	0.6	0.8	−	0.5	0.7	−	0.9	1.1	−	0.9	1.0	−
10～11（歳）	0.7	0.9	−	0.6	0.9	−	1.1	1.4	−	1.1	1.3	−
12～14（歳）	0.8	1.1	−	0.7	1.0	−	1.3	1.6	−	1.2	1.4	−
15～17（歳）	0.9	1.2	−	0.7	1.0	−	1.4	1.7	−	1.2	1.4	−
18～29（歳）	0.8	1.1	−	0.6	0.8	−	1.3	1.6	−	1.0	1.2	−
30～49（歳）	0.8	1.2	−	0.6	0.9	−	1.4	1.7	−	1.0	1.2	−
50～64（歳）	0.8	1.1	−	0.6	0.8	−	1.3	1.6	−	1.0	1.2	−
65～74（歳）	0.7	1.0	−	0.6	0.8	−	1.2	1.4	−	0.9	1.1	−
75以上（歳）	0.7	1.0	−	0.5	0.7	−	1.1	1.4	−	0.9	1.1	−
妊婦（付加量）				+0.2	+0.2	−				+0.2	+0.3	−
授乳婦（付加量）				+0.2	+0.2	−				+0.5	+0.6	−

[†1] 身体活動レベルⅡの推定エネルギー必要量を用いて算定した。
　　特記事項：推定平均必要量は，ビタミンB₁の欠乏症である脚気を予防するに足る最小必要量からではなく，尿中にビタミンB₁の排泄量が増大し始める摂取量（体内飽和量）から算定。
[†2] 身体活動レベルⅡの推定エネルギー必要量を用いて算定した。
　　特記事項：推定平均必要量は，ビタミンB₂の欠乏症である口唇炎，口角炎，舌炎などの皮膚炎を予防するに足る最小必要量からではなく，尿中にビタミンB₂の排泄量が増大し始める摂取量（体内飽和量）から算定。

付表17 水溶性ビタミンの食事摂取基準（2）

性別	男性 ナイアシン (mgNE/日)[†1]				女性				男性 ビタミンB₆ (mg/日)[†4]				女性			
年齢	推定平均必要量	推奨量	目安量	耐容上限量[†2]	推定平均必要量	推奨量	目安量	耐容上限量[†1]	推定平均必要量	推奨量	目安量	耐容上限量[†5]	推定平均必要量	推奨量	目安量	耐容上限量[†5]
0～5（月）[†3]	−	−	2	−	−	−	2	−	−	−	0.2	−	−	−	0.2	−
6～11（月）	−	−	3	−	−	−	3	−	−	−	0.3	−	−	−	0.3	−
1～2（歳）	5	6	−	60(15)	4	5	−	60(15)	0.4	0.5	−	10	0.4	0.5	−	10
3～5（歳）	6	8	−	80(20)	6	7	−	80(20)	0.5	0.6	−	15	0.5	0.6	−	15
6～7（歳）	7	9	−	100(30)	7	8	−	100(30)	0.6	0.7	−	20	0.6	0.7	−	20
8～9（歳）	9	11	−	150(35)	8	10	−	150(35)	0.8	0.9	−	25	0.8	0.9	−	25
10～11（歳）	11	13	−	200(45)	10	12	−	200(45)	0.9	1.0	−	30	1.0	1.2	−	30
12～14（歳）	12	15	−	250(60)	12	14	−	250(60)	1.2	1.4	−	40	1.1	1.3	−	40
15～17（歳）	14	16	−	300(70)	11	13	−	250(65)	1.2	1.5	−	50	1.1	1.3	−	45
18～29（歳）	13	15	−	300(80)	9	11	−	250(65)	1.1	1.4	−	55	1.0	1.2	−	45
30～49（歳）	13	15	−	350(85)	10	12	−	250(65)	1.1	1.4	−	60	1.0	1.2	−	45
50～64（歳）	12	14	−	350(85)	9	11	−	250(65)	1.1	1.4	−	55	1.0	1.1	−	45
65～74（歳）	12	14	−	300(80)	9	11	−	250(65)	1.1	1.4	−	50	1.0	1.1	−	45
75以上（歳）	11	13	−	300(75)	8	10	−	250(60)	1.1	1.4	−	50	1.0	1.2	−	40
妊婦（付加量）					+0	+0	−	−					+0.2	+0.2	−	−
授乳婦（付加量）					+3	+3	−	−					+0.3	+0.3	−	−

ナイアシン当量（NE）＝ナイアシン＋1/60トリプトファンで示した。
[†1] 身体活動レベルⅡ「ふつう」の推定エネルギー必要量を用いて算定した。
[†2] ニコチンアミドの重量（mg/日），（ ）内はニコチン酸の重量（mg/日）。　[†3] 単位は，mg/日。
[†4] たんぱく質の推奨量を用いて算定した（妊婦・授乳婦の付加量は除く）。
[†5] 食事性ビタミンB₆の量ではなく，ピリドキシン（分子量＝169.2）相当量として示した。

付表18　水溶性ビタミンの食事摂取基準（3）

性別	ビタミンB_{12}（μg/日）[†1]		葉酸（μg/日）[†2]							
	男性	女性	男性				女性			
年齢	目安量	目安量	推定平均必要量	推奨量	目安量	耐容上限量[†3]	推定平均必要量	推奨量	目安量	耐容上限量[†3]
0～5（月）	0.4	0.4	―	―	40	―	―	―	40	―
6～11（月）	0.9	0.9	―	―	70	―	―	―	70	―
1～2（歳）	1.5	1.5	70	90	―	200	70	90	―	200
3～5（歳）	1.5	1.5	80	100	―	300	80	100	―	300
6～7（歳）	2.0	2.0	110	130	―	400	110	130	―	400
8～9（歳）	2.5	2.5	130	150	―	500	130	150	―	500
10～11（歳）	3.0	3.0	150	180	―	700	150	180	―	700
12～14（歳）	4.0	4.0	190	230	―	900	190	230	―	900
15～17（歳）	4.0	4.0	200	240	―	900	200	240	―	900
18～29（歳）	4.0	4.0	200	240	―	900	200	240	―	900
30～49（歳）	4.0	4.0	200	240	―	1,000	200	240	―	1,000
50～64（歳）	4.0	4.0	200	240	―	1,000	200	240	―	1,000
65～74（歳）	4.0	4.0	200	240	―	900	200	240	―	900
75以上（歳）	4.0	4.0	200	240	―	900	200	240	―	900
妊婦（付加量）[†4]　初期		4.0					+0	+0	―	―
中期・後期							+200	+240	―	―
授乳婦（付加量）		4.0					+80	+100	―	―

†1　シアノコバラミン（分子量＝1,355.4）相当量として示した。
†2　葉酸（プテロイルモノグルタミン酸，分子量＝441.1）相当量として示した。
†3　通常の食品以外の食品に含まれる葉酸に適用する。
†4　妊娠を計画している女性，妊娠の可能性がある女性および妊娠初期の妊婦は，神経管閉鎖障害のリスク低減のために，通常の食品以外の食品に含まれる葉酸を400μg/日摂取することが望まれる。

付表19　水溶性ビタミンの食事摂取基準（4）

性別	パントテン酸(mg/日)		ビオチン（μg/日）		ビタミンC (mg/日)[†1]					
	男性	女性	男性	女性	男性			女性		
年齢	目安量	目安量	目安量	目安量	推定平均必要量[1)]	推奨量	目安量	推定平均必要量[1)]	推奨量	目安量
0～5（月）	4	4	4	4	―	―	40	―	―	40
6～11（月）	3	3	10	10	―	―	40	―	―	40
1～2（歳）	3	3	20	20	30	35	―	30	35	―
3～5（歳）	4	4	20	20	35	40	―	35	40	―
6～7（歳）	5	5	30	30	40	50	―	40	50	―
8～9（歳）	6	6	30	30	50	60	―	50	60	―
10～11（歳）	6	6	40	40	60	70	―	60	70	―
12～14（歳）	7	6	50	50	75	90	―	75	90	―
15～17（歳）	7	6	50	50	80	100	―	80	100	―
18～29（歳）	6	5	50	50	80	100	―	80	100	―
30～49（歳）	6	5	50	50	80	100	―	80	100	―
50～64（歳）	6	5	50	50	80	100	―	80	100	―
65～74（歳）	6	5	50	50	80	100	―	80	100	―
75以上（歳）	6	5	50	50	80	100	―	80	100	―
妊婦（付加量）		5		50				+10	+10	―
授乳婦（付加量）		6		50				+40	+45	―

†1　L-アスコルビン酸（分子量＝176.1）相当量として示した。
特記事項：推定平均必要量は，ビタミンCの欠乏症である壊血病を予防するに足る最小量からではなく，良好なビタミンCの栄養状態の確実な維持の観点から算定。

付表20 多量ミネラルの食事摂取基準（1）

性　別	男　性			女　性		
	ナトリウム(mg/日),（　）内は食塩相当量(g/日)[†1]					
年　齢	推定平均必要量	目安量	目標量	推定平均必要量	目安量	目標量
0～5 （月）	—	100 (0.3)	—	—	100 (0.3)	—
6～11 （月）	—	600 (1.5)	—	—	600 (1.5)	—
1～2 （歳）	—	—	(3.0未満)	—	—	(2.5未満)
3～5 （歳）	—	—	(3.5未満)	—	—	(3.5未満)
6～7 （歳）	—	—	(4.5未満)	—	—	(4.5未満)
8～9 （歳）	—	—	(5.0未満)	—	—	(5.0未満)
10～11 （歳）	—	—	(6.0未満)	—	—	(6.0未満)
12～14 （歳）	—	—	(7.0未満)	—	—	(6.5未満)
15～17 （歳）	—	—	(7.5未満)	—	—	(6.5未満)
18～29 （歳）	600(1.5)	—	(7.5未満)	600(1.5)	—	(6.5未満)
30～49 （歳）	600(1.5)	—	(7.5未満)	600(1.5)	—	(6.5未満)
50～64 （歳）	600(1.5)	—	(7.5未満)	600(1.5)	—	(6.5未満)
65～74 （歳）	600(1.5)	—	(7.5未満)	600(1.5)	—	(6.5未満)
75以上 （歳）	600(1.5)	—	(7.5未満)	600(1.5)	—	(6.5未満)
妊　婦				600(1.5)	—	(6.5未満)
授乳婦				600(1.5)	—	(6.5未満)

[†1] 高血圧及び慢性腎臓病（CKD）の重症化予防のための食塩相当量は，男女とも6.0 g/日未満とした。

付表21 多量ミネラルの食事摂取基準（2）

性　別	男　性		女　性	
	カリウム(mg/日)			
年　齢	目安量	目標量	目安量	目標量
0～5 （月）	400	—	400	—
6～11 （月）	700	—	700	—
1～2 （歳）	—	—	—	—
3～5 （歳）	1,100	1,600以上	1,000	1,400以上
6～7 （歳）	1,300	1,800以上	1,200	1,600以上
8～9 （歳）	1,600	2,000以上	1,400	1,800以上
10～11 （歳）	1,900	2,200以上	1,800	2,000以上
12～14 （歳）	2,400	2,600以上	2,200	2,400以上
15～17 （歳）	2,800	3,000以上	2,000	2,600以上
18～29 （歳）	2,500	3,000以上	2,000	2,600以上
30～49 （歳）	2,500	3,000以上	2,000	2,600以上
50～64 （歳）	2,500	3,000以上	2,000	2,600以上
65～74 （歳）	2,500	3,000以上	2,000	2,600以上
75以上 （歳）	2,500	3,000以上	2,000	2,600以上
妊　婦			2,000	2,600以上
授乳婦			2,000	2,600以上

付表 22　多量ミネラルの食事摂取基準（3）

性別	カルシウム (mg/日) 男性				カルシウム (mg/日) 女性				マグネシウム (mg/日) 男性				マグネシウム (mg/日) 女性			
年齢	推定平均必要量	推奨量	目安量	耐容上限量	推定平均必要量	推奨量	目安量	耐容上限量	推定平均必要量	推奨量	目安量	耐容上限量[†1]	推定平均必要量	推奨量	目安量	耐容上限量[†1]
0～5（月）	―	―	200	―	―	―	200	―	―	―	20	―	―	―	20	―
6～11（月）	―	―	250	―	―	―	250	―	―	―	60	―	―	―	60	―
1～2（歳）	350	450	―	―	350	400	―	―	60	70	―	―	60	70	―	―
3～5（歳）	500	600	―	―	450	550	―	―	80	100	―	―	80	100	―	―
6～7（歳）	500	600	―	―	450	550	―	―	110	130	―	―	110	130	―	―
8～9（歳）	550	650	―	―	600	750	―	―	140	170	―	―	140	160	―	―
10～11（歳）	600	700	―	―	600	750	―	―	180	210	―	―	180	220	―	―
12～14（歳）	850	1,000	―	―	700	800	―	―	250	290	―	―	240	290	―	―
15～17（歳）	650	800	―	―	550	650	―	―	300	360	―	―	260	310	―	―
18～29（歳）	650	800	―	2,500	550	650	―	2,500	280	340	―	―	230	280	―	―
30～49（歳）	650	750	―	2,500	550	650	―	2,500	320	380	―	―	240	290	―	―
50～64（歳）	600	750	―	2,500	550	650	―	2,500	310	370	―	―	240	290	―	―
65～74（歳）	600	750	―	2,500	550	650	―	2,500	290	350	―	―	240	280	―	―
75以上（歳）	600	750	―	2,500	500	600	―	2,500	270	330	―	―	220	270	―	―
妊婦					+0	+0	―	―					+30	+40	―	―
授乳婦					+0	+0	―	―					+0	+0	―	―

[†1] 通常の食品以外からの摂取量の耐容上限量は，成人の場合350mg/日，小児では5mg/kg 体重/日とした。それ以外の通常の食品からの摂取の場合，耐容上限量は設定しない。

付表 23　多量ミネラルの食事摂取基準（4）

性別	リン (mg/日) 男性		女性	
年齢	目安量	耐容上限量	目安量	耐容上限量
0～5（月）	120	―	120	―
6～11（月）	260	―	260	―
1～2（歳）	600	―	500	―
3～5（歳）	700	―	700	―
6～7（歳）	900	―	800	―
8～9（歳）	1,000	―	900	―
10～11（歳）	1,100	―	1,000	―
12～14（歳）	1,200	―	1,000	―
15～17（歳）	1,200	―	1,000	―
18～29（歳）	1,000	3,000	800	3,000
30～49（歳）	1,000	3,000	800	3,000
50～64（歳）	1,000	3,000	800	3,000
65～74（歳）	1,000	3,000	800	3,000
75以上（歳）	1,000	3,000	800	3,000
妊婦			800	―
授乳婦			800	―

付表24 微量ミネラルの食事摂取基準（1）

性別	男性				女性						男性				女性			
	鉄（mg/日）										亜鉛（mg/日）							
					月経なし		月経あり											
年齢	推定平均必要量	推奨量	目安量	耐容上限量	推定平均必要量	推奨量	推定平均必要量	推奨量	目安量	耐容上限量	推定平均必要量	推奨量	目安量	耐容上限量	推定平均必要量	推奨量	目安量	耐容上限量
0〜5（月）	−	−	0.5	−	−	−	−	−	0.5	−	−	−	1.5	−	−	−	1.5	−
6〜11（月）	3.5	4.5	−	−	3.0	4.5	−	−	−	−	−	−	2.0	−	−	−	2.0	−
1〜2（歳）	3.0	4.0	−	−	3.0	4.0	−	−	−	−	2.5	3.5	−	−	2.0	3.0	−	−
3〜5（歳）	3.5	5.0	−	−	3.5	5.0	−	−	−	−	3.0	4.0	−	−	2.5	3.5	−	−
6〜7（歳）	4.5	6.0	−	−	4.5	6.0	−	−	−	−	3.5	5.0	−	−	3.0	4.5	−	−
8〜9（歳）	5.5	7.5	−	−	6.0	8.0	−	−	−	−	4.0	5.5	−	−	4.0	5.5	−	−
10〜11（歳）	6.5	9.5	−	−	6.5	9.0	8.5	12.5	−	−	5.5	8.0	−	−	5.5	7.5	−	−
12〜14（歳）	7.5	9.0	−	−	6.5	8.0	9.0	12.5	−	−	7.0	8.5	−	−	6.5	8.5	−	−
15〜17（歳）	7.5	9.0	−	−	5.5	6.5	7.5	11.0	−	−	8.5	10.0	−	−	6.0	8.0	−	−
18〜29（歳）	5.5	7.0	−	−	5.0	6.0	7.0	10.0	−	−	7.5	9.0	−	40	6.0	7.5	−	35
30〜49（歳）	6.0	7.5	−	−	5.0	6.0	7.5	10.5	−	−	8.0	9.5	−	45	6.5	8.0	−	35
50〜64（歳）	6.0	7.0	−	−	5.0	6.0	7.5	10.5	−	−	8.0	9.5	−	45	6.5	8.0	−	35
65〜74（歳）	5.5	7.0	−	−	5.0	6.0	−	−	−	−	7.5	9.0	−	45	6.5	7.5	−	35
75以上（歳）	5.5	6.5	−	−	4.5	5.5	−	−	−	−	7.5	9.0	−	40	6.0	7.0	−	35
妊婦（付加量）初期					+2.0	+2.5	−	−	−	−					+0.0	+0.0	−	−
中期・後期					+7.0	+8.5	−	−	−	−					+2.0	+2.0	−	−
授乳婦（付加量）					+1.5	+2.0	−	−	−	−					+2.5	+3.0	−	−

付表25 微量ミネラルの食事摂取基準（2）

性別	男性				女性				男性		女性	
	銅（mg/日）								マンガン（mg/日）			
年齢	推定平均必要量	推奨量	目安量	耐容上限量	推定平均必要量	推奨量	目安量	耐容上限量	目安量	耐容上限量	目安量	耐容上限量
0〜5（月）	−	−	0.3	−	−	−	0.3	−	0.01	−	0.01	−
6〜11（月）	−	−	0.4	−	−	−	0.4	−	0.5	−	0.5	−
1〜2（歳）	0.3	0.3	−	−	0.2	0.3	−	−	1.5	−	1.5	−
3〜5（歳）	0.3	0.4	−	−	0.3	0.3	−	−	2.0	−	2.0	−
6〜7（歳）	0.4	0.4	−	−	0.4	0.4	−	−	2.0	−	2.0	−
8〜9（歳）	0.4	0.5	−	−	0.4	0.5	−	−	2.5	−	2.5	−
10〜11（歳）	0.5	0.6	−	−	0.5	0.6	−	−	3.0	−	3.0	−
12〜14（歳）	0.7	0.8	−	−	0.6	0.8	−	−	3.5	−	3.0	−
15〜17（歳）	0.8	0.9	−	−	0.6	0.7	−	−	3.5	−	3.0	−
18〜29（歳）	0.7	0.8	−	7	0.6	0.7	−	7	3.5	11	3.0	11
30〜49（歳）	0.8	0.9	−	7	0.6	0.7	−	7	3.5	11	3.0	11
50〜64（歳）	0.7	0.9	−	7	0.6	0.7	−	7	3.5	11	3.0	11
65〜74（歳）	0.7	0.8	−	7	0.6	0.7	−	7	3.5	11	3.0	11
75以上（歳）	0.7	0.8	−	7	0.6	0.7	−	7	3.5	11	3.0	11
妊婦（付加量）					+0.1	+0.1	−	−			3.0	−
授乳婦（付加量）					+0.5	+0.6	−	−			3.0	−

付表 26　微量ミネラルの食事摂取基準（3）

性別		男性				女性				男性				女性			
		ヨウ素（μg/日）								セレン（μg/日）							
年齢		推定平均必要量	推奨量	目安量	耐容上限量	推定平均必要量	推奨量	目安量	耐容上限量	推定平均必要量	推奨量	目安量	耐容上限量	推定平均必要量	推奨量	目安量	耐容上限量
0〜5	(月)	−	−	100	250	−	−	100	250	−	−	15	−	−	−	15	−
6〜11	(月)	−	−	130	350	−	−	130	350	−	−	15	−	−	−	15	−
1〜2	(歳)	35	50	−	600	35	50	−	600	10	10	−	100	10	10	−	100
3〜5	(歳)	40	60	−	900	40	60	−	900	10	15	−	100	10	10	−	100
6〜7	(歳)	55	75	−	1,200	55	75	−	1,200	15	15	−	150	15	15	−	150
8〜9	(歳)	65	90	−	1,500	65	90	−	1,500	15	20	−	200	15	20	−	200
10〜11	(歳)	75	110	−	2,000	75	110	−	2,000	20	25	−	250	20	25	−	250
12〜14	(歳)	100	140	−	2,500	100	140	−	2,500	25	30	−	350	25	30	−	300
15〜17	(歳)	100	140	−	3,000	100	140	−	3,000	30	35	−	400	20	25	−	350
18〜29	(歳)	100	140	−	3,000	100	140	−	3,000	25	30	−	400	20	25	−	350
30〜49	(歳)	100	140	−	3,000	100	140	−	3,000	25	30	−	450	20	25	−	350
50〜64	(歳)	100	140	−	3,000	100	140	−	3,000	25	30	−	450	20	25	−	350
65〜74	(歳)	100	140	−	3,000	100	140	−	3,000	25	30	−	450	20	25	−	350
75以上	(歳)	100	140	−	3,000	100	140	−	3,000	25	30	−	400	20	25	−	350
妊婦（付加量）						+75	+110	−	−†1					+5	+5	−	−
授乳婦（付加量）						+100	+140	−	−†1					+15	+20	−	−

†1　妊婦および授乳婦の耐容上限量は，2,000 μg/日とした。

付表 27　微量ミネラルの食事摂取基準（4）

性別		男性		女性		男性				女性			
		クロム（μg/日）				モリブデン（μg/日）							
年齢		目安量	耐容上限量	目安量	耐容上限量	推定平均必要量	推奨量	目安量	耐容上限量	推定平均必要量	推奨量	目安量	耐容上限量
0〜5	(月)	0.8	−	0.8	−	−	−	2.5	−	−	−	2.5	−
6〜11	(月)	1.0	−	1.0	−	−	−	3.0	−	−	−	3.0	−
1〜2	(歳)	−	−	−	−	10	10	−	−	10	10	−	−
3〜5	(歳)	−	−	−	−	10	10	−	−	10	10	−	−
6〜7	(歳)	−	−	−	−	10	15	−	−	10	15	−	−
8〜9	(歳)	−	−	−	−	15	20	−	−	15	15	−	−
10〜11	(歳)	−	−	−	−	15	20	−	−	15	20	−	−
12〜14	(歳)	−	−	−	−	20	25	−	−	20	25	−	−
15〜17	(歳)	−	−	−	−	25	30	−	−	20	25	−	−
18〜29	(歳)	10	500	10	500	20	30	−	600	20	25	−	500
30〜49	(歳)	10	500	10	500	25	30	−	600	20	25	−	500
50〜64	(歳)	10	500	10	500	25	30	−	600	20	25	−	500
65〜74	(歳)	10	500	10	500	20	30	−	600	20	25	−	500
75以上	(歳)	10	500	10	500	20	25	−	600	20	25	−	500
妊婦（付加量）				10						+0	+0	−	−
授乳婦（付加量）				10						+2.5	+3.5	−	−

2. 栄養素等摂取量の年次推移

		昭和50年	55年	60年	平成2年	7年	12年	17年	22年	27年	令元年	5年
エネルギー	kcal	2,226	2,119	2,088	2,026	2,042	1,948	1,904	1,849	1,889	1,903	1,877
たんぱく質 総量	g	81.0	78.7	79.0	78.7	81.5	77.7	71.1	67.3	69.1	71.4	70.4
たんぱく質 動物性	g	38.9	39.2	40.1	41.4	44.4	41.7	38.3	36.0	37.3	40.1	39.9
脂質 総量	g	55.2	55.6	56.9	56.9	59.9	57.4	53.9	53.7	57.0	61.3	60.9
脂質 動物性	g	26.2	26.9	27.6	27.5	29.8	28.8	27.3	27.1	28.7	32.4	31.6
炭水化物	g	335	309	298	287	280	266	267	257.6	257.8	248.3	244.9
カルシウム	mg	552	539	553	531	585	547	546	510	517	505	489
鉄	mg	10.8	10.4	10.7	11.1	11.8	11.3	8.1	7.6	7.6	7.6	7.4
食塩相当量[†1]	g	13.5	12.9	12.1	12.5	13.2	12.3	11.0	10.2	9.7	9.7	9.5
ビタミン A	IU[†2]	1,889	1,986	2,188	2,567	2,840	2,654	604[†3]	529[†3]	534[†3]	534[†3]	483[†3]
ビタミン B_1	mg	1.39	1.37	1.34	1.23	1.22	1.17	1.44	1.50	0.86	0.95	1.0
ビタミン B_2	mg	1.23	1.21	1.25	1.33	1.47	1.40	1.42	1.48	1.17	1.18	1.1
ビタミン C	mg	138	123	128	120	135	128	124	109	98	94	87
穀類エネルギー比率	%	49.8	48.7	47.2	45.5	40.7	41.4	42.7	43.0	41.2	39.5	40.1
動物性たんぱく質比率	%	48.6	50.3	50.8	52.6	54.5	53.6	52.1	51.7	52.3	54.3	54.7

†1：食塩相当量（Na (mg) × 2.54/1,000）　†2：ビタミンA効力の国際単位（1 IUは0.3μgのビタミンAに相当）
†3：レチノール活性当量（μg RAE）
（参考資料）1975〜1995年:国民栄養調査成績, 2000〜2019年:国民健康・栄養調査報告, 2023年:令和5年国民健康・栄養調査結果の概要

3. エネルギーの栄養素別摂取構成比

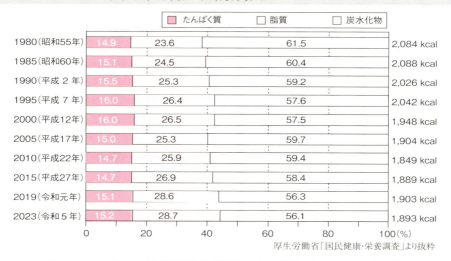

図1　エネルギーの栄養素別摂取構成比の年次推移（1歳以上，男女計）

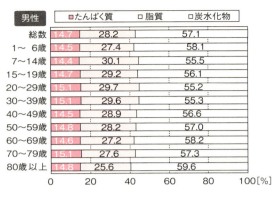

(参考)「日本人の食事摂取基準（2025年版）」 脂肪エネルギー比率（％エネルギー）の目標量 1歳以上 20〜30（中央値25）
(参考)「健康日本21（2010年）」の目標値 脂肪エネルギー比率 20〜40歳代 25％以下
脂肪エネルギー比率：エネルギー摂取量に占める脂質の割合

図2　エネルギーの栄養素別摂取構成比（年齢階級別）

4. 栄養素等摂取量，食品群別摂取の状況

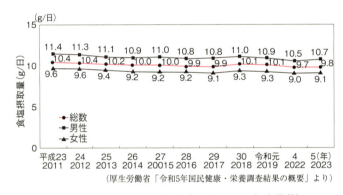

（厚生労働省「令和5年国民健康・栄養調査結果の概要」より）

図3　食塩摂取量の平均値（20歳以上，年次推移）

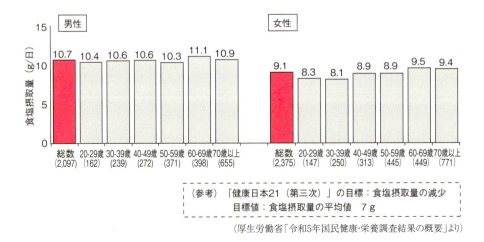

（参考）「健康日本21（第三次）」の目標：食塩摂取量の減少
　　　　目標値：食塩摂取量の平均値　7 g

（厚生労働省「令和5年国民健康・栄養調査結果の概要」より）

図4　食塩摂取量の平均値（20歳以上，性・年齢階級別，令和5年）

付　表

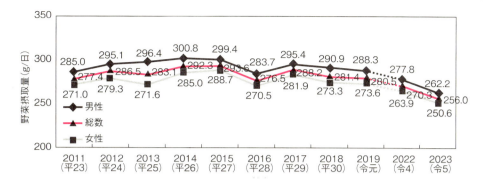

図5　野菜類摂取量の平均値（20歳以上，年次推移）

(参考)　「健康日本21（第三次）」の目標：野菜摂取量の増加
目標値：野菜摂取量の平均値　350ｇ

(厚生労働省「令和5年国民健康・栄養調査結果の概要」より)

図6　野菜類摂取量の平均値（20歳以上，性・年齢階級別，令和5年）

5. 栄養バランスのとれた食事の状況

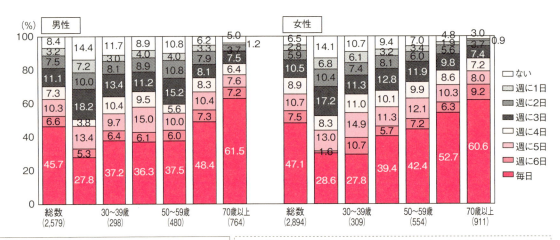

主食:ごはん,パン,麺類などの料理
主菜:魚介類,肉類,卵類,大豆・大豆製品を主材料にした料理
副菜:野菜類,海草類,きのこ類を主材料にした料理

(参考)「健康日本21(第三次)」の目標:バランスの良い食事を摂っている者の増加
目標値:主食・主菜・副菜を組み合わせた食事が1日2回以上の日がほぼ毎日の者の割合 50%

(厚生労働省「令和5年国民健康・栄養調査結果の概要」より)

図7 主食・主菜・副菜を組み合わせた食事の頻度(20歳以上,性・年齢階級別,令和5年)

6. 身体活動・運動の状況

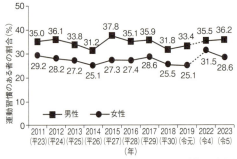

※「運動習慣のある者」とは,1回30分以上の運動を週2回以上実施し,1年以上継続している者。

(厚生労働省「令和5年国民健康・栄養調査結果の概要」より)

図8 運動習慣のある者の割合(20歳以上,年次推移)

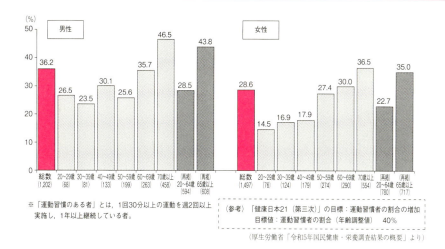

図9 運動習慣のある者の割合（20歳以上，性・年齢階級別，令和5年）

7. 食事バランスガイド（厚生労働省・農林水産省）　平成17年6月

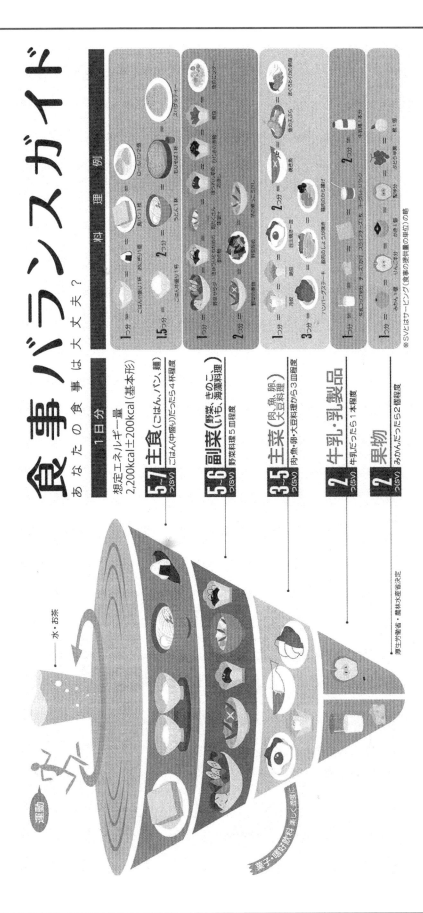

演習問題解答

序　論
　　1 ——（4）　　2 ——（1）　　3 ——（5）

1　消化と吸収
　　1 ——（3）　　2 ——（2）　　3 ——（3）
　　4 ——（3）

2　たんぱく質
　　1 ——（1）　　2 ——（3）　　3 ——（2）
　　4 ——（2）　　5 ——（3）　　6 ——（3）
　　7 ——（3）

3　脂　質
　　1 ——（3）　　2 ——（4）
　　3 ——（5）

4　炭水化物
　　1 ——（1）　　2 ——（4）　　3 ——（4）

5　エネルギー
　　1 ——（5）　　2 ——（2）　　3 ——（1）
　　4 ——（2）　　5 ——（5）

6　無機質
　　1 ——（3）　　2 ——（2）　　3 ——（3）
　　4 ——（2）　　5 ——（3）

7　ビタミン
　　1 ——（1）　　2 ——（2）　　3 ——（1）
　　4 ——（2）　　5 ——（3）　　6 ——（3）

8　栄養と遺伝子
　　1 ——（2）　　2 ——（5）

参考文献

1) 厚生労働省,「日本人の食事摂取基準（2025年版）」策定検討会報告書（2024）.
2) 厚生労働省,『国民健康・栄養調査（令和元年）』,（2020）.
3) 文部科学省,『日本食品標準成分（八訂）増補2023年』,（2023）.
4) 今堀和友・山川民夫監修,『生化学辞典（第2版）』, 東京化学同人（1992）.
5) 吉川春寿, 芦田淳編,『総合栄養学事典』, 同文書院（1992）.
6) 栄養学・食品学・健康教育研究会編,『食品・栄養・健康用語辞典』, 同文書院（1994）.
7) 二国二郎監修,『澱粉科学ハンドブック』, 朝倉書店（1977）.
8) 日本ビタミン学会編,『ビタミンハンドブック』, 化学同人（1989）.
9) 林寛,『栄養学総論（第4版）』, 三共出版（2000）.
10) 吉田勉編著,『栄養学―生化学的アプローチ』, 学文社（1995）.
11) 吉田勉編,『総論栄養学』, 医歯薬出版（1999）.
12) 吉田勉編,『基礎栄養学』, 医歯薬出版（2001）.
13) 糸川嘉則, 柴田克己編,『栄養学総論（改訂第2版）』, 南江堂（1999）.
14) 中坊幸弘, 木戸康博編,『栄養学総論』, 講談社サイエンティフィク（1998）.
15) 中坊幸弘, 山本茂編,『栄養学各論』, 講談社サイエンティフィク（1998）.
16) 西川善之, 灘本知憲,『栄養学総論』, 化学同人（2000）.
17) 西川義之, 灘本知憲編,『基礎栄養学』, 化学同人（2003）.
18) 坂井堅太郎編,『基礎栄養学』, 化学同人（2003）.
19) 岩崎良文, 戸谷誠之,『栄養学各論（改訂第3版）』, 南江堂（2000）.
20) 内藤 博他,『新栄養化学』, 朝倉書店（1987）.
21) 廣田才之, 伊藤順子ほか編,『栄養学総論（改訂版）』, 共立出版（2000）.
22) 木村修一, 小林修平翻訳監修,『最新栄養学〔第6版〕』, 建帛社（1991）.
23) 奥恒行, 柴田克己編,『基礎栄養学』, 南江堂（2004）.
24) 伏木亨編著,『基礎栄養学』, 光生館（2004）.
25) 島薗順雄,『栄養学の歴史』, 朝倉書店（1989）.
26) 椎名晋一, 山口和子編,『臨床栄養学―食事療法の理論―』, 医歯薬出版（1999）.
27) 苫米地孝之助ほか,『公衆栄養活動の実際』, 第一出版（1992）.
28) 八倉巻和子, 大関政康編著,『公衆栄養学（新栄養士過程講座）』, 建帛社（1993）.
29) R.K. Murrayほか（上代 淑人監訳）,『ハーパー・生化学（原書24版）』, 丸善（1997）.
30) E. E. Connほか（田宮信雄, 八木達彦訳）,『コーン・スタンプ生化学（第5版）』, 東京化学同人（1995）.
31) D. Voet, J.G. Voet（田宮 信雄ほか訳）,『生化学』, 東京化学同人（1992）.
32) D. Voet, J.G. Voet, C.W.Pratt（田宮信雄ほか訳）,『ヴォート基礎生化学』, 東京化学同人（2000）.

33) B. Alberts, J.D. Watson ほか（中村桂子ほか監修），『細胞の分子生物学（第3版）』，ニュートンプレス（1999）．
34) 遠藤克己，三輪一智，『生化学ガイドブック（改定第3版）』，南江堂（1998）．
35) 奥恒之，高橋正侑編，『（栄養・健康科学シリーズ）生化学（改定第2版）』，南江堂（1999）．
36) 坪井昭三，佐藤清美，中嶋邦夫編，『現代の生化学』，金原出版（1987）．
37) 相原秀孝，大森正英ほか，『イラスト生化学入門』，東京教学社（1993）．
38) 貴邑冨久子・根来英雄，『シンプル生理学』，南江堂（1996）．
39) 猪俣賢一郎編，『目で見る解剖生理学』，医歯薬出版（1994）．
40) 山本敏行，鈴木泰三，田崎京二，『新しい解剖生理学』，南江堂（1997）．
41) 鈴木泰三，田崎京二，山本敏行，『大学課程の生理学』，南江堂（1996）．
42) 後藤昌義編『概説生理学（改訂第2版）植物的機能編』，南江堂（1987）．
43) 武藤泰敏，『消化・吸収』，第一出版（1988）．
44) 印南敏，桐山修八編，『食物繊維（改訂新版）』，第一出版（1995）．
45) 板倉 弘重編，『脂質の科学』，朝倉書店（1999）．
46) 鬼頭 誠，佐々木隆造編，『食品化学』，文永堂（1992）．
47) 鈴木庄亮ほか編，『シンプル衛生公衆衛生学（改訂第5版）』，南江堂（1995）．
48) 細谷憲政編，『今なぜエネルギー代謝か』，第一出版（2000）．
49) 小林修平編著，『栄養所要量・基準量と食生活ガイドライン』，建帛社（1997）．
50) 香川靖雄，『エネルギー』，女子栄養大学出版部（1993）．
51) 山下亀次郎，清野裕，武田英二，『栄養代謝テキスト』，文光堂（1997）．
52) 鈴木継美，和田攻，『ミネラル・微量元素の栄養学』，第一出版（1994）．
53) 花岡知之編，『環境発がんのブラックボックスをさぐる』，労働科学研究所出版部（1999）．
54) 管理栄養士教育研究会編，『管理栄養士国家試験の傾向と対策2000』，南江堂（1999）．
55) Witney, Rolfes, "Understanding Nutrition (8th ed.)", An International Thomson Publishing Company (1999).
56) D. C. Nieman, D. E. Butterworth, C. N. Nieman, "Nutrition", Wm C. Brown Publishers (1990).
57) R. D. Lee, D. C. Nieman, "Second ed. Nutritional Assessment", Mosby (1996).
58) 山本茂，エネルギー所要量，臨床栄養，95（5）574～579，1999．
59) 吉田俊秀，小暮彰典，坂根直樹：β_3-アドレナリン受容体の遺伝子変異，HEALTH DIGEST, **14**（1），1999．
60) H. C. Freake : PPAR γ 遺伝子変異は脂肪細胞の分化促進に関与する−ヒト肥満での意義，栄養学レビュー日本語版，**8**（2），50～53，2000．
61) 阪本要一：肥満の類型と成因，栄養と健康のライフサイエンス，**2**（2），4～9，1997．
62) J. C. Escandon, E. S Horton, The thermogenic role of exercise in the treatment of morbid obesity: a critical evaluation, *Am. J. Clin. Nutr.*, **55**, 533s-537s, 1992.
63) P. M.Suter, E. Hasler *et.al.*，エネルギー代謝と体重調節へのアルコールの影響−アルコールは肥満の危険因子か？，栄養学レビュー日本語版，**6**（2），17～27，1998．
64) 文部省体育局学校健康教育課監修：保健体育（中学校・高等学校向け）および特別活動用（高等学校向け）視聴覚教材「未成年者とアルコール−活用の手引と資料−」，毎日EVRシステム．
65) 藤本繁夫，田中繁宏ほか，スポーツとその栄養生理，JJPEN, **20**（1）3～11，1998．
66) 上田伸男，藤田幹男ほか，スポーツと脂質代謝，JJPEN, **20**（1），31～36，1998．
67) 日本体育協会編，『スポーツ活動中の熱中症ガイドブック』，1997．
68) 栄養学レビュー編集委員会編，『運動と栄養—健康増進と競技力向上のために—』，建帛社（1997）．
70)「わかる実験医学シリーズ　生活習慣病がわかる　糖尿病・動脈硬化をはじめとする各疾患の分子機構と発症

のメカニズム」春日雅人編,羊土社（2005）.
71) 社団法人日本栄養・食糧学会編,「栄養・食糧学データハンドブック」,同文書院（2006）.
72) 田地陽一編,「基礎栄養学」羊土社（2012）.
73) 江頭裕嘉合・真田宏夫編著,「管理栄養士養成課程,栄養管理と生命科学シリーズ,基礎栄養の科学」,理工図書（2012）.
74) 中尾光善,「驚異のエピジェネティクス」,羊土社（2012）.
75) ネスレ栄養会議監修,小川佳宏,加藤茂明,塩田邦郎,中尾光善,酒井寿美郎,福岡秀興,「栄養とエピジェネティクス―食に夜新大変かと生活習慣病の分子機構―」,健帛社（2012）.
76) わかる実験医学シリーズ,注目のエピゲジェティックがわかる,羊土社（2012）.
77) 吉田勉監修,佐藤隆一郎,加藤久典編著,「食物と栄養学基礎シリーズ　基礎栄養学」,学文社（2012）.
78) 田村隆明,山本　雅編,「分子生物学イラストレイテッド」,羊土社（1998）.
79) 木村修一,古野純典翻訳監修,「専門領域の最新情報,最新栄養学（第10版）」,健帛社（2014）.
80) 中村桂子,松原謙一監修,「Essential 細胞生物学」,南江堂（2006）.

索引

あ行

アシル CoA　55
アスコルビン酸　143
アセチル CoA　55,139
アセチルコリン　139
アデニン　148
アデノシン三リン酸　33,109
アトウォーター・ローザ・ベネディクト熱量
　　計　82
$β_1$-アドレナリン受容体　93
アノイリナーゼ　23
アビジン　140
アミノ基　27
アミノ酸　26
　——化　38
　——配列　29
　——, L型　28
アミノ評点パターン　37
アミノペプチダーゼ　19
アミラーゼ　17
アミロペクチン　66
アミロース　66
アラキドン酸　46
アラビノース　64
アルカリフォスファターゼ　114
アルコール　67
アルコールデヒドロゲナーゼ　96
アルドース　63
アレルゲン　42
安静時エネルギー消費量　89
安静時代謝量　89

胃液　17
イソマルターゼ　70
一次構造　29
遺伝子　147
インスリン　111

ウエルニッケ脳障害　97
う蝕　116
ウロン酸回路　72
運動　99

エイコサペンタエン酸　45
栄養　1

栄養素　1
栄養補助成分　121
栄養素等摂取状況　7
栄養素等摂取量　7
エストラジオール　97
エネルギー　81
　——換算係数　3,87
　——源　26
　——消費量　88
　——所要量　94
　——産生栄養素　93
　——代謝　81
エピゲノム　152
エピジェネティック　149,150,153
エンプティ・カロリー　97

オプシン　126
オリゴ糖　64,89
オリザニン　5

α炭素　28
α-ヘリックス　29
α-限界デキストリナーゼ　17
ATP　33,109
ATP-CP系　98
FAD　135
FAO／WHO／UNU　35
FMN　135
HDL　54
LDL　54
mRNA　149
NAD　138
NADP　138
R-たんぱく質　142

か行

壊血病　123,145
回腸　16
解糖系　72
拡散輸送　20
過酸化脂質　50
顎下腺　6,17
加水分解　17
ガスチン　114
ガストリン　18

脚気　123
カテコールアミン　144
果糖　63
カドミウム　117
ガラクトース　63
カルシウム摂取　8
カルシトニン　107
カルシフェロール　127
カルボキシペプチダーゼ　18
カルボキシ基　27
$β$-カロテン　125
カロリー　81
間接測定法　82
肝臓グリコーゲン　74
含硫アミノ酸　111

キェルダール法　27
キシロース　64
基礎代謝量　88
キヌレニン　137
機能鉄　113
キモトリプシノーゲン　18
キモトリプシン　18
吸収　11
虚血性心疾患　9
キロミクロン　53,54
近代栄養学　3
筋肉グリコーゲン　72

空腸　16
グアニン　148
グリコーゲン　67,72
グリコーゲンローディング　101
グルタチオン　111
グルタチオンペルオキシダーゼ　116
くる病　128
グレリン　13

ケイ素　118
携帯用簡易熱量計　83
経腸栄養法　105
克山（けしゃん）病　116
血液の凝固　130
月経前症候群　114
血清$γ$-グルタミルトランスフェラーゼ

187

　　　　　95
血　糖　71
ケト原性アミノ酸　34
ケトーシス　68
ケトース　63
ケトン体　56
ケラチン　112
減塩運動　6
健康寿命　1

高エネルギーリン酸化合物　109
口角炎　135
口　腔　15
抗　原　42
口唇炎　135
コエンザイムA　139
高脂肪食　9
甲状腺腫　116
甲状腺ホルモン　115
構成素　1
抗生物質　23
抗　体　42
高密度リポたんぱく質　54
呼吸商　3,83
国際栄養宣言　2
国連農業機構／世界保健機構／国連大学
　　35
五大栄養素　1
五炭糖　63
骨吸収　107
骨形成　107
骨粗しょう症　108,129
骨軟化症　129
コラーゲン　144
コリ回路　75
コレシストキニン　18
コレステロール　49
　　――の生合成　59
痕跡元素　117
コンドロイチン硫酸　111

QOL（quality of life）　101,112

さ　行

最大骨塩含量　108
最大酸素摂取量　99
細胞外液　119
細胞内液　119
サブユニット　30
サプリメント　102
三次構造　3

三大栄養素　3
紫外線照射　127
耳下腺　17
脂　質　44
　　――異常症　60
　　――の分類　44
シトシン　148
視物質ロドプシン　126
脂肪エネルギー比率　7
脂肪肝　60
脂肪酸　45
　　――の生合成　57
重金属類　117
シュウ酸　107
十二指腸　16
絨　毛　19
受動喫煙者　145
受動輸送　20
ジュール　81
消　化　11
　　――管ホルモン　34
　　――器系　13,39
消化吸収率　23,40
　　――，真の　25
　　――，見かけの　24
消化酵素　39
静　脈　21
　　――栄養法　105
食事による産熱効果　89
食事誘発性体熱産生　89
食生活の現状　7
食品群別摂取量　8
食品添加物　109
食物繊維　5,23,77
　　――の目標摂取量　78
　　――，可溶性　77
　　――，不溶性　77
食　欲　11
食糧供給　7
しょ糖　64
自律神経　23
心筋梗塞　9
神経毒　22
人工栄養療法　105
新生児出血症　132
身体活動による産熱効果　91
心拍数法　84

膵　液　18
膵液アミラーゼ　70

水　銀　117
推定エネルギー必要量　92
スクラーゼ　70
ス　ズ　104,117
ステアリン酸　45
ステロイド　46
　　――ホルモン　49
スーパーオキシドジスムターゼ　116

生活習慣病　2,6
生活の質　101
成人病　6
生体利用効率　105,112
生理的燃焼価　86
セクレチン　18
舌　炎　135
舌下腺　15
摂食中枢　11
セルロース　66
セルロプラスミン　113
潜在性鉄欠乏　114
潜在性ビタミン欠乏症　124
ぜん動運動　15,40

臓器別エネルギー消費量　90
総胆管　15
促進拡散　71
咀　嚼　16

た　行

第一制限アミノ酸　38
胎児性アルコール症候群　97
代謝回転　41
代謝水　118
大　腸　16
耐容上限量　108,122
タウリン　112
唾　液　16
　　――アミラーゼ　70
多価不飽和脂肪酸　45
ダグラスバック法　83
脱　水　118
多　糖　65
短鎖脂肪酸　78
炭酸ナトリウム　18
胆　汁　16,19
単純拡散　19
単純たんぱく質　31
炭水化物　62
単　糖　63
胆　嚢　16

188

索　引

たんぱく質　26

チアミン　132
窒素・たんぱく質係数　84
窒素平衡　39
チトクローム　112
チミン　148
中性脂肪　44
調整素　1
超低密度リポたんぱく質　54
腸肝循環　58
腸内細菌　16,19,131
超微量元素　117
直接測定法　82
貯蔵鉄　112

定住菌　24
低密度リポたんぱく質　54
デオキシリボース　64
デキストリン　70
テタニー　108
鉄の吸収機構　10
テトラヒドロ葉酸　141
7-デヒドロコレステロール　107
電気泳動　32
でんぷん　17,65

糖アルコール　63,89
糖原性アミノ酸　34
糖脂質　46
糖質　62
糖新生　71
動的平衡　41
等電点　32
動物性たんぱく質比　7
動脈　21
糖類　62
時計遺伝子　151
ドコサヘキサエン酸　45
トコフェロール　129
α-トコフェロール当量　130
トランスフェリン　113,114
トリアシルグリセロール　44
トリグリセリド　18,44
トリプシノーゲン　18
トリプシン　18
トリプトファン-ナイアシン転換率　137
トロンボキサン　48

DNA　148
DNAポリメラーゼ　114

TCAサイクル　73
TED　89

な 行

ナイアシン当量　138
内因子　142
内因成分　24
鉛　117
難消化性オリゴ糖　77

ニコチンアミドアデニンジヌクレオチド　138
ニコチンアミドアデニンジヌクレオチド
　　　リン酸　138
ニコチン酸　136
二次構造　29
二重標識水法　85
ニッケル　104,117
ニトロソアミン　10,144
日本型食生活　6
日本食品標準成分表　104
日本人の食事摂取基準（2025年版）　155
乳化　19
乳酸　71
　　──菌　24
　　──系　99
乳糖　65
　　──不耐症　70
乳び管　22
尿中窒素　41

ねじれ毛病　114
熱中症　102
熱量素　1

脳血管疾患　9
脳卒中　9
能動輸送　20,40,71

は 行

麦芽糖　65
爆発熱量計　86
発汗作用　117
バナジウム　104,117
パルミチン酸　49
パントテン酸　139

ビオチン　140
皮下脂肪　95
微絨毛　40
ヒスタミン　22
ヒ素　117

ビタミン　121
　　──,脂溶性　121
　　──,水溶性　121
　　──A　125
　　──A効力　125
ビタミンB_1　132
　　──二リン酸エステル　133
ビタミンB_2　134
ビタミンB_6　135
ビタミンB_{12}　141
ビタミンC　113,143
ビタミンD　107,127
　　──,活性型　128
ビタミンE　129
　　──効力　130
ビタミンK　130
左鎖骨下大静脈　22
非たんぱく質呼吸商　84
必須アミノ酸　4,28
必須元素　105
必須脂肪酸　4,45,47
必須微量元素　104,112
ヒドロキシアパタイト　107,116
非必須アミノ酸　28
皮膚炎　135
非ヘム鉄　113
肥満　6,60
　　──遺伝子　94
ピラノース型　63
ピリドキサミン　136
　　──5'-リン酸　136
ピリドキサール　136
　　──5'-リン酸　136
ピリドキシン　136
ピルビン酸　73
　　──カルボキシラーゼ　115
貧血　10
　　──,悪性　116,123,143
　　──,運動性　101
　　──,巨赤芽球性　141
　　──,鉄欠乏性　10,114
　　──,銅欠乏に由来する　114
フィチン酸　107
フィロキノン　130
フェリチン　113,114
フォラシン　140
不可避尿　118
不感蒸泄　118
複合たんぱく質　31
浮腫　118

189

不斉炭素　28
フッ化アパタイト　116
物理的燃焼価　86
ぶどう糖　63
ぶどう糖-アラニン回路　75
不飽和脂肪酸　45
フラノース型　65
フラビンアデニンジヌクレオチド　135
フラビンモノヌクレオチド　135
ブレス・バイ・ブレス法　83
プロカルボキシペプチダーゼ　18
プロスタグランジン　48
噴門　16

閉鎖式測定法　85
ペプシン　18
　──の活性化　110
ペプチド結合　26,28
ペプチドホルモン　34
ヘム鉄　113
ヘモグロビン　113,114
ヘモシデリン　112
ペラグラ　97,123,138
変性　33
ペントースリン酸回路　72

飽和脂肪酸　45
ホスビチン　113
ホスファチジルコリン　46
ホメオスターシス　22
ポリペプチド　28
ポルフィリン核　141
ホルモン　22

β構造　29

β酸化　55,97
BMI　9
PFC比　93
PMS　114
Prosky変法　77
VLDL　54

ま行

膜消化　18,70
マルターゼ　70
マンノース　63
満腹中枢　11

ミオグロビン　113
味覚障害　114
ミセル　22
ミネラル　104
味蕾細胞　114

無酸素代謝系　98
ムチン　17

メタボリックシンドローム　61
メッツ　100
メナキノン　131
メンケス病　113

モノグリセリド　22

や行

夜盲症　126

有酸素運動　100
有酸素代謝系　99
有害性重金属　116

幽門部　16

溶血　130
葉酸　140
ヨウ素反応　66
四次構造　30

ら行

ラクターゼ　70
ラボアジェ　3

リチウム　104
リノール酸　45
リノレン酸　45
リパーゼ　18,53
リボース　62
リボフラビン　134
リン酸塩　107,109
リン脂質　46

ルブナー係数　87
ルームカロリーメータ　85

レジスタンス運動　100
レジスタントスターチ　77
レシチン　46
レチノール　125
レチノール結合たんぱく質　126
レプチン　12,94

ロイコトリエン　48
六炭糖　63
ロドプシン　126

編者略歴

吉田　勉
- 1952 年　東京大学農学部卒業
- 　　　　 東京都立短期大学名誉教授　農学博士
- 専　攻　食品栄養学・栄養化学

著者略歴 (五十音順, (　) 内は執筆箇所)

伊藤　順子 (2章)
- 1971 年　東北大学大学院薬学研究科修士課程修了
- 現　在　横浜薬科大学客員教授　医学博士
- 専　攻　生化学・栄養学

笠原　賀子 (5章)
- 1982 年　徳島大学大学院栄養学研究科
- 　　　　 博士課程修了
- 現　在　前長野県立大学教授　保健学博士
- 専　攻　栄養教育

小林　実夏 (1-1, 5章)
- 1999 年　東邦大学大学院医学研究科
- 　　　　 博士課程単位取得満期退学
- 現　在　大妻女子大学教授　博士 (医学)
- 専　攻　栄養疫学

志田　万里子 (4章)
- 1965 年　東北大学農学部卒業
- 　　　　 前山梨学院短期大学教授　農学博士
- 専　攻　炭水化物化学

南　道子 (1章, 8章)
- 1989 年　東京大学大学院医学系研究科博士課程修了
- 現　在　東京学芸大学名誉教授　医学博士
- 専　攻　生化学・栄養学

井上　久美子 (6章, 付表)
- 1990 年　東京大学大学院医学系研究科保健学専攻
- 　　　　 博士課程単位取得退学
- 現　在　十文字学園女子大学教授　栄養学博士
- 専　攻　保健栄養・栄養生理・栄養教育

小築　康弘 (3章)
- 2001 年　東京農工大学大学院連合農学研究科
- 　　　　 生物工学専攻修了
- 現　在　中国学園大学・中国短期大学教授　博士 (農学)
- 専　攻　栄養生化学・食品機能学

小松　渡 (3章)
- 1998 年　東京農工大学大学院連合農学研究科
- 　　　　 生物工学専攻修了
- 現　在　獨協医科大学准教授
- 専　攻　栄養生化学・食品機能学

篠田　粧子 (序論1, 6章)
- 1977 年　Longwood College (USA), Dept. of Home Economics 卒業
- 現　在　東京都立大学 (大学教育センター)
- 　　　　 特任教授　農学博士
- 専　攻　栄養化学

村上　淳 (序論2, 7章)
- 1989 年　徳島大学大学院栄養学研究科
- 　　　　 修士課程修了
- 現　在　広島修道大学教授　栄養学修士
- 専　攻　公衆栄養学, 健康教育学

わかりやすい 栄養学 (改訂7版)

2001 年 4 月 20 日　初版第 1 刷発行	2020 年 4 月 10 日　改訂 6 版第 1 刷発行
2003 年 3 月 20 日　初版第 3 刷発行	2024 年 3 月 20 日　改訂 6 版第 3 刷発行
2004 年 4 月 1 日　改訂第 1 刷発行	2025 年 3 月 31 日　改訂 7 版第 1 刷発行
2005 年 4 月 1 日　改訂 2 版第 1 刷発行	
2010 年 4 月 5 日　改訂 3 版第 1 刷発行	Ⓒ　編　者　吉　田　　　勉
2014 年 3 月 15 日　改訂 3 版第 5 刷発行	発行者　秀　島　　　功
2015 年 3 月 30 日　改訂 4 版第 1 刷発行	印刷者　萬　上　孝　平
2019 年 10 月 1 日　改訂 5 版第 3 刷発行	

発行所　**三共出版株式会社**　東京都千代田区神田神保町 3 の 2
振替　00110-9-1065
郵便番号 101-0051　電話 03-3264-5711　FAX 03-3265-5149
ホームページアドレス　https://www.sankyoshuppan.co.jp/

一般社団法人 日本書籍出版協会・一般社団法人 自然科学書協会・工学書協会　会員

Printed in Japan　　　　　　　　　　　　　　　印刷・製本　恵友印刷

JCOPY 〈(一社) 出版者著作権管理機構 委託出版物〉

本書の無断複写は著作権法上での例外を除き禁じられています. 複写される場合は, そのつど事前に, (一社) 出版者著作権管理機構 (電話 03-5244-5088, FAX 03-5244-5089, e-mail: info@copy.or.jp) の許諾を得てください.

ISBN 978-4-7827-0841-5